"宁夏大学民族学一流学科建设项目经费资助出版"
（项目编号：NXYLXK2017A02）

地方性知识贡献取向
一项乡土教育人类学研究

田养邑 著

LOCAL KNOWLEDGE CONTRIBUTION ORIENTATION

A Study of Educational Anthropology in Rural Area

中国社会科学出版社

图书在版编目（CIP）数据

地方性知识贡献取向：一项乡土教育人类学研究／田养邑著． -- 北京：中国社会科学出版社，2024．9．
ISBN 978-7-5227-4053-9

Ⅰ．G40-056

中国国家版本馆 CIP 数据核字第 2024F21L73 号

出 版 人	赵剑英
责任编辑	耿晓明
责任校对	李　军
责任印制	李寡寡

出　　版	中国社会科学出版社
社　　址	北京鼓楼西大街甲 158 号
邮　　编	100720
网　　址	http://www.csspw.cn
发 行 部	010-84083685
门 市 部	010-84029450
经　　销	新华书店及其他书店
印　　刷	北京明恒达印务有限公司
装　　订	廊坊市广阳区广增装订厂
版　　次	2024 年 9 月第 1 版
印　　次	2024 年 9 月第 1 次印刷
开　　本	710×1000　1/16
印　　张	17
字　　数	276 千字
定　　价	89.00 元

凡购买中国社会科学出版社图书，如有质量问题请与本社营销中心联系调换
电话：010-84083683
版权所有　侵权必究

图1 当地村民吹口弦

图2 传统耕作技术：耱地。耱地的工具称为"耱"，用柳条或树枝编成，从当地集市上可以买到。耱地在犁地、耙地后进行，目的是平整地面、耱碎土块，起到土地保墒的作用

图 3　深秋季节 X 村山沟里吃草的羊群

图 4　当地村民正在拔（收割）麦子

图5 P中学决战中考前百天誓师动员大会,主要有教师、家长代表发言、班级宣誓、种成功之树、跨成功之门等仪式

图6 教室里的专一与欢笑

序

中华文明源远流长,绵延数千年。古代先民钻木取火、刀耕火种、耒耜之勤,知识积累的智慧、气度与神韵,昭示一种文化生活。知识是文化的结晶,一方水土养育一方人,栖居于乡村的人们,不仅要传承日常生活知识,还要创新乡村文化,生成乡村文化之根。由此所带来的乡土再生产,装载着基于日常生活实用导向的知识库,既是传统文化的彰显,又是地方人文精神、教化思想、道德理念的显现。在此,乡村不仅是一个地理学的概念,也是一个带有文化属性的概念,因而依恋乡土便是乡民难以割舍的文化情怀。乡村文化的研究,也是一项富有价值的议题。

田养邑博士从乡土文化根性出发,探究地方性知识的贡献取向,目的在于留住乡愁,守住经典的地方性知识的教育范式,让乡村教育焕发育人的活力,培育懂农爱农强农的情怀,让更多的人回归乡土,助力乡村振兴。2014 年,养邑攻读博士学位,今年正好是十年,他居敬持志,探赜索隐,其著作《地方性知识贡献取向——一项乡村教育人类学研究》可谓是十年磨一剑,值此付梓出版之际,我表示由衷的祝贺!

乡村是富含地方性知识的场域,是城市之外具有自然、社会、经济特征和生产、生活、生态、文化等多重功能的地域综合体,包括乡镇和村庄等,而村庄是乡民聚居之地。乡村并不是封闭的空间,相反,它以流动的边界延展经验世界,构建特定文化境况中人之行动的知识链条。每一个村庄都有与之关联的文化集结,因而它具有空间的定位属性。人们的空间行动,往往使共同生活的经验,构建成一个共享的知识库。面向中国式现代化的演进,乡村有其守正创新的历史建构,乡村的意义自然从文化聚焦的地点内部和外部属性中显现出生活世界的蕴含,生产出朴素而又丰富的地方性知识,进而通过地方属域的边界交往、交流和交融奠定了铸牢中华民

地方性知识贡献取向

族共同体意识的广阔空间，这一点是自然的，也是自发的。乡村振兴同巩固脱贫攻坚成果相衔接的时代背景下，记得住乡愁，延续文化根脉，就是要传承和创新具有中华优秀传统文化特质的地方性知识。人类学视域中的知识分类建立在"他者眼光"所引发的文化叙事基础之上，而乡村代表地方性文化的知识体系也得以揭示。那些具有地方意义与价值的原初性知识，不但是知识体系中不可或缺的重要组成部分，还逐渐演化成具有人类学深邃内涵和广阔视野的知识形态，最终构建了一种地方性的知识观。所谓的地方性知识，其精妙之处在于将田野意义的"情境"引入知识生成的特定条件。作为文化现象，地方性知识普遍存在于民族社会生活之中，成为当地乡民生活实践的智慧。

地方性知识的贡献取向为学校教育发展和乡村文化繁荣注入新活力，这是乡村振兴中文化互动的客观基础。地方性知识发挥着联结村庄、学校教育和学生教育生活的作用，乡村与当地学校互为观照，虽是不同的场域，却撑起了学生成长的知识框架。地方性知识使学生的学习活动与本有的日常生活世界相连。教育的生活化、学校文化的地方性将增进学生个体知识经验的分量，使他们在周遭世界的体悟中迈向人之发展渐进丰盈的生命整合。从深层次讲，地方性知识的价值取向要以中华民族多元一体格局为视野、强化铸牢中华民族共同体意识，警惕地方性知识传递所引起的文化相对主义，从而使文化知识融通的学校教育，更好地为国家和民族社会发展服务。值得一提的是，文化的元素营造出来的乡土意义，不论是离乡还是在乡，人们延续着乡土的根脉，共同的命运及其身份认同便从乡土独特的标识中得以表现，塑造了乡村本身的公共属性，也使地方成为安放心灵的栖息地，并延展到社会时空。个体从童年到老年，赖以生存的乡土无疑铭刻着生命的厚度。然而，当离乡与回乡成为时空穿梭中往返的羁绊时，乡土的景观也许只能仅仅凭借记忆去捕捉，而留住乡愁自然成为乡土难以释怀的特质，这对于离乡的学子而言，流动的求学历程又将教育与乡土的地方性联系了起来，难以留驻的犹豫往往增强了他们的乡土依附，这是因为个体生于斯长于斯的乡土所蕴含的地方景观、人文、传统因时空的隔离而强化了地方情感，同时，时空的更替不会使乡村意义凋零。

田养邑长期致力于乡村教育研究，对乡村文化有着独到的认知，对乡村社会有着深厚的文化积淀和炽热的人文情怀。《地方性知识贡献取向——一项乡村教育人类学研究》尝试一种乡土人文情怀的守护，将留住乡愁的情怀借助于乡村教育而得以明晰。他曾身处乡村三十余年，对乡村生活情景有着深入细致地观察和体悟，从而使他的研究扎根于乡村生活实践的沃土，并运用人类学叙事的方法，寻求学校普适性知识与地方性知识互嵌机制的切入点，探究地方性知识的价值取向，试图诠释乡村地方性知识在中华优秀传统文化中的基因密码，研究基础扎实，具有一定创新性。

孟夏之际，绿树荫浓，应邀作序，惟难萃其精要。然尺短寸长，智仁之见在所难免，诚望读者海涵！也希望著者求真迁善、虚心涵泳，期待更好的研究成果面世。

蔡国英

甲辰年仲夏

目　　录

第一章　绪论 …………………………………………………（1）
  第一节　研究的缘起 ………………………………………（2）
    一　具有时代意义的地方性知识观 ………………………（3）
    二　乡村振兴与地方性知识的式微 ………………………（4）
    三　地方性知识的教育人类学考量 ………………………（5）
    四　乡村学校教育地方性知识价值审视 …………………（6）
  第二节　研究目的与意义 …………………………………（7）
    一　研究目的 ………………………………………………（7）
    二　研究意义 ………………………………………………（8）
  第三节　问题的提出 ………………………………………（10）
    一　研究的基本主题 ………………………………………（10）
    二　研究的具体问题 ………………………………………（11）
  第四节　概念界定与文献综述 ……………………………（11）
    一　相关概念摭论与界定 …………………………………（11）
    二　国内外研究现状述评 …………………………………（14）
    三　问题回顾：文献述评小结 ……………………………（28）
  第五节　理论基础及其研究设计 …………………………（30）
    一　研究内容框架 …………………………………………（30）
    二　研究理论基础 …………………………………………（32）
    三　具体研究方法 …………………………………………（35）
    四　田野研究设计 …………………………………………（37）

第二章 村庄概况：文化印象的书写 （42）
第一节 历史的表达：村庄文化传统探源 （42）
一 文化及其文化传统 （43）
二 乡土文化传统的"名"与"实" （44）
第二节 现实的概览：乡土文化的地方性聚焦 （46）
一 行走在村庄：地方情境的白描 （47）
二 建构的村庄情境：文化析出与抽象 （56）
第三节 回到事物本身：村落文化的本土知识具象 （57）
一 面向村庄运行的日常生活系统 （57）
二 乡村本土知识背后隐含的时空意义 （58）

第三章 理解村庄：地方性知识深描与阐释 （61）
第一节 知识分化及其地方性知识 （61）
一 知识生成：一部"知识"史 （62）
二 知识变革：从"普适"到"地方" （68）
三 知识谱系：地方性知识"源"与"流" （71）
第二节 理解地方性知识的逻辑起点 （78）
一 地方性知识的阐释学主张 （78）
二 理解地方性知识的地域因素 （80）
三 深度理解地方性知识的意义 （80）
第三节 村庄中地方性知识的结构体系 （81）
一 地方性知识的结构分层 （81）
二 深描地方性知识"资料库" （84）
三 村庄地方性知识显现与本质直观 （100）

第四章 地方性知识的创制：乡土生活世界的视角 （106）
第一节 地方情调：地方性知识的人类学旨趣 （106）
一 符号与意义：地方性知识的情境力量 （107）
二 情境与象征：充盈日常生活的地方想象 （107）
第二节 村庄地方性知识的情境价值 （109）

一　认识论视角的村庄地方性知识 …………………………（109）
　　二　本体论视角的村庄地方性知识 …………………………（111）
　　三　价值论视角的村庄地方性知识 …………………………（112）
第三节　情境中地方性知识的日常运作机理 ………………………（115）
　　一　日常生活：地方性知识的生产基础 ……………………（115）
　　二　生活情境：地方性知识的运作空间 ……………………（116）
　　三　文化场域：地方性知识的生成机理 ……………………（118）
　　四　村庄制度：地方性知识的规范演绎 ……………………（120）
第四节　作为"原本"的乡土地方性知识 …………………………（123）
　　一　地方性知识承载着乡土文化精神 ………………………（123）
　　二　地方性知识建造了生活结构模式 ………………………（125）
　　三　地方性知识创制的乡土生活世界 ………………………（128）

第五章　围墙分割的地方性知识：疏离与回归 …………………（130）
第一节　地方性知识的情境性辩护 …………………………………（131）
　　一　地方性知识负载当地本土智慧 …………………………（131）
　　二　地方性知识内含民间教育元素 …………………………（132）
　　三　乡村学校教育现代化与地方性知识 ……………………（135）
第二节　乡村学校教育地方性知识的考察 …………………………（136）
　　一　当地村民眼中的乡村学校教育 …………………………（136）
　　二　当地教师眼中的乡村学校教育 …………………………（141）
　　三　当地学生的学校教育生活世界 …………………………（146）
第三节　乡村学校地方性知识疏离的教育人类学省思 ……………（154）
　　一　乡村学校地方性知识疏离的表征 ………………………（154）
　　二　乡村学校地方性知识疏离的原因析解 …………………（159）
　　三　乡村学校地方性知识缺失的反思论证 …………………（162）
第四节　乡村学校教育与地方性知识论证的实践关系 ……………（168）
　　一　扩容乡村学校教育知识增量 ……………………………（168）
　　二　乡村学校地方性知识的贡献取向 ………………………（171）

第六章　地方性知识观照的乡村学校教育发展理路 …………（180）
第一节　知识论再建构：整合普适性知识与地方性知识 …（181）
　　一　知识形态整合的时代意义 ……………………………（181）
　　二　知识形态整合的实践理路 ……………………………（184）
第二节　地方性知识贡献取向：开放的乡村学校教育体系 …（194）
　　一　地方性知识改变一元化知识观 ………………………（194）
　　二　地方性知识平衡教育知识形态 ………………………（196）
　　三　地方性知识育人的学校教育行动 ……………………（198）
第三节　开放的乡村学校教育助推民族团结教育 …………（201）
　　一　乡村学校教育现代化主题探究 ………………………（201）
　　二　建立开放的乡村学校教育体系 ………………………（203）
　　三　乡村学校教育体系助推民族团结教育 ………………（205）

第七章　地方性知识的镜鉴：知识论再思考 …………………（210）
第一节　研究过程的回顾与再阐释 ……………………………（211）
　　一　乡村地方性知识承载了什么？ ………………………（211）
　　二　乡村学校教育为何重申地方性知识？ ………………（214）
　　三　乡村学校教育现代化何以破解一元化知识观？ ……（218）
第二节　关于研究结果的几点讨论 ……………………………（221）
　　一　地方性知识深描旨在迈向普遍图景的努力 …………（221）
　　二　地方性知识观平衡乡村学校教育知识论危机 ………（224）
　　三　警惕地方性知识引起极端的文化相对主义 …………（226）
第三节　结语：地方性知识的教育人类学观照 ………………（227）
　　一　教育人类学视野呈现的关键线索 ……………………（227）
　　二　乡村教育生活世界的地方性知识反观 ………………（228）
　　三　多元知识形态涵育日常教育生活世界 ………………（229）
　　四　地方性知识与乡村学校教育变革方向 ………………（231）

附　录
　　一　村民"地方性知识"口述史提纲 ……………………（236）

二　乡村学校教师"地方性知识"访谈提纲 …………………… (238)
三　当地学生"地方性知识"访谈提纲 ……………………… (240)
四　田野日志节选 …………………………………………… (242)

参考文献 ………………………………………………………… (247)

后　记 ………………………………………………………… (258)

第一章 绪论

> 尽管如今的"地方性知识"与过去不复相同,但是从日常生活中筛选知识和技巧的过程绝不是单向的,生活在现代情境中的个人对所处的地方环境的了解也并不比生活在前现代文化中的人更少。①
> ——[英]安东尼·吉登斯:《现代性的后果》

地方性知识的贡献取向何以得到田野验证,是教育人类学研究的经典命题之一。知识传授是人类文化传承和社会发展的基本前提,个体生命成长离不开知识的涵泳。然而,现代化境遇中,以知识为主的教育实践往往忽略了知识本身成就人之生命丰盈的文化功能。这是因为,人们在一种快节奏的现代化世界里极力依赖知识的唯工具性而紧跟现代化脚步,人的意义世界消隐于现代化发展的"洪流"之中。知识类型的分化现象也日益凸显,知识探讨由本质彰显的"普适性"向情境标准的"地方性"转变,知识观念变迁的自然结果,昭示了人之本然的创造性。地方性文化的知识体系相应地引起了人们的普遍关注,直接产生了文化的多样性。众所周知,人类学思维的核心维度是文化多样化的守护。多样化的知识谱系意味着个体成人独特的人文品质的养成。长期以来,学校教育特别是民族地区的教育始终面临实践性的难题:学校教育如何确立本土文化知识的教育空间?多年来,本土的地域文化始终游离于学校教育的边缘,普适性知识纳入升学考试的必备,而具有地域文化特色的地方知识在显性层面不会作为学生升学的标准化知识。个体成长的时空线索中,国家主流知识、地方文化乃至社区文化相互分离,这种分离难以使学生顺利架构起知识融通互汇的平

---

① [英]安东尼·吉登斯:《现代性的后果》,田禾译,译林出版社2022年版,第162页。

衡状态。当下，学校教育过度重视教育的筛选和选拔功能，学生的课程学习与日常生活世界以及当地的社会生产方式相脱离。在民族地区，这种现象尤为普遍，绝大多数学生"在面临就业时，问题的严重性才真正暴露出来，他们身无长技，无法进入分工细密的城镇就业，又无法完全回归传统社区，无可奈何地成了'边缘人'"①。在此，本土地方性知识如何成为学生个体生命成长具有建构意义的经验？地方性知识与普适性知识如何协调地进入学生的教育生活世界，将成为探究民族地区学校教育高质量发展的一个视角。

第一节 研究的缘起

一直以来，乡村教育被视为基础教育的重中之重。受民族地区历史、自然因素的多重影响，乡村教育发展速度相对比较缓慢。现阶段，人民日益增长的对美好生活的需要，客观要求公平而有质量的教育体系。随着中国式现代化的全面推进，人民群众期盼多样化优质的教育，教育高质量发展实质是知识动力机制培养德智体美劳全面发展的社会主义建设者和接班人的教育生态。学校教育唯普适性知识为瞻，目的是通过普适性知识的学习与考试，使学生顺利进入社会，并获得理想的社会地位。在此，学校教育构建的是封闭的知识体系，地方文化知识与学校教育内隐的自然关系，以及乡村青少年学生特殊的知识需求未得到应有的观照。不同知识体系背后蕴藏着丰富的文化经验，但现代化的冲击使公立教育将代表技术技能的普适性知识放在知识体系的绝对位置，那些世代积累的地方性知识逐渐淹没在现代化的道路上。真正意义上的现代化须给予宝贵的地方性文化遗产应有的地位，进而在传承与创新中助力现代化建设，从而助力乡村振兴。继承和创新地方性知识是不同地域的人们迈向现代化道路过程中面对的实践。教育作为培养人的事业，应该重新审视地方性知识对个体的教育价值。学校教育应持有何种地方性知识观？如何处理地方性知识与学校教育知识传授之间的实践关系，以及学校教育中知识的普适性和地方性何以达到双重兼容，是本书力图解决的核心议题。

---

① 滕星：《教育人类学通论》，商务印书馆2017年版，第312页。

第一章 绪论

一 具有时代意义的地方性知识观

20世纪60年代以来，创生了"地方性知识"（local knowledge）的概念，这是知识观不断变革的结果，反映了知识本体论发生的转向，只不过这种转向是悄无声息的。但是，知识生成的地方性特征与意义足以说明知识变革的社会动力。换言之，看似碎片化的地方性的投射，不仅再现了族群赖以生存的带有本土意义的生活世界，而且知识观的变革使具有地方智慧的实践结晶被田野调查所聚焦，自然成为人类学范式对他者文化观察与体悟的重要对象。

地方性知识是人类学田野工作的重要发现。关注沉默、边缘的群体及其族群创造的文化，是人类学培育学术文化旨趣的关键。人类学倾情于文化多样性表征所隐含的核心事件。其中，对异文化的民族志书写是发掘地方性知识的首要条件。地方性知识观虽发端于文化人类学对土著文化的体验和书写，但随着人们对自我或他者文化遭遇的深描与阐述，这种知识观发展成为现代人类学和其他学科研究的独特方法论。所谓"视而不见"的文化阐释，运用文化批判主义方法，解决西方社会发展中由知识扩张所引发的实践困惑，批判了知识单一性带来的文化霸权，捍卫了民族本土文化记忆与印象的地位。甚至可以说，它完全颠覆了科学知识生成的实验室条件。在此，作为人类学家对土著文化亲身考察而创造的新型知识观，地方性知识在文化细微处透露出丰富的情境意蕴，知识的境遇性体验、文化多样性的现场感以及不同文化事件的理论构建，都将使人类学者产生刻骨铭心的文化经历，并催生一种成熟的人类学研究范式。

不可否认，地方性知识作为特定情境中本土实践与时空建构的知识产物，助推了文化多样性和知识多元化的行动要义。宏观意义上，社会结构的急速转型促使各种文化思潮相继出现。人们的认识论在时代背景中加以明晰，逐步实现了人类生存与社会转型之间的文化调适。然而，优秀的文化或者知识体系如何一代一代地得以传承？具有深厚历史文化积淀的地方性知识何以成为民族生存的精神理想？何以实现地方性知识与社会转型中"情境"的调适？这些问题本身具有时代意义。

在乡村，地方性知识是人们参与社会生活不可或缺的具有地方性文化特质的知识体系,它与当地学校教育的互动关系对于民族地区社会发展的意义不容小视。当把知识传承、知识实践与知识共享所构建的社会体系作为地方性知识考察的基点时,教育实践活动所发挥的文化传承功能得以凸显,那种人与人之间结成的以知识创造与生成的文化之网,实质是一种教育实践的回应。因此,本书尝试基于地方性知识观,探究学校教育中知识融合的价值和可能路径。

二 乡村振兴与地方性知识的式微

我国是一个统一的多民族国家,各民族创造和总结了异彩纷呈的地方性知识。源远流长的中华文明,其中不乏丰富的地方性知识,它扎根乡土,生成于中华大地,与中国文化传统生生不息。换言之,乡村社会生活借助于地方性的知识体系,使当地的地方文化与特定的情境相匹配。从整体看,它与中华民族文化传统息息相关。乡村振兴背景下,村庄中的地方性客观存在着,并富含一种乡土情感,以文化情感为纽带的地方性知识,表征了村民的一种生活方式。历经时空转换,当地人创造的地方性知识,实质是一种文化实践,是乡土社会历史的产物,自然涵养的是乡土情怀。

地方性知识留有鲜明的本土化标记,这种标记是村庄自身发展历程的展现,是一种"符号"及其意义的自觉呈现。确切地说,"符号"的世界是知识的世界。人的成长与知识的拓展是同步的,个体探索世界的历程也是知识创造和应用的过程。乡土社会中,天、地、人整体相融,自然、产业和人文等元素形塑成一种既有地方特色,又与更为广阔的社会文化产生互动的文化体系。乡村振兴背景下,地方性知识根植于乡土社会内部,我们既要呵护知识传统的内生动力,又要根据时代发展实现其创造性的转化。地方性知识由生活在特定时空境遇的人们自觉创造、享用、传承和创新,属于特定地域中人们经历的日常生活世界的行动范畴。地方性知识在乡村振兴中会适应时代变迁而改变,但仍会彰显出乡土社会中人们世代创造和沿用的生活习惯,体现风土人情的文化蕴涵。进而言之,地方性知识每时每刻都与村民主体的社会生活实践紧密联系,它所彰显的实践智慧和知识底蕴,展现当地生活的规范性价值。

然而,乡土文化或许正在走向式微。乡村振兴促使我们思考现代化乡村的发展历程,曾经代表人们生存方式的地方性知识如何发挥知识的能量和价值?重新审视地方性知识何以成为乡土中国底层的本土文化,这种文化自然关联着村庄中人们的生存与发展。在此意义上,作为村庄发展基础的地方性知识,如何转化为一代代的文化记忆,如何成为推动乡土社会生活不断向前的知识论基础,仍然留有可供探究的空间。

三 地方性知识的教育人类学考量

地方性知识展演了乡土社会真实的日常生活,是一种乡土生活的实践智慧。对其文化价值的理解,需要走进村庄进行民族志研究;同时,乡村青少年学校教育与日常生活的整合何以可能、何以构建,以及学校教育的地方性知识取向意味着何种知识论的达成,需要教育人类学的考量。

(一)体悟地方性知识的价值意蕴

文化展现的是一个时代、一个民族的精神风尚。地方性知识则是自然和社会环境之下乡土文化的一面镜子。地方性知识与当地社会历史、人文环境密不可分,在知识地方性的领域里有着不可替代的价值。它建立在乡土社会赖以存在的特定情境之中,内隐着与情境依存的社会生活方式。一方面,有必要对地方性知识所承载的文化符号进行价值层面的哲思,揭示当地人创造的地方性文化体系的意义和知识价值。另一方面,学校教育高质量发展过程中,地方性知识作为学生个体源于日常生活的经验,是他们融入社会生活的人文基础,关系着学生获得新知、完善心智以及提升技能等多方面的发展。因此,体悟地方性知识的价值,目的是建构适合乡村学生成人成才的知识框架。

(二)验证学校教育与地方性知识的关联

乡村学校教育与地方性知识之间是否存在必然联系,关系着乡村青少年的健康成长。生于斯长于斯的学生围绕地方性知识建构了属于自身的经验世界,他们的经验最终要扩展性地融汇于学校教育传递的普适性知识之中。在此,学生发展使学校教育的开放体系和地方性知识的教育价值关联了起来。在看似合理的关联性之中,需要验证以地方性知识建构起来的日常生活世界与学校教育的内在关系。地方性知识与学校教育互构而建立的乡村社会发展的知识场景,要以地方性知识理念作为支撑。因此,本书将社会发展过程中地方性知识的学校教育关联置放在学生个体成长的历程中思考，剖析村庄中既存的地方事实与学校教育共同育人的实践逻辑，发掘乡土文化育人和成人的教育品格。

四 乡村学校教育地方性知识价值审视

随着城乡一体化的推进，乡村传统文化出现了难以弥合的断裂，曾经为人们所经验的传统文化渐渐地被湮没。乡村有其本然的生活模式和文化传统。在民族地区，传统文化扎根乡土，是乡村社会具有鲜活意义的文化根源。乡村教育与地方性知识融于一体，共现于乡土时空。乡村学校作为存在于村庄之中、致力于培养社会主义建设者和接班人的事业，不仅与生产劳动和社会实践相结合，还具备关乎地方文化知识的乡土情怀。当乡村视野中延存的主要价值观念和文化取向悄然发生变革时，文化交流与碰撞更加明显。学校教育与地方性知识共存于特定的场域，但是学校教育往往将有益于升学考试的普适性知识放在育人的首位，代表地方文化的知识体系并不能作为学生个体成长的知识主体。

学校教育尚未体现地方性知识的价值，说明乡村教育未把育人的乡土情怀纳入知识体系。人类社会永远追求正向意义的文化变迁，由此引领人们走向积极而丰富的生活世界，拓展知识增量、涵养个体品性。文化的活力在于传承与创新，与此相同的是，地方性知识虽发端于生活世界，但只有在聚合与创新中才能实现文化范式的更迭，进而成为具有此在特征的日常生活方式。长期以来，各民族在互助守望的生活情境中创造了具有独特民族文化特征的地方性知识，展现了与民族生活相一致的文化背景。换言之，地方性知识承载着乡村学生与生俱来的文化品格。

每一种文化传统都有它自身独特的、本质上区别于其他的精神理想，投射出一种知识地方性的内涵。知识地方性意味着本土文化知识体系发挥着特定的价值，因为它是特定文化的聚焦。根本上说，教育是具体的文化实践，在完成知识传承的过程中培养人，同时传播和存续文化体系，使学生掌握处理社会实践的知识。乡村学校教育理应关注地方性知识的融通，该主题需要从学理和实践层面进行教育人类学研究。基于此，本书基于现实情境透析村庄地方性知识的生成，并从地方性知识与学校教育之间关联的育人价值层面重构个体成人的知识观。

第二节 研究目的与意义

本书试图通过对宁夏西吉县村落时空中地方性知识的描述与呈现,探索具有地方属性的知识价值及其内在的运行机制,捕捉地方性知识本然的实践智慧与生活意义。"深描"和"阐释"地方性知识的同时,回转于乡村学校,探究学校教育不同知识形态的境况。其目的是:反思地方性知识附加与平衡的乡村学校教育发展,重塑学校教育知识传授体系的多元化特质,构建适应乡村学生全面发展的教育文化。

一 研究目的

乡村振兴背景下,城乡二元经济结构形成的文化壁垒逐步被打破。贫困地区的易地扶贫搬迁改善了村民的居住、生活条件。同时,民族地区人们的生计方式及其文化形态发生了一定程度的变迁。从文化传承角度看,乡村生活境遇所形成的地方性知识,发挥着人与人之间交流成长的教育功能。基于此,本书的目的是重构学校教育实践中普适性知识与地方性知识和谐共存、平等互动的教育生态。

第一,深描与阐释地方性知识。村庄日常生活的维续有与村庄自身文化结构运行相一致的意义系统和价值体系,其自给的生存智慧维系着村民的日常生活,赋予村落文化系统内个体行动的文化意义和生活旨趣。任何一种特质的文化现象都与其所依附的特定空间密不可分。因此,基于特定的情境,借助于田野作业,需要阐释地方性知识的内容框架和价值维度,展现当地村民日常生活世界的创制。

第二,探索学校教育回应地方性知识的实践理路。地方性知识不仅是当地民族社会活动的文化表征,还清晰地展现了他们的精神世界。应当说,地方性知识保持着乡村社会知识生成的传统,存在多层次、多形式的本土化知识内容。从特定场域看,地方性知识存在于当地社会生活的实践空间。作为共存于同场域的乡村学校,应当持有何种知识论来回应内嵌于学生自我发展的地方性知识,进而通过知识融合达到学生个体知识的增长,拓展学生的知识视野,这种知识动力组合的育人逻辑需要教育人类学予以明确。

第三,审视地方性知识的乡村学校教育贡献。地方性知识沉积了丰富的历史印记和生活智慧，释放出与地方社区相融合的文化韵味，因此发挥着特定的文化价值。与之相共存的学校教育理应自然地融合到整个村庄，用知识智慧推动乡村社会发展。换言之，各民族积累的地方性知识和国家层面传授的普适性知识之间圆融共生状态的塑造，关系到学生的健康成长和民族社会持续发展。这就意味着，保存地方性知识的同时，需要实现教育层次上地方性知识与国家"大传统"之间的有机结合。[①] 因此，地方性知识与学校主流知识之间的互动是乡村振兴必须回应的新主题，乡村教育实践中的地方性知识观是值得探讨的新命题。

二 研究意义

本书聚焦地方性知识的贡献取向，从乡村教育人类学的视野反映地方性知识存在的价值及其对乡土社会生活不可替代的作用，阐明乡村学校教育既立足于国家宏观教育规划，又要彰显教育实践的地方情怀，这对于促进民族社会发展和各民族团结奋进具有理论价值，学校教育中不同知识形态的统合对于乡村学生个体成长具有一定的实践意义。

（一）理论意义

第一，构建地方性知识的结构框架。作为具有生命力的地方性知识，是乡土社会发展不可缺少的知识体系。乡土社会生活的运行机制，往往传递出地方性知识的印象，从而透视出社会转型期乡土生活的全貌。作为生活方式与生活实践智慧的表达，地方性知识根植于中华民族悠久的文化传统、又具有特定情境下积淀的文化特色，它所发挥的知识价值要通过田野考察来探究。然而，作为乡土文化析出的本土知识体系，鲜有研究成果阐释地方性知识的结构框架。因此，从文化符号标记层面出发，构建乡村视域下地方性文化的知识框架，能够丰富地方性知识理论。

第二，洞察地方性知识的认知体系。地方性知识的研究有助于我们认

---

① 美国人类学家、社会学家罗伯特·雷德菲尔德（Robert Redfield，1897—1958）在1956年出版的《农民社会与文化》一书中提出文化二元分析的框架，说明了两个不同文化传统的存在。他将文化分为"大传统"（great tradition）和"小传统"（little tradition）两类。大传统是具有上层知识社会取向的文化层次，以城市化为中心；小传统指的是基于民间社会组织自身所创造的文化，以农村多数农民所代表的文化为取向。两种传统共存于国家意识形态之中，不同传统的调和状态是文化共存的必然。

识民族社会发展过程，增进对乡土文化的了解。首先，中华民族团结奋进的历史长河中，各民族共同创造了中华文明，不同区域地方性文化的圆融与发展，有力地夯筑了各民族守望相助的精神家园。其次，乡村振兴不断推进的时代背景下，地方性知识的民族志探究有利于增进乡土文化的理解，洞察乡土社会变迁及其内在的运行机制。换言之，地方性知识的认知和理解，能够阐明民族团结和乡村文化运行的时代特征，为乡村振兴创建适切的地方性知识观。

第三，创新乡村学校教育知识融合形态。学校作为传播知识和文化的主阵地，担负着社会文化再生产的重要任务。现代化语境里，学校教育既要完成国家统一规定的课程体系，守护中华文化传统，又要延续民族地方性知识、塑造民族精神。学校教育适切性地融入地方性知识，关系到教育场域里多样化知识形态的和谐共存。中华民族多元一体格局下，各民族创造的地方性文化的知识体系也是繁荣中华民族文化的客观要求。学校教育多元文化的融合是夯实民族团结的重要实践。在此意义上，学校教育勾连国家、乡土社会和学生个体之间本然的关系，能够创新乡村学校教育知识形态，培养既能扎根本土社会发展、又能肩负时代重任的各类人才。

（二）实践意义

第一，本书立足乡土社会，探讨地方性知识，把视野聚焦在村庄，由此反映当地村民的社会实践生活。乡土文化随着社会发展而不断发生变迁，显现出宽容的文化情怀。地方性知识为更深层地理解社会生活打开了一扇窗户，它集结着传统社会历史文化背景下人们的生存实践智慧与精神追求，这就为认识地方性知识与学校教育之间的关系提供了视点。

第二，本书将研究范围设定在乡土社会特定的场域，反映当地人的文化境遇以及对乡土文化精神的塑造与培育，进而探究乡村学校教育知识育人的合理方式。人们所处的具体环境和文化元素隐含着强大的教育功能，找寻文化传承与教育的新方式是教育人类学研究的重要领域。回到乡村学校，教育不仅仅是作为研究的对象而存在，它还作为民族文化传承的一种工具，昭示着教育的文化意义。正因为教育的存在，人的成长才有了可能，而这种可能性建立在个体生存的文化背景之上。因此，地方性知识贡献取向的教育人类学考察，能够挖掘出地方文化的育人价值。

第三，本书为知识互融的乡村学校教育提供创新思路。创新是更新和改变基础上文化实践能力的提升。乡村学校教育创新，意味着知识育人的广度更加符合乡村社会发展。受升学考试等功利主义的影响，学校教育忽略了乡土社会深嵌于学生内在的地方性知识的育人功能，因而学校缺少富有乡土特色的教育实践活动。乡村学生本有的知识经验源于对乡土文化的感知，而学校教育往往未充分认识到学生文化背景构成的多样性。可以说，乡土社会的地方性知识与当地学校教育之间并未贯通成一条通畅的育人理路。如果说教育本质是一种文化传承，那么个体的经验事理应是建构个体高远生活意义世界的基础。学校教育一旦忽视地方性文化对学生生命整体的育人功能，不利于乡村青少年的成长。基于此，本书以乡村青少年个体全面发展为中心，从知识融通的学校教育入手，探究学校教育开放的知识形态。

第三节 问题的提出

一 研究的基本主题

本书围绕地方性知识展开。首先，对地方性知识进行民族志探究；其次，考察乡村学校教育知识传授的取向，展现乡村学生的教育生活；最后，回归以地方性知识为附加的学校教育生活世界，思考学校教育的多元知识观。

（一）村庄中地方性知识体系研究

地方性知识有其自身文化演进的系统，存在与当地文化情境相一致的解读方式。人们通过生活行为的习得而涵育文化惯习，并从文化意蕴中实现如其所是的生活方式。各种社会规范、生活技能以及思想观念虽是文化的展演，但无不带有知识与技能的内涵。知识的获取和习得，是个体或群体参与社会实践、形成日常生活的认同感以及自我发展的关键。受社会化及各种制度的共同作用，地方性文化知识的整体性特征常被生活在当地的人们创造出来。阐释地方性知识，目的在于将地方性知识赋予民族情感和精神气质的内在意义揭示出来；联系当地社会生活的方式与习得的知识体系，分析地方性知识创造的内在逻辑。

（二）乡村学校地方性知识取向研究

知识是人之未来发展与可能生活建构的基础，人的生存与发展离不开知识。学校传授的知识为人的成长开辟了自由发展的空间。简言之，教育通过知识与文化的传授实现人的教化。当地土生土长的青少年,受到本地文化知识的浸润与熏陶,同时需要接受主流文化知识教育,培育心智与能力,打开通向未来生活的道路。基于此,审视地方性知识与当地学校教育之间的知识关联,阐明多元知识建构的教育生活对于学生成长的意义,最终验证乡村学校地方性知识的贡献取向。

（三）地方性知识贡献的学校教育研究

内含地方性知识的乡村学校教育田野研究,是一个理论与实践相互生成的过程,理论与实践之间的互构性,切中了学校教育培育青少年的知识论局限。理论是实践的理论,实践孕育理论的生产。地方性知识视域中的乡村学校教育发展兼有理论与实践共生的特点。教育人类学视野下的乡村学校地方性知识呈现的应然图景,以学生身心全面发展的适切路径展开,学校教育传递主流知识的同时,又要兼顾乡村青少年学生乡土文化的养成,从而培养既能着眼于国家现代化需求又能立足乡土社会的人才。

二　研究的具体问题

乡村学校教育时空中普适性知识与地方性知识兼容的知识论探究,需要捕捉村庄中地方性知识的田野范例,以此反思乡村学校教育地方性知识存在的合理方式,关注的具体问题有以下方面：

第一,地方性知识的框架如何建构？

第二,地方性知识如何展现知识自身的价值？

第三,地方性知识何以彰显它的"原本性"？

第四,乡村学校教育持有怎样的地方性知识取向？

第五,为何建立地方性知识与乡村学校教育间的互动机制？

第六,如何构建地方性知识为贡献取向的学校教育？

第四节　概念界定与文献综述

一　相关概念摭论与界定

（一）知识概念界定

1. 什么是知识

"什么是知识"属于认识与实践范畴的探讨。在广泛的意义上,知识指的是了解、认识,引申为人对事物的认识。① 随着人们认识能力的提升,出现了对知识本质的追问,表明了知识理解和体验有其具体范围。哲学认识论上,知识是人类社会实践认识的结果,是实践检验往复中对客观实际的呈现。因而,准确性被作为判断知识正确的唯一标准,即知识本体论的立场注重知识普遍性、客观性与精确性。

当然,不同时期知识概念演进的谱系不尽相同。改革开放以来,我国知识概念的演化自成体系。1979年出版的《辞海》将知识定义为"人们在社会实践中积累起来的经验"。知识作为实践经验的总和,在宏观意义上肯定了知识的实践性特征,知识作为经验的存在而被人们所把握。1985年出版的《中国大百科全书·教育卷》提到,"所谓知识,就它反映的内容而言,是客观世界在人们头脑中的主观印象",突出了知识作为认识客观世界的经验而存在,而感性认识和理性认识构成了知识认识的两种不同形式。1987年出版的《中国大百科全书·哲学卷》将知识定义为"人类的认识成果",意味着知识产生于认识实践并在实践中得到检验,历经认识、实践、再认识、再实践的循环过程而反映客观实际。1992年出版的《教育大辞典》提到知识"属于认知范畴,是人类的认识成果。经验是知识的初级形态;系统的科学理论是比较完备的知识形态"。复杂多样的知识形态是人的认识创造的结果,不论是经验知识还是理论知识,都是认识的成果或结晶。2005年出版的《现代汉语词典》中,知识的定义是"人们在社会实践中所获得的认识和经验的总和",说明作为主体的人、实践活动、经验和认识等都是知识理解不可缺少的关键要素。诚然,知识生成与人的社会活动密不可分,人的社会化属于探究、应用知识的实践活动。

2. 知识:人类实践智慧的结晶

知识是人类实践活动中获得的关于客观事物及其现象存在与变化的规定性信息,是实践智慧的结果。简言之,知识是人类实践智慧的结晶。知识创造如同人类社会发展本身一样充满奇迹,作为智慧的结晶,知识历来受到人们的广泛关注,被视为改变命运的力量。之所以说知识与人类生存不可分割,是因为知识的发掘源于人们的社会实践,继而被建构成社会实践不可或缺的重要资源。人们为了解决实践问题而积累知识经验,同时完

---

① 何九盈、王宁、董琨主编:《辞源》,商务印书馆2019年版,第1621页。

成知识应用的创造性实践。据此可知，知识不断推动社会文明与进步，有其鲜明的逻辑线索。其一，智慧是知识的本质特征。智慧意味着解决实践问题的精准和有效；其二，人在行动中创造了实践智慧，结成知识的核心要义；其三，知识具有经验和传统的特质，无穷尽的知识说明人的创造力是无穷的；其四，知识生成与应用具有动态、更新的演进特征。人的主观能动性、社会实践和科学的实践结论是知识形成、检验和应用的必要条件。

（二）地方性知识概念界定

古人用"地方"表示一种地理观念，认为"地"呈方形，地方指"领域，区域面积"；"桀、纣贵为天子，富有四海，地方甚大"[1]。"地方"是"本地；当地"[2]。当然，知识演进的境遇性是形成地方性知识的重要环节。所谓的境遇性，指的是知识生成有其实践主体、历史过程和文化背景。通常情况下，本体论、认识论以及价值论层面的地方性知识相互交织。这并不意味着地方性知识难以把握，而情境是考察地方性知识的重要媒介。地方性知识虽然具有特定的情境性，但它得益于中华民族大文化传统的培育，同时又彰显出地方性的人文生境。在此意义上，在乡土社会生活的人们，面对生存的自然和社会环境，通过与周围情境互动、沟通所创造的实践智慧的结晶，都可被纳入地方性知识的生产体系，因为这种知识体系在具体的生成情境中可以展开、确认和理解。

由此得知，地方性知识是特定情境下当地人表达日常生活世界的一种知识体系，有效地处理了他们面临的地方实践问题，具有地方意义的实践智慧彰显出当地人追求社会生活的精神气质。简单讲，地方性知识就是一种地域性的知识，是具有文化特质的、并为当地人所共享的知识体系。本体论层面，地方性知识是一种地方性的实践智慧，是此在具体环境生成的知识事实，它源于作为主体的当地人长期实践和积累的经验结果。认识论层面，地方性知识作为本土化的知识体系被创制。在价值层面，地方性知识表现为生活在此地的人们应对、解决当地自然、社会与人文环境所形成

---

[1] 何九盈、王宁、董琨主编：《辞源》，商务印书馆2019年版，第446页。
[2] 中国社会科学院语言研究所词典编辑室编：《现代汉语词典》，商务印书馆2019年版，第283页。

的实践智慧。

乡村振兴背景下，地方性知识并不是封闭的文化表征，而是具有超越乡土空间、与新时代文化气象互动的禀赋，因而它是塑造新时代文明风貌，促进乡村文化振兴的文化资源。其一，地方性知识与当地人的日常生活水乳相融，是生存与发展不可或缺的知识基础。一般而言，特定情境呈现出多层次、多形式的综合性特点。所以，在知识形态上，"地方性知识是与普适性知识相对应的一个学术概念，是指在一定的情境（如历史的、地域的、民族的、种族的等）中生成，并在该情境中得到相关人群确认、接纳和推广应用的知识体系"[①]，发挥着丰富当地人生产生活需要的根本目的。其二，地方性知识之所以是当地人生活方式的表达，源于当地人以特定的方式感受和体验生活，并创造出具有地方特征的实践方式。其三，因受特定生活环境的影响与限制，当地人处理地方实践问题的思想、手段和方法等都有独到之处，而且他们在长期的历史发展、文化变迁和独特的生态地理环境中积淀并传承着本土知识，并基于具体的生存空间，为当地人确认与理解。

二 国内外研究现状述评

（一）地方性知识的文化生成

地方性知识不仅指特定地方特征的知识，它还具有知识生成必不可少的"情境"（context）。"情境"与文化有着千丝万缕的联系，地方性知识孕育的思维范式，可以追溯到美国人类学创始人博厄斯（Boas）学派提出的文化相对主义。地方性知识的生成，需要回到文化人类学视角追踪其文化线索。

1. 国外地方性知识生产的文化理论

国外文化理论研究丰富而又庞杂，不同理论学派之间批判性地相互汲取学术营养，显示出比较鲜明的时代特色，其理论演进的时间线索如下表（表1—1）。博厄斯主张人类学理论需要考虑文化有机体在运动中的总和，文化不应该各自分离出许多项目，而要着眼于文化事项的整体存在。泰勒（Edward Burnett Tylor）更加重视文化"情境"和"意义"两个维度所构建文化特质的独特性，比较的或者是历史的具体情境反映了文化的特殊意

[①] 盛晓明：《地方性知识的构造》，《哲学研究》2000年第12期。

义。泰勒认为，比较的方法要应用于如何综括许多文化故事而显现人类心灵具有明显一致的结构性问题上，通过归纳发现社会制度背后的思想历程和文化意义，实质上奠定了地方性知识生产的文化要义。

表 1—1　　　　　　　文化理论类型及其理论焦点

文化理论类型	代表人物	理论焦点
进化论	泰勒（1832—1917）	采用一种简化论架构解释文化的理性制度
文化史论	博厄斯（1858—1942）	每一种文化有其复杂历史向度的衍生体系
文化模式论	本尼迪克特（1887—1948）	文化整合是文化背后主要的"创造力量"
文化成长曲线论	克罗伯（1876—1960）	文化的现实与价值由整合与分析形成的文化模式体现
文化生态学论	斯图尔德（1902—1972）	人类社会的适应力依靠文化方式——环境形貌和文化安排
新进化论	怀特（1900—1975）	通过传播实现文化改善并由此塑造人类行为
集体生活论	迪尔凯姆（1858—1917）	集体现象是传统或文化的现象
结构功能论	布朗（1881—1955）	文化统一体要将社会结构与制度置放在一起
文化功能论	马林诺夫斯基（1884—1942）	文化与人类行为之间均是动态的文化整合

首先，博厄斯认为一种文化特质的根本性在于将民族创造的整体文化集合表现出来，文化集合蕴涵着集体记忆，彰显出文化的古老故事，其主题在组合与重新组合中完成文化复杂的既往、自身独特的历史等不可遗忘的事实。这种历史特殊论主张文化是特定社区习俗及其由习俗决定的行为体系。人类学家本尼迪克特（Ruth Benedict）也有类似的观点，文化经由迥异之元素在传播中从各方偶然地积聚在一起，文化的随机累积最终形成一种思想与行动的模式。

其次，人类学家怀特（Leslie Alvin White）的文化理论具有明显的功利观，他把文化目的和功能概括为两方面：一是谋生；二是人类种族的延续。人类文化总体上是进步和积极的，由此可以看出文化是一种融入价值体系的符号。法国社会学年刊派代表迪尔凯姆（Emile Durkheim）立足于个人和社会二者之间的关系，提出"集体观念"，又称之为"集体意识"，他认为社会环境对个人生活的影响，促进了集体观念的形成。换言之，特定社会情境里所有成员共有的文化信仰和感觉的总和，构成与人类自身生活相一致的文化体系。相应地，人们的意识分为个人意识和集体意识两种。人类学家始终寻求人类行为背后所隐含的意义，从而发掘人之行为的意义框架。布朗（Alfred Radcliffe-Brown）将文化视为一个整合的系统，强调制度文化的秩序系统，以此实现人们行为背后的"意义"追寻，一定程度上促使了田野研究实证主义观念的形成，因为田野研究给予"意义"阐释的途径。

最后，人类自身行为与文化之间的互动关系，要回到文化功能论的观点，也就是说文化是满足人类需求的制度、环境和习俗等体系的总和。由此看来，文化演进的主体旋律必然构建了文化流动与创新的人文线索，正如本尼迪克特的文化模式论（见表1-1）阐释的那样，文化因素具有特定的品性，有其不同的价值体系，不同的文化形貌塑造着个体的文化品质，形成文化整合的创造力量。所以，文化因素对于个体而言，如同一套可被选择的项目、存在不同的主旋律即民族精神。文化模式论正好回应了功能主义所主张的任何文化中人的本性相同，以及结构功能主义对文化事实做静态客观分析而忽视文化深层结构和价值体系中人的主观能动性等缺陷，这为特定社会条件文化平等性和独特性做出了文化相对论的辩护。

概言之，国外文化研究最终回到了生活意义的探究，而这种文化范畴将人类创造和使用的知识、信仰、艺术、道德、法律和习俗等富有精神特质的事物都被纳入文化。因此，文化的起源在于一种制度，制度的存在客观需要探求人类生活自然形成的思想过程，需要把握人类生活的反思性思维发展出来的文化累积性结构。换言之，文化因素依赖于文化主体自身的累积，人的反思性行为在语言和客观性物质操作中展现出这种积累性，从而又反映了一种自然的生活样态。人与文化有机体的互动促进了文化累积，而生活意义和文化累积为地方性知识的建构提供了文化根源。

2. 国内地方性知识研究的文化图谱

文化经由人创造，人是生活在文化中的人。国内文化研究除了借鉴国外文化研究成果之外，挖掘各民族的文化是一条研究的主线。我国各民族共同创造了绚烂多彩的文化，因而揭示文化的人类学意义始终是文化研究的内容。从多民族文化到文化多样性研究的内在逻辑，为铸牢中华民族共同体意识拓展了文化路径。当然，珍视文化的多样性，以及美美与共的文化立体框架为地方性知识研究提供了文化人类学基础。

第一，国内文化研究以人类学范式为基础，汲取国外文化研究理论，注重本土经验的广泛运用。国内文化研究始于欧洲的人类学，首先研究人类自身的体质特征、类型，以及创造的物质文化和精神文化规律。人类学转向对文化事项的细微阐释与深切关注，产生了文化人类学。我国文化人类学研究有其广泛的研究领域，大多描述不同民族文化的发展过程、文化结构与文化样态。特别是文化有意义行为模式的阐释，对于发掘民族地方性知识，加强民族文化交流产生了积极意义。

第二，国内文化研究以文化形式为研究对象，积累了宝贵的经验。早期文化人类学研究集中在民族的文化礼仪、婚姻习俗和民族社会组织等方面。随着人们社会活动方式的细化，文化内容的专门分类也随之出现。比较典型的文化研究分别集中在人们所创造的物质、制度、精神等主题。这与地方性知识存在类似的内容，只不过地方性知识更加强调乡土社会人们所享用的本土化体系。文化形式上，诸如工具使用、生计方法，以及生态保护等行为，甚至是人与人之间结成的人际关系模式、特定情境下个体或群体的记忆、感觉与情感等种种文化概念的阐释与书写，都是有意义的文化分析，情境化的生活方式最终阐明文化内隐或外显的意义。在此，国内文化形式的研究，回到了民族文化独特的文化框架上，而文化交流又彰显了和合共生的文化景观。

第三，国内文化研究追寻文化与生活的内在渗透。人创造了文化，人又是文化的产物。文化作为人类整体生活历程中必不可少的要素，成为推动人类文明发展的重要手段。近年来，国内文化研究采用民族志等田野研究法关注多样的民族社会生活，已经形成了中国特色的文化研究气派。其中，探究特定的文化模式和规律仍然是文化人类学研究的重要方面。文化有一定的模式，文化也有规律可循。文化模式说明文化是系统的存在，是有组织、有结构的存在，并且文化要素之间存在相互影响的部分。文化规律指时空线索中文化发展有一定的内在特征。这就意味着勾勒文化演进的图景就要展示如同生物进化般的文化过程，以此达到认识各种文化形态的目的。这种"文本"的书写，主要围绕不同民族日常生活的历史与空间展开，描述某种文化而非积累某种文化的知识。

概言之,文化研究主要以不同文化理论流派为指导,也说明了文化的多元与复杂。可以肯定的是,文化人类学研究为地方性知识的建构提供了文化方法论。文化人类学的综合应用体现了多民族文化的实景,而文化意义的追寻指向地方性知识的情境性旨趣,孕育出地方性知识观。

(二)地方性知识的现状研究

如前所述,地方性知识源于文化人类学对丰富文化形态的观照,从而使本土文化品性得以彰显。确切地说,地方性知识是与特定文化境遇相联系方可明晰的概念,情境性显示出知识体系形成的文化逻辑与本土特质,与其说是具体的知识形态,还不如说是一种新型的知识观,它更讲究知识生成、知识描述、知识阐释等微观领域的研究路径。

1. 国外研究状况述评

国外学者主要聚焦在地方性知识的流变、发展和生成方面。人类学视域中地方性知识观的广泛传播,也引发了科学实践哲学领域研究方式的改变。

(1)地方性知识的流变

人类学家克利福德·格尔茨(Clifford Geertz)首创了地方性知识的概念,具有三层关键信息。首先,地方性知识源自地方人文情境,彰显了原初地位的知识体系,它具有自然而然的、为当地人所确认的内容。其次,地方性知识的获取是以文化持有者的态度阐释田野文化的结果,通过理解当地土著的社会以及经济背后的故事而呈现地方性知识,以此阐释地方知识的情境建构过程。最后,格尔茨主张知识的地方性,要以文化持有者身份介入当地文化,研究者的视角对于异文化考察极其重要。可见,地方性(locality)一词集合了特定地域及由地域意义衍生的知识累积和生成境况,进而成为一种文化立场。

20世纪70年代后期,地方性知识观波及科学实践哲学领域。法国社会学家、人类学家布鲁诺·拉图尔基于实验室文化论证了"行动者网络理论","实验室文化的特殊性表现在实验室是唯一可以看到某些记录器的场所"[①]。可见,行动者的网络包括人的行动者(actor)和非人的行动者

[①] [法]布鲁诺·拉图尔、[英]史蒂夫·伍尔加:《实验室生活:科学事实的建构过程》,张伯霖、刁小英译,东方出版社2004年版,第50页。

（actant），二者各节点的建立及相互作用是一个动态的过程。行动者网络构建要素的独特性组合以及结点之间的关系决定了行动者网络的地方性。行动网络的"地方性"与行动者的"地方性"相互衍生，建构出行动的"地方性"，而"地方性"的各个部分存在逻辑关联。行动的"地方性"说明走近科学需要熟悉科学事实的建构过程，用一种不属于分析语言的元语言来分析研究者所做的科学实践。"整体观""参与式观察""对他者的研究""文化相对论"等研究原则与方法的运用，能够深入"实验室生活"探究"行动者网络"等科学事实，诠释知识的实验室建构，这与人类学方法一脉相承。

美国科学史家、科学哲学家托马斯·库恩（Thomas Samuel Kuhn）更为关注知识获得的动态过程，讲求科学成果的逻辑结构要素，科学发展其实是累积性的，"新的现象不过是在自然界中先前未知的领域中发现秩序而已"[1]。科学演进中的新知识所取代的不是与之不相容的另一种知识。美国科学哲学家约瑟夫·劳斯（Joseph Rouse）把地方性知识观引入科学实践哲学，以科学文化研究（cultural studies of science）打开了科学哲学的学术边界，知识生成的地方性特征成为揭示科学事实的焦点。知识的地方性意味着知识生成和辩护依赖于特定情境。换言之，知识不仅以表象符号的形式呈现，还隐藏着情境的安排。劳斯认为，"从根本上说科学知识是地方性的，这种地方性的特点体现在实践中，这些实践不能为了运用而被彻底抽象为理论或独立于情境的规则"[2]。只有在情境中，知识事实的表象与意义世界才可被理解，它是在"途中"的实践。比如，杰克·克洛彭伯格（Jack Kloppenburg）研究了社会理论与农业科学的重构，指出"农村社会学家可以成为替代科学重建的积极推动者，这种替代科学必须从'实际存在的'科学中产生。而'地方性知识'是重建'后继科学'的物质资源"[3]，这也充分证明地方性知识的情境安排是知识资源创新的前提。

---

[1] ［美］托马斯·库恩：《科学革命的结构》，金吾伦、胡新和译，北京大学出版社2012年版，第82页。

[2] Joseph Rouse, *Knowledge and Power: Toward a Political Philosophy of Science*, Ithaca: Cornell University Press, 1987, p.108.

[3] Jack Kloppenburg, "Social Theory and the De/Reconstruction of Agricultural Science: Local Knowledge for an Alternative Agriculture", *Rural Sociology*, Vol. 56, No. 4 (Dec., 1991).

从以上可以看出，土著的本土文化建构与科学的实验室风潮有着异曲同工之妙，知识地方性生成的基础虽然历经人类学向科学实践哲学的跨越，但地方性知识所扎根的境遇性仍然是研究者察知异文化的独特视角。

（2）地方性知识的发展

国外地方性知识的发展阶段比较清晰，经历了地方性知识的理论研究、实践探索和整合研究三个阶段。其理论研究着重围绕作为一种知识立场的地方性知识而展开。格尔茨认为，特定地域意义中，知识生产与保护的过程依赖于特定的情境，并且地方性知识与主流文化体系具有平等的地位；劳斯主张科学知识是地方性的，科学实践过程本身具有地方性，科学知识不能抽象为理论或者是独立于情境的规则，而是特定情境的实践成果。在研究方法上，格尔茨提出"文化持有者的内部眼界""近距离经验""远距离经验"等方法，为探究地方性知识构建了一种话语方式。

另外，地方性知识的实践探索中，情境性是一个突出的特征。不同的地方存在着地方性知识阐释的具体情境，并且这种实践探索使地方性知识的理论运用更加娴熟。物种多样性、具体事物及特定生产方式等都是地方性知识实践研究的内容，地方性知识也出现不同层次和类别。譬如，有学者发现，土著的地方智慧积累了丰富的自然资源保护知识，人类学认为这些知识形态具有地方智慧的不可代替性。[①] 克莱兹曼·M.（Kreitzman M.）等人指出，"农民的地方性知识和相关价值观可以为树木、作物政策提供信息"[②]，这些研究都突出了地方性知识的实践类别。

现代化以来，面对文化冲击，地方性知识的存续面临一定的困境。因而，国外学者致力于地方性知识的价值和存续途径的整合研究。譬如，有学者认为应充分吸纳当地渔民的地方性知识，它对于渔业管理具有重要的价值。[③] 地方性知识研究思维的现代化转换，客观上决定了地方性实践智

[①] Elok Mulyoutami, Ratna Rismawan, Laxman Joshi, "Local Knowledge and Management of Simpukng (forest gardens) Among the Dayak People in East Kalimantan, Indonesia", *Forest Ecology and Management*, Vol. 257, No. 10, (Apr., 2009).

[②] Kreitzman M., Chapman M., Keeley K. O., et al., "Local Knowledge and Relational Values of Midwestern Woody Perennial Polyculture Farmers Can Inform Tree-crop Policies", *People and Nature*, Vol. 4, No. 1, (Feb., 2022).

[③] C. H. Close, G. Brent Hall, "A GIS-based Protocol for the Collection and Use of Local Knowledge in Fisheries Management Planning", *Journal of Environment Management*, Vol. 78, No. 4, (Mar., 2006).

慧的现代性结合。奥格伊奥拉·安尤瑞德（Ogunyiola Ayorinde）等人研究了非洲小农参与气候智能农业过程中地方性知识和推广的作用，提出"政策制定者和学术界需要重新思考小农户的地方性知识如何能够增加非洲气候节约型农业发展的机会和潜力"[①]。总的来说，地方性知识研究的范围多集中在多民族地区，地方性知识与社会发展、经济协调、资源整合和法治角度层面的解读等一系列主题得到进一步细化。具有地域性特质的文化样态及其效用的发挥，捍卫了当地人实践智慧的利用价值。

（3）地方性知识的生成

国外学者对地方性知识概念的阐释存在不同分支，从概念表达上可以划分为两大类别：一是以格尔茨为代表的人类学概念；一是以劳斯为代表的科学实践哲学概念，这两种概念存在知识生成所依赖的原则与方法的关联性。格尔茨用娴熟的阐释人类学方法框定了"地方性"的边界。这种与当地人、生存条件或者说文化背景有关的知识阐释，彰显出当地人的实践智慧。其中，"地方性"是理解地方性知识的关键要素。格尔茨指出"地方"就是在此处，包括空间、时间、阶级和各种地方性问题，还特指地方特色，即当地所发生的事件与其对本地的情境认识与想象联系在一起，因而通常被认为是一种传统型知识（Traditional Knowledge）。人类学意义上将之称为此地知识、当地知识、土著知识，民族知识等，也可称之为土著遗产（Indigenous Heritage）、土著知识产权（Indigenous Intellectual Property）、社区知识（Community Knowledge）、民族科学或种族科学（Ethno Science）等，但其中隐含的地方性知识的意义与价值是相同的。随着社会经济不断发展，地方性知识与科学技术、生态环境以及农业融合式的发展创新更加紧密，拓展了实践应用领域，在生态发展、农业发展、环境保护等领域发挥着独有的价值。

根本上看，人类学意义上的地方性知识是相对于西方科学知识话语下的土著传统知识而言的，或者简单地称之为地方的民族知识。若将其概念的外延扩大，西方知识中心主义观照下的诸多非主流的知识都可统称为地

---

① Ogunyiola Ayorinde, Gardezi Maaz, Vij Sumit, "Smallholder farmers' engagement with climate smart agriculture in Africa: role of local knowledge and upscaling", Climate Policy, Vol. 22, No. 4, (Jan., 2022).

方性知识,是脱离不了当地人所处情境的知识体系。地方性知识和它所处的文化及其社会环境密切相关,当地人对这种关联状态有着深刻的体悟。佩尔·奥尔森（Per Olsson）、卡尔·福尔克（Carl Folke）认为地方性由特殊的群体掌握,群体自身与所处环境之间互动所形成的知识,强调人与环境之间的互动关系。[①] 特定群体与知识体系的交互关系,说明特定背景是理解和体验地方性知识的核心支点,它是一系列相关文化事实表征的集合。

如此看来,知识体系潜在地存在主流与非主流、普遍性与地方性的界限,从而形成鲜明的知识分类与层级。劳斯将地方性知识的概念转向哲学层次,突破了人类学意义上认知地方性知识概念的分类,抹平了知识的层级与类型化,而侧重于对知识本性的实践探求。理论渊源上,格尔茨主张文化相对主义,捍卫了民族地方性知识存在的权利;劳斯坚持反本质主义哲学立场,主张知识地方性的实践立场。因此,人类学意义上的地方性知识承认知识的普遍性和地方性,而科学实践哲学意义上的地方性知识否认知识地方性与普遍性的分类与统一。但是,这两种概念都主张知识的地方性条件。这就意味着,社会生活及其文化现象的分析,要在不同情境中寻求知识实践的意义,从而阐释知识在此地的合理性价值。

概言之,地方性知识概念的提出,使实践智慧的多样性以及知识的平等性受到研究者的普遍关注,即使是被奉为圭臬的西方科技知识,同样经历了特定实验场带有人为行动的知识建构。可以说,容忍他者文化的差异,是对地方性知识价值承认的一种文化思维。

2. 国内研究状况述评

国内地方性知识研究注重对地方性知识本质的理解,以情境性、地域性、地方性等关键词作为研究起点,除了对地方性知识必要的理论阐释和辨析之外,大部分研究聚焦在地方性知识的应用层面。地方性知识的理解存在不同的视角。第一,知识主体上存在以官方的、普适性知识与地方的、边缘性知识二者之间的相对性;第二,哲学意义上的地方性知识沿用西方科学实践哲学研究传统,而创新之处在于不同意义层次上地方性知识

---

① Per Olsson, Carl Folke, "Local Ecological Knowledge and Institutional Dynamics for Ecosystem Management: A Study of Lake Racken Watershed, Sweden", *Ecosystems*, Vol. 4, No. 2, (Mar., 2001).

内涵的比较，侧重于知识地方性和普遍性二者相对立场的探讨。总的来看，国内地方性知识研究逐渐形成了坚守知识地方性就是尊重文化多样性、捍卫地方性知识就是珍视民族文化遗产为主导的知识观。

（1）地方性知识的研究历史

国内地方性知识研究始于1980—1990年。20世纪70年代以前，本土知识作为地方性知识的雏形尚未被承认。从1970年开始，随着知识观的变化，本土知识逐渐成为现代知识体系中的重要概念。本土知识通常被认为是普适性知识的资源补充。从20世纪80年代开始，地方性知识作为一个专门的学术概念引入学术界。近年来，国内地方性知识研究在文化人类学、科学实践哲学、生态人类学、社会学以及教育学领域都有丰硕的成果产出，研究成果主要针对少数民族聚居区，集中在区域发展和环境保护等层面，而在学术概念上往往与普适性知识相区别。

（2）地方性知识的内涵研究

1997年，叶舒宪提出"地方性知识"的概念。他沿用西方学者的研究传统，梳理人类学意义上的地方性知识，形成了典型的地方性知识观，[①]完成了边缘的非主流知识的现代化建构。在此，地方性知识可以归结为本土知识，是特定自然、社会环境下人们与情境互动、构建的知识体系。当时，具有创新意义的地方性知识研究，分别将"地方性知识"理解为知识总是在特定情境中生成并得到庇护的，对知识的考察与其关注普遍的准则，不如着眼于如何形成知识的具体情境条件；[②] 地方性知识的生产有其条件，即本土知识一般都具有事实条件约束、不具备数理形式化条件和不具备实验室条件。[③] 围绕知识的地方性论述地方性知识，实现了对传统知识观的反思与矫正。

2016年，学者蒙本曼主要以科学哲学研究为视角，以较多的个案说明地方性知识的与众不同之处，试图把握地方性知识的"科学界定"、理解地方性知识"非科学"和"另类科学"的一面，并以辩证的眼光探究了知

[①] 次仁多吉、翟源静：《论地方性知识的生成、运行及其权力关联》，《思想战线》2011年第6期。

[②] 盛晓明：《地方性知识的构造》，《哲学研究》2000年第12期。

[③] 吴彤：《再论两种地方性知识——现代科学与本土自然知识地方性本性的差异》，《自然辩证法研究》2014年第8期。

识世界中对普适性和地方性、同一性和多样性的双重追求。① 这些概念充分说明了从文化到知识世界的转换过程中，地方的主体性实践的情境化追求。时至今日，地方性知识是"当地人应生产生活的需要，在文化群体内部约定俗成、代际传承的一种文化符号系统，代表着当地人对自然、社会的理解和解释，被当地人信仰和保护"②，这就说明特定地区人们创造的带有地方特征的知识、经验技术，以及生产生活方式、价值观念等为当地人享有和实践的知识体系，属于地方性知识的概念范畴。

（3）地方性知识的价值研究

国内学者擅长以具体实例挖掘地方性知识的价值意蕴。譬如，地方性知识对生态发展的作用引起学者关注。地方性知识对现代乡村生态建设发挥着积极作用。因此，发掘和利用一种地方性知识去维护所处地区的生态环境是所有维护办法中成本最低廉的手段。③ 生态知识与技能的应用以一种自觉的状态实现对地方生态的知识性规约，有利于维护生态的可持续发展。周俊华等学者认为地方性知识是对主流知识体系的必要补充，满足了民族根源性认同的需要，发展了文化多样性。④ 安富海以地方性知识的价值为视点，阐述地方性知识显示的柔韧的存在，指出地方性知识发挥着育人、文化保护、生态保护、医学、环境与资源管理、农业研究、调解民间纠纷等功能⑤。地方性知识需要在历史中叙述，其价值诉求是维系当地人的历史记忆，⑥ 是当地人生活展开的基本条件。比如，传统农具所表达的三种情感与农具融为一体，成为少数民族的地方性知识，⑦ 体现了当地人在特定时空中与各种主体或力量互动建构、积累、运用和创新知识体系的地方价值。

---

① 蒙本曼：《知识地方性与地方性知识》，中国社会科学出版社2016年版，第13页。
② 孙杰远、乔晓华：《地方性知识的内涵、特征及其教育意蕴——读吉尔兹〈地方性知识——阐释人类学论文集〉》，《教育理论与实践》2021年第13期。
③ 杨庭硕：《论地方性知识的生态价值》，《吉首大学学报》（社会科学版）2004年第3期。
④ 周俊华、秦继仙：《全球化语境下民族地方性知识的价值与民族的现代发展——以纳西族为例》，《云南民族大学学报》（哲学社会科学版）2008年第5期。
⑤ 安富海：《论地方性知识的价值》，《当代教育与文化》2010年第2期。
⑥ 龙先琼、杜成材：《存在与表达——论地方性知识的历史叙述》，《吉首大学学报》（社会科学版）2008年第3期。
⑦ 王荧、杜何琪：《情感寄托、地方性知识与传统农具的延续——以云南德宏少数民族传统稻作农具为例》，《自然辩证法研究》2022年第3期。

（4）地方性知识的开发利用研究

作为知识资源，地方性知识的开发利用体现在生态环境、资源保护、文化传承和学校教育等诸多方面。罗丹研究了"稻作—灌溉"系统的地方性知识生产与区域性生态，新时代传统梯田稻作农耕知识系统的重构，成为服务国家生态文明建设的主旋律。① 基于生态治理的地方性知识，有助于协调当地政治、经济、文化和环境和谐发展，绿色发展和长远发展。而学校教育中地方性知识研究着重体现在以地方性知识为资源前提的地方课程开发。典型的论题有：立足于地方课程的内在规定性探讨地方课程开发的内容和基本形态；② 将地方性知识作为多元文化教育课程设置的主要内容，并通过民族地区的地方课程与校本课程体现；③ 探讨地方性知识视野下农村教师专业发展问题，注重教育发展所依存的地方性知识资源，并以此来重建教育发展的话语权。④也有学者尝试立足地方性知识生产和践行的原生场域，探究农村家长对学校教育参与程度低的原因并提出解决策略，阐述农村家校合作应以包含地方性知识的学校教育知识体系为核心，构建乡土情怀的合作主体，结成平等互动关系。⑤

综上所述，考察不同的文化，就是要深入特定的情境来展示此地事件的认识与想象，理解以当地人为主体构建的地方性实践框架，情境体悟是理解地方性知识的前提。国内地方性知识的研究脉络清晰，历史、内涵、价值和开发等方面自成体系。尽管地方性知识观念逐渐应用到教育领域，学校教育中地方性知识的合理性引起关注，但仅仅是一种浅层的认识论反思，缺乏对学校教育知识多样性的现实探讨。

（三）乡土文化与学校教育互动研究

1. 国内研究现状述评

我国社会结构组成中，村庄或者村落具有不可替代的作用。本书开展

---

① 罗丹：《红河哈尼梯田"稻作—灌溉"系统的地方性知识生产与区域性生态担当研究》，《学术探索》2021 年第 6 期。
② 成尚荣：《地方性知识视域中的地方课程开发》，《课程·教材·教法》2007 年第 9 期。
③ 王鉴：《地方性知识与多元文化教育之价值》，《当代教育与文化》2009 年第 4 期。
④ 葛孝亿：《农村教师专业发展范式转换——"地方性知识"的视角》，《中国教育学刊》2012 年第 2 期。
⑤ 徐清秀：《农村家长参与学校教育低迷的原因及疏解——地方性知识的视角》，《中国教育学刊》2021 年第 9 期。

地方性知识贡献取向

地方性知识研究的田野点是西部地区的村庄及其学校,因此有必要对村庄文化与学校教育的互动关系做以梳理。

第一,社会学和人类学将研究视点聚焦在村落文化、组织和结构与学校教育的关联层面,为社会转型期乡村教育发展积累了资料。20世纪30年代,费孝通在江村等地、林耀华先生在金翼等地的人类学研究开启了村落研究的先河。为什么村庄如此重要?正如钟敬文先生说的那样,村庄是"中国农村广阔地域上和历史渐变中的一种实际存在的最稳定的时空坐落"[①]。作为中国传统文化生长的村庄,其文化传统的独特性不仅源自中华民族文化传统给予的文化养分,而且村庄本身也是文化历史和实践智慧的反映。乡村振兴中的村庄,面临着文化转型,村庄文化渐渐地发生变革与创新。当今社会,人们不断追寻遗失的村落文化,渴望找回存在记忆中的文化精神,重拾乡愁,目的是唤醒人们对村落变迁过程中文化育人的感念。在外来文化与本土文化传统互动的张力之中,学校教育在村落规范和外来影响之间滑动,不过一直存在着向正规化、城市化一极滑行的趋势,说明乡村学校教育在文化力量的平衡、互动中完成育人任务。

第二,乡村文化变迁与学校教育之间的调适,一直是乡村学校教育发展关注的主题。乡村文化是否或者如何影响学校教育?学校教育与乡土知识之间存在哪些调和关系?这些问题困扰着乡村学校教育知识论的坚守与转向。20世纪20年代前后,现代与传统、城市与乡村二元分野的乡村发展处境下,陶行知、梁漱溟、晏阳初等老一辈人民教育家立足本土教育实际,积累了丰富的教育理论。人民教育家陶行知提出乡村要"建设适合乡村实际生活的活教育",坚持教育推动乡村社会发展的理念,借助于"活教育"促进乡土社会整体进步。

近年来,一些学者关注乡村教育的历史变迁、文化适应性以及乡村社会文化所承载的教化意蕴。司洪昌选取华北平原的一个村落,运用人类学研究方法,以微观的视角探寻百年来村落教育和学校变迁的景观;[②] 李书磊选择河北丰宁县一所希望小学作为研究对象,描述和分析乡村社会、文

[①] 钟敬文主编:《民间文化讲演集:中国首届民间文化高级研讨班》,广西民族出版社1998年版,第284页。

[②] 司洪昌:《嵌入村庄的学校——仁村教育的历史人类学探究》,博士学位论文,华东师范大学,2006年。

化生活、学校教育、课堂文化等相互关联的事实，再现诸多层面知识的冲突，反映了人们对教育的不同期望；①冯跃采用人类学探究了一个县城学校教育体系及其引发的教育期待与实践议题，对学校运行体系、个体成长等问题给予解读；②张济洲基于乡村教育、乡村社会、文化与国家力量冲突与竞争场面的书写，展现了国民教育体系建构视野下国家知识、村落文化、地方性知识等相互冲突的画面。③这些研究运用人类学理论，从纵向追溯或者回应现代乡村学校的文化选择，力图解决乡村教育、乡村文化以及乡村社会中的各种文化适应性。也有学者指出，"学校教育的国家性使乡村教育虽然'身'在乡村，却已具有明显的城市化倾向"④。郑新蓉认为文化适切性教育具有一定的重要性，能够改善民族地区教育运行机制，但实践层面的推广力度不够。⑤乡村教育既要留住乡愁，又要培育乡村青少年多元的文化适应性，以使他们更好地扎根本土，又能融入现代化社会发展，而对这一实践难题的研究，仍然需要深化论证。

2. 国外研究现状述评

乡土文化与学校教育之间的互动关系一直是学术界关注的实践问题，关注以多元文化为核心内容的教育实践何以可能。国外此方面的研究可以概括为，教育应当适合学生的个人能力、兴趣和需要，由民族的生活与环境等境遇性内容构成的学生生活、经验，理应被整合到学校教育教学。换言之，教育制度应充分考虑到学生的文化背景和文化认知，在教育与文化方面建立媒介，以实现学生已有经验与新知识之间的建构与互动，最终达到育人的目的。这种教育观实质上可以称之为多元文化教育，重视不同区域的文化背景并与文化育人的实践调和，在具体实施中结合政策层面的不断改进。典型的有加拿大的多元文化主义政策，属于从国家统一、民族团

---

① 李书磊：《村落中的"国家"——文化变迁中的乡村学校》，浙江人民出版社1999年版，第173页。

② 冯跃：《教育的期待与实践——一个中国北方县城的人类学研究》，民族出版社2009年版，第4页。

③ 张济洲：《文化视野下的村落、学校与国家：一个地方社区基础教育变迁的历史人类学考察》，教育科学出版社2011年版，第10页。

④ 于影丽、毛菊：《乡村教育与乡村文化研究：回顾与反思》，《教育理论与实践》2011年第8期。

⑤ 郑新蓉：《试论语言与文化适宜的基础教育》，《民族教育研究》2010年第3期。

结和民族文化多样性方面建构的教育文化政策。"多元"重在调适少数族群的文化权利和多元文化的整合程度。1987年，加拿大多元文化常设委员会报告的中心议题是多元文化，指出多元文化成为建设加拿大的重要组成部分，多元文化政策是时代的必需，提出多元文化教育"需要找出明确的方向"的主张。[①] 1988年，加拿大出台《多元文化法》，[②] 以法规的形式说明多元文化教育实施的重要性，并逐渐将政策制度化。《多元文化法》提到多元文化是加拿大核心的现实，要求从政府层面出发积极倡导和弘扬民族文化传统。"多样性中锻造统一性"是民族和谐关系建设的有力保证，可使不同文化体系得到长足的保存，加强民族认同和民族团结。之后，加拿大多元文化成为一种理念和政策，促进了多元文化教育的兴起。与此同时，加拿大鼓励和保留民族文化遗产也成为一项符合民意的任务，目的在于打造不同文化平等共处的氛围。澳大利亚以忠诚于自己的国家为教育前提，提倡多元文化共同体的建立，即在保留族群性认同的基础上形成共生的民族文化空间。可以看出，国外教育实践更大程度上考虑的是族群的历史、文化等因素，以满足不同民族的文化诉求和现实需要，文化平等也是推进民族之间相互理解的重要方式，这与我国乡村学校教育实践中文化互动、适应的机制具有相似之处，能够为我国教育文化实践提供可借鉴的思路。但是，中国特色的乡村教育更加关注学生个体立足于乡土场域习得主流文化的育人路径，从根本上来说，乡村教育发挥着脱贫致富、斩断贫困代际传递的重要作用。

三 问题回顾：文献述评小结

基于文献梳理，发现多数研究成果围绕地方性知识与多元文化来展开学校教育研究，既有宏观研究也有微观研究；既有纵向研究也有横向研究，为地方性知识与教育实践的关联积累了经验，而地方性知识的文化意

---

① Fleras A., Elliot L. J., *Multiculturalism in Canada: The Challenge of Diversity*, Scarborough: Nelson Canada, 1992, p.74.

② 《多元文化法》(Multiculturalism Act) 又称《加拿大多元文化法》。1988年7月12日，加拿大众议院通过了该法。民族文化的多样性成为民族关系的主流意识，旨在维护民族文化的平等地位、增强国民意识。加拿大把多元文化政策作为一项法令来颁布，不仅是一项基本的文化政策、公共政策，又是处理民族关系的意识形态，同时保护了文化的多样性。

蕴及其在日常生活中的运作机制存在尚待探究的空间，地方性知识的文化贡献取向仍需人类学阐释。

首先，学者们大都围绕多个层面展开了一系列的实际调查研究，宏观与微观研究内容并存。人们的生活、生产实践，饮食、服饰、建筑、节日、婚丧、文学艺术等内容，都可以突出文化的地域特色。在这种情况下，就地方性知识研究而言，知识本身的价值意蕴与学校教育的关系需要进一步研究。教育离不开社会发展的文化背景，离不开学生基于生存境遇的地方知识的教育滋养。之所以说地方性知识作为本土文化重要的部分，原因在于它显现的是当地人本然形态的生活方式。已有成果对地方性知识做了不同层面的阐释，地方性知识的内涵并非仅仅局限于"本土"，它有着广阔的外延。

其次，人类学、文化学、哲学以及教育学等诸多领域，学者们运用地方性知识的概念范畴透视多层次的日常生活世界，地方性知识观作为人类学文化多样性分析的视角，为不同领域的研究提供了独特的思维框架，其应用与实践一定程度上唤醒了人们对文化多样性的充分关注，因而对地方性文化的开发与保存具有重要意义。相对而言，立足时空演变，特别是将地方性知识置放在乡村振兴背景中的研究并不多见，乡村学校教育实践中以地方性知识为基底的经验世界到底意味着什么？这种扎根于乡土中国，并客观存在的知识形态何以彰显日常生活世界？还需要从理论与实践内在关联的机制中找寻答案。

再次，缺乏地方性知识平衡的乡村学校教育研究。这种平衡，事实是知识形态的兼容。乡村少年自然有他们难得的经验世界，经验世界不仅作为记忆存在，而且还关系着他们的心智完善，以及在未来他们认识和看待乡土的态度，是离开乡土还是学成之后回归乡土？对乡村少年而言，这种知识转换和文化适应的阵痛，不能仅仅局限于乡土文化在学校教育传承中的探讨，而应回到乡村学校教育中地方性知识合理体现的方式上。"在教育领域中，有一种形式是指学校的知识，另一种形式指的是日常生活知识，或者称为'官方'或'地方'知识。这种对比通常以意识形态的方式加以定位，并获得不同的评价"[①]，英国教育社会学家巴兹尔·伯恩斯坦

---

① ［英］巴兹尔·伯恩斯坦：《教育、符号控制与认同》，王小凤、王聪聪、李京、孙宇译，中国人民大学出版社2016年版，第165页。

（Basil Bernstein）通过反映各种教育论述之间的互动与纠葛，使用知识取向中的横向话语和纵向话语解释了教育变革及其衍生的深层次问题，而知识的传递依赖于不同的语境，有其明确的再语境化和评价方式。在此意义上，说明教育实践中知识取向是一个牵涉教育文化和教育符号的教学机制问题，乡村学校教育变革中更深层次的地方性知识与学校教育的关系不仅是一个知识论问题，还是知识再语境化的育人实践难题。

最后，尽管已有研究从不同角度论证了地方性知识的内涵，并以当地人的现实生活为基础进行了实证研究，大都脱离了对文化表征和日常生活世界运作内核的阐释。另外，知识是重要的教育媒介。地方性知识与乡村学校教育二者之间的关系建构，是一个知识互动的实践，它关系着乡村学生成长的基本理路。学校教育作为个体走向社会化的主要途径，担负着塑造公民集体意识、加强主流价值观认同、传承优秀文化、培育民族精神等责任。乡土地方性知识的贡献取向何以实现，乡村学校教育中主流知识与地方性知识何以建构起育人的内在生机，乡村教育人类学便是一个适切的视角。

第五节　理论基础及其研究设计

一　研究内容框架

本书聚焦乡村地方性知识与普适性知识关联性再建构的教育人类学考察，以地方性知识为知识理解和应用的范式，力图通过四个村庄作为案例，阐述基层学校教育与地方性知识融通的可能性，捕捉主流知识和地方性知识之于学生生命整全性成长所涌现的知识动力。其一，乡村社会的运行有一定的社会秩序条件，其基础是一整套地方意义的知识体系；其二，教育生活不是一个单调的知识储存与教化，它还充盈着生命成长与人的社会化相互交织的内在生机。基于此，研究内容框架如下图（图1—1）所示。

（一）探究地方性知识的结构与意蕴

地方性知识作为中华民族文化的重要部分，是乡土社会的文化表征。新的社会背景下，地方性知识应遵循乡土社会发展内在的运作结构，维系社会生活的运转。情境中的地方性知识具有历时性和共时性两者统合向度上知识运行的逻辑，进而为乡村提供知识规范的力量。进而言之，地方性

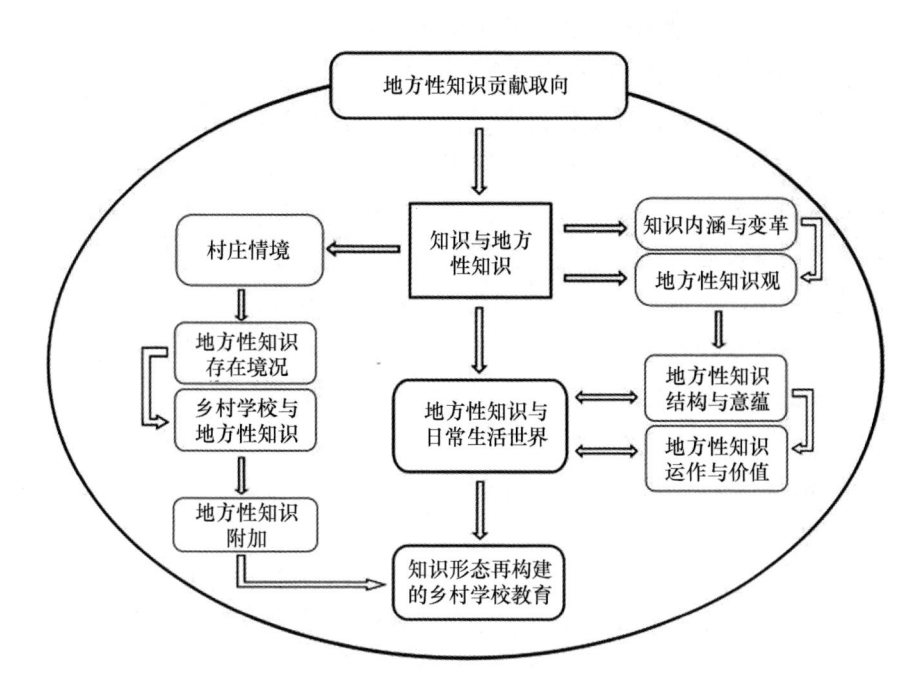

图 1—1 地方性知识贡献取向研究框架图

知识背后的文化意义需要通过田野考察来分析和阐释，其情境展演表述为一种乡土文化的要义，这种要义是地方性知识与日常生活互构表达的知识意蕴。因而，需要立足于情境来探析地方性知识的结构与意蕴，以此把握地方性知识的生活表征。①

（二）阐释地方性知识的运作与价值

新的时代背景下，地方性知识如何维系着人们的生活实践和行为观念，乡村社会存在的地方性知识如何发挥特定的价值？这些问题需要在深描和阐释地方性知识运行机制的基础上做出梳理，以此说明地方性知识与乡土社会生活之间水乳交融的关系。本书尝试针对西部特定的村庄，阐释

---

① 注："共时"和"历时"应当理解为事物、现象存在的反映。"共时"被描述为系统处于稳定的状态，而"历时"则被描述为累进式的变迁（progressive change）。人类学视野中，"共时"和"历时"往往相互交织又彼此分离出自身的细微特点。本书中的"共时"指的是地方性知识的描述被忽略了累进式变迁而只考虑特定情境中某个较短时间段的种种文化事项或文化画面，暗含了乡土社会内部成员之间累积性互动所形成的地方性知识的规范过程。

村庄地方性知识的运作机制以及日常生活价值。

(三) 探讨乡村学校与地方性知识的互动

作为乡村知识延续的学校教育,它对地方性知识的回应,以及持有的知识观也是一个研究内容。地方性知识育人价值的探讨,是关系乡村学生健康成长的重要议题。学校教育留存适当的地方性知识教育的空间,能够让村庄中的学校教育焕发出文化振兴乡村的活力。在此,地方性知识通过学校教育获得一定的"合理"空间是研究的一个假设。这就需要以分析地方性知识的学校存在境况为基点,展开对学生教育生活世界的考查,以此论证地方性知识对于丰富学生教育生活世界的不可替代性。

(四) 寻找乡村学校发展的地方性知识逻辑

本书通过学校中地方性知识存在境况的教育人类学研究,探寻学校教育发展的开放特质,寻找乡村学校发展的地方性知识逻辑。如果说学校是文化、经济生产和再生产的机构,那么教育话语体系也应体现多元性,因为教育对象拥有不同的文化背景,这种多元性不是没有价值的纷争,而是协调整合的出路。学校教育肩负着立德树人的根本任务,实现着文化再生产和人性再塑造。这就意味着学校教育基于社会发展现实的功能,与社会需求和人之生存的境况紧密联系,学生的不同个性以及原初性日常经验的习得,使得学校中教育与文化的传递表现出复杂的知识结构。乡村青少年的生活既受到正规学校教育制度的深刻影响,又受到乡土文化甚至是乡规民约等地方性知识的塑就。学校可被视为多样文化共存的特定区域,辩证地认识国家主流知识与地方性知识的协调关系,将对学校教育产生积极的意义。

二 研究理论基础

(一) 文化模式论

人类学 (anthropology) 以研究多样文化为旨趣,人类自身及其所创造的文化是人类学研究的核心内容。人不仅仅生活在物理世界中,而且还生活在意义的世界里。人是属于文化的人,文化是关于人的文化,它有其特定的文化模式。文化模式论以人的文化习俗为起点,借助对"人—文化—社会"元素的关联,透视文化发展规律。因此,文化模式论的应用体现在以下方面:

首先,分析当地人的日常生活行为框架。文化人类学关注具有特殊文化特质的社会并以此作为研究对象,致力于构建文化与社会互嵌的理论。当地村民有着他们熟知的日常生活世界,"生活世界"是具有一定模式存在的世界,特定社会的成员以"自然的态度"将日常生活中的各种现象作为"自明的"东西来接受。对当地人而言,这是自然的文化习得,内隐着特定的义化模式,而模式又建构了他们的日常生活行为框架。因此,文化模式论能够适切地解释当地人每天的日常生活行为,并对各种文化现象做出定义分析。

其次,着眼于探究文化内部的价值观念。文化类型是丰富多样的存在。正因为多样,形成了各种文化的发展模式,文化类型的可能组合也是复杂的。文化模式既具有实证特色,又受到文化相对主义的影响,使整体世界中各种文化独立性成为可能。文化模式论主张赋予文化某一种具体的特征,强调统一的文化表现形态。在此意义上,地方性知识不是在预先构建的类型框架中进行分类,而是立足于文化制度和习俗以及由此所产生的人的行为态度,达到探究文化现象内部价值的目的。

最后,提炼历史维度中的文化意向性。文化内在特征赋予文化多样化的品性,这是文化的主旋律,从而形成文化的模式。文化主旋律也可称之为民族精神(ethos),民族精神由文化内部的一致性塑造。文化模式的本质是各民族历史的、统一的价值体系或民族精神的统合形态。历史是展现民族精神的媒介,"所谓历史,就是特定的文化以它的价值体系为基准,取舍、选择制度和习惯的传播过程"[①],而文化以人们行动、思维的事实性存在于生活之中,文化的独特性需要人类学对其历史维度中的意向性侧面给予关注。因而,地方性知识的深描与阐释离不开文化模式论的观点。

(二)解释人类学理论

第一,文化的深描与阐释是理解各种文化现象的方式。格尔茨使用"解释人类学"或者"文化解释学"的概念,提倡对文化深描与阐释。解释人类学坚信特定的实际事例包含着基于整个文化领域的问题与现象。文化深描与阐释旨在使文化分析回归文化自身,返回文化认知得以产生和显现的源头,回到乡土生活中人之行动的根源,为文化自身所构成的观念寻

---

① 庄锡昌、孙志民编著:《文化人类学的理论构架》,浙江人民出版社1988年版,第88页。

求文化意义的解释。这就需要研究者摆脱自身主观经验的束缚，将处于特定社会中的那些"自明的""无须探究的"文化产物悬置起来。在此，探究地方性知识的情境运作机理，深描与阐释是极为适切的方法，可以捕捉地方性知识对于乡土社会生活不可替代的价值。

第二，文化的象征和意义是密不可分的。文化是关于人的行动网络，文化分析最终指向文化背后蕴含的意义的解释。"意义"包含认识、情感和道德等因素。无论什么物质、事件、行为和言语，都传递着某种意义的象征。象征是人们传递、延续和展开关于生存知识和对生存态度的手段。象征的秩序经过群体的社会实践而形成文化的整体性，且具有文化主题累积的意义，其实质是文化的要素。文化是象征和意义的系统，是象征所表现的概念经过历史累积而形成的体系。概言之，文化分析要着眼于文化表征基础上的意义探究，要在解释的基础上能动地建构文化意义。依据阐释学理论，阐释地方性知识不是在探索其本身的规律，而是在于探索文化意义，持有一种阐释学的主张，再现乡土社会生活的本然。

（三）教育人类学理论

第一，教育人类学关注教育与文化共生的状态及其对个体发展的正向功能，它应用人类学原理与方法研究教育现象。人类学研究人的文化及人的改变，改变是一个过程；教育有着同样的目的，凭借知识的陶冶使人从自然人走向德性之人，通过教化实践使人向真善美转变。"作为一门学科的教育人类学，横跨人类学和教育学两大学科领域。从其诞生之日起，人类学就成为其学科边界，一切相关的概念、命题、视角和思维方式，都处在人类学的边界内；其中的'教育'，更多的是作为一个研究领域，而不是作为思考的边界而存在。"[①] 如果说人类学以文化洞察为关键，教育则为优秀文化传统提供了传承手段。在此意义上，教育人类学关注教育领域中存在的现实问题，关注人们得以发生改变的知识和技能，指向人之本身完善的逻辑次序。另外，教育人类学具有开放的文化情怀，"以其特有的文化内涵和广阔的文化视野，以及对人类生活场景的具体入微的洞察与分析，为把握教育与人类自身的生存与发展问题提供了独特的研究视域。这

---

① 李政涛：《教育人类学引论》，上海教育出版社 2009 年版，第 1 页。

正是人类学所特有的贡献"①。基于此，本书围绕村民日常生活与学校教育场景的文化书写，通过教育人类学研究，揭示乡村学生教育生活边界渗透的知识论。

第二，教育人类学具有独特的研究视角，它能够更为细微地探究教育实践困惑，并提出适切的解决路径，建构人之发展与现代教育的互动关系，赋予教育新的历史使命。教育人类学倡导从人类发展的宏观高度阐明现代教育的内在本质；擅长通过文化视角显现教育的文化功能。简言之，教育人类学视角提供了考察教育与人之发展的新方法和新维度，透过对学生教育生活的直观体验，追寻学生成长中涌现的生活与知识交互的内在动力，确认乡村学校教育多元知识成就人的合理路向，为开放的乡村学校教育找寻现实路径。

第三，教育人类学注重基于人的本质属性研究教育行动，把握人的发展与教育之间的相互关系，阐明教育的可能性和局限性。在此意义上，教育人类学提供的研究范式对教育活动有着根本性的省思。教育人类学有两大行动导向，分别是实地调查与文化分析，表现出田野作业的特点，聚焦教育与文化现实。同时，它还注重研究直观的教育现场。简言之，教育人类学形成了鲜明的学科范式。其一，运用哲学人类学、文化人类学思辨性的研究方法，分析特定的教育生活状态、文化的教育性以及教育的文化性，切入文化与教育互动的体系。其二，以实践为导向，从历史、社会和生活多个角度展现文化与教育相互演进的方式和现代化进路。教育人类学具有充分阐释学生本有文化品格的学术能动性，发掘拓展和完善实现乡村学生自身发展的地方性资本，验证乡村振兴背景下地方性知识得以存续的教育学主张。

三 具体研究方法

本书注重地方性知识与学校教育知识互动机理的深度研究，遵循观察—访谈—描述—解释—验证的内在逻辑，依据田野调查、民族志撰写、理论建构统合的研究进路，兼顾研究信度和效度，采用以下研究方法：

---

① 冯增俊：《教育人类学教程》，人民教育出版社2005年版，第82页。

（一）民族志研究

民族志研究（The Ethnographic Research）指对某一地方或某一族群展开社会和文化的全面阐述。深入某一地域获得地方的原始资料，观察、访谈、亲自参与等手段都是必不可少的。换言之，综合运用这些方法开展研究的过程就是田野调查。仔细观察、深度访谈、亲身参与和"看""听""做"——对应，这是田野调查的核心方法。人类学采用参与观察（Participant Observation）概括田野调查中的"看""听""做"，通过参与研究对象的日常生活来观察和收集信息。本书从局内人的视角认识乡村中的行为、行动和事件，以及再造这些背景分享的乡土生活方式的意义，依据田野日志对当地的教育和文化进行撰写。

具体而言，采用参与观察法，观察和叙述地方性知识。适时参与到他们的生活当中，以便达到完整地观察。而深度访谈（In-Depth Interview）较为直观、完整地展现特定情境中村民细节性的文化生活场面。除此之外，对乡村学生的教育生活进行参与式观察，力求做到在叙述性研究（Descriptive Research）过程中，渗透民族志方法的核心：体验和诠释。教育人类学倾向于对人与教育共建的生命成长轨迹展开客观化描述。在此，还有必要借鉴"文化主位"和"文化客位"方法。从具体的文化内部和外部视角分析特定的文化事件，探寻事件背后存在的文化逻辑。可以说，参与观察、主客位研究、整体分析结合在一起构成"他者的眼光"。基于此，民族志研究体现在两方面：一是主张站在乡村生活世界和地方性知识的立场，理解本土建构的知识系统；二是建立研究者和被研究者之间双向互动的对话机制，以此验证地方性知识的乡村教育思路。

（二）思辨的方法

首先，思辨具有释义的意蕴。思辨以糅合个体理性能力和直观经验认知见长，是逻辑演绎和推理事物存在本质的重要方法，能够从本体论和认识论层面探究事物。思辨方法的应用，目的在于阐述地方性知识与乡村学校教育之间可能的联系，从而使地方性知识、区域社会与学校教育相互贯通。

其次，思辨旨在树立批判意识。乡村学校教育自然有其教育的共性，也有其本身的特殊性，自觉的批判意识建立在教育事实基础上，寻求乡村学校教育发展的适切性方案。思辨更大程度上构建了学校教育中文化多样性的延展方式，而批判是为了更好地构建这种方式。

最后,思辨遵循"人类学还原"的原则。教育人类学最基本的研究方式是对教育现象的比较研究和实地调查研究,但是仅有这两种方式还不能全面把握学校教育发展的历程。因此,尝试探索更宏观、更深刻的教育发展理论,思辨方法属于行之有效的研究方法。思辨方法还在于揭示日常生活世界的人类学意义,揭示文化现象回归人的根源性机理。总之,运用思辨的方法在于分析地方性知识的内涵、价值和运行机制,并通过村庄地方性知识与学校教育之间呈现的田野作业内容,反思乡村学校教育国家性与地方性互动的逻辑。

(三) 跨文化比较法

第一,跨文化比较研究作为人类学学术研究的传统,重在揭示文化比较视域下真实的文化意义。跨文化比较法的应用立足于特定的场合,对不同文化形态进行比较,尝试在文化因素基础上判断文化互动产生的作用力和反作用力,引起人们对地方性知识的尊重和保护意识。

第二,跨文化比较研究重在还原记忆中的"历史"。"历史"就是通过个体真实的记忆再现代代相传的知识、观念、行为以及习俗等,多个个体的记忆拼接成乡土记忆中地方性知识的组合。因此,跨文化比较研究有利于理解地方性知识的演进逻辑,反观乡村社会生活以及与周围社会情境互动而建构的知识系统。

第三,跨文化比较研究从不同文化角度对乡村学校教育现象进行比较,透析教育事实发生、发展的动因,阐述乡村学校教育与地方性知识相互观照的适切途径。跨文化比较消解了文化扁平化存在的书写,透视文化多样性的切面。这样的视角与方法旨在揭示学校教育特殊的教育文化活动,展现学生日常生活和教育生活之间潜在的关联度。

概言之,研究方法的综合运用,旨在通过田野工作,获得地方性知识的体悟,观察和省思学生的教育生活,继而在描述的基础上阐释地方性知识深层次的运行机制,探索地方性知识的贡献。

四 田野研究设计

田野研究设计的出发点是将地方性知识宏大的历史变迁与具体知识形态置身于乡村生活及乡村教育中,显示乡村地方性知识的现实境遇与知识价值。

地方性知识贡献取向

（一）研究范围与限制

教育人类学研究试图构建一种适切而又逐步迈向普遍的恰当性记述，尤其注重从小样本研究中再现结论整体性的偏好。费孝通指出界定调查区域的方法，"为了对人们的生活进行深入细致的考察，研究人员有必要把自己的调查限定在一个小的社会单位内来进行。这是出于实际的考虑。调查者必须容易接近被调查者，以便能够亲自进行密切的观察。另一方面，被研究的社会单位也不宜太小，它应提供人们社会生活较完整的切片"①。于此，有以下几点需要进一步说明。

第一，为了获取地方性知识较完整的切片，达到对地方性知识文本的理解，首先需要选择田野点。田野点关系到民族志的表达空间，只有设定对象与事件的边界才能反映文化生活的整体及构成因素。这种目标明确的田野点选择，将地方性知识主体对象的选定看作对不易把握的多点田野作业在实践层面的简化。考虑到两个或两个以上地点所展示地方性知识之间历时和共时的文化特点，有必要随机选取相互依存的场所。因而，策略性选定的地点中兼顾多点依存场所的选定，将有助于阐释地方性知识。

第二，鉴于以上考虑，将民族志式的地方性知识定位在西北地区文化板块。选择宁夏西吉县为总体样本的范围。西吉县辖3镇16乡、296个行政村，1909个村民小组。然后，以乡级单位为抽样框、在查阅县域文献资料的基础上确定二级抽样单元。按照区域抽样的方法，突破单个村庄研究的局限性，保证田野点均衡分布的基础上，再选取西吉县P村、X村、B村和S村为田野点，四个村庄分别位于该县的东、南、东北、东南位置。

第三，村庄是日常生活的呈现空间，人们在互助类型的劳动中构建信任关系，在共同的地域里耕作，和谐的互动关系凝聚了整个村庄的力量，依据关系联合而构建生活共同体，"关系本身即结合，或者被理解为现实的和有机的生命——这就是共同体的本质，或者被理解为思想的和机械的形态——这就是社会的概念……一切亲密的、秘密的、单纯的共同体生活……被理解为在共同体里生活。社会是公众的，是世界。人们在共同体与同伙一起，从出生之时起，就休戚与共，同甘共苦"②。在此，村庄又是

---

① 费孝通：《江村经济——中国农民的生活》，商务印书馆2001年版，第24页。
② ［德］斐迪南·滕尼斯：《共同体与社会》，林荣远译，商务印书馆1999年版，第52—53页。

一个完整意义的文化单元，人们的互动来往生成带有本土意义的归属感。

(二) 田野作业流程

1. 田野作业过程

为了透视地方性知识体系，考察时空背景下地方性知识与乡村学校共合的潜在依据，审思学校教育的知识取向，田野作业分为两条线索。

(1) 进入田野—在田野—离开田野

首先，按照进入田野—在田野—离开田野的过程寻找并确定"看门人""报道人""核心人物"，明确"我是谁"并做好进入田野的准备；其次，遵循田野研究规则，运用观察、访谈、深描和解释等方法收集资料，明确"我可以做什么""我看到了什么"，做好田野笔记并收集资料；最后，离开田野，通过原始资料的整理、分类确定"我到哪里去"，深化研究主题。

(2) 田野研究—民族志撰写—文化建构

田野研究、民族志撰写和文化建构是教育人类学研究的基本过程。日常生活中地方性知识的教化、地方性知识与乡村学校教育内在的联系，都可以通过田野研究得以展现。而民族志撰写的目的在于提取村民的日常生活叙事，洞察村庄中地方性知识的概貌，还原村庄生活与教育的叙事。同时，研究者将自己当成被抛进充满陌生世界中的个体，看得见村庄中的文化经验，也看得见不同文化及其与众不同的地方性知识的荣耀。

概言之，本书以村庄为单位，通过本土文化知识的梳理和村庄里关键人物口头叙事的深入阐释，力图揭示地方性知识与当地学校教育统整的契合点。

2. 应注意的问题

首先，研究者必须有一段较长时间的与被研究者共同生活的历程，在参与具体的实践活动中周密地观察、记录，体验日常生活，获得现实资料。学校教育考察方面，需要走进乡村教育，开展田野工作，运用参与观察、访谈等方法收集学校教育生活的一手资料。

其次，立足于特定地域，采用宏观和微观相结合、田野调查和理论阐释相结合的多视角研究方法，将地方性知识蕴含的价值与乡村教育普适性知识传授两方面的共和点呈现出来，达到"人乎其中，超乎其外"的结果。

最后，在田野调查和文化阐释的基础上，力求全面展现地方性知识的层级结构。整个研究过程既要注重研究者和被研究者之间的互动与沟通，又要注重村庄中的文化透视；立足于文化结构的功能性特征，描述村庄中地方性知识的显现。为了寻求适切的地方性知识文本与学校教育趋合的实践模式，分析它们之间构成的一种知识张力和合力，采取策略性定点的民族志形式，在定点中注重多点民族志的叙事与阐释。

（三）基本研究思路

基本思路主要沿着两条主线进行。第一条线路是地方性知识的深描与阐释，探析当下地方性知识的凝聚结构和运行机制。第二条线路是基于不同知识形态融合的必要性，尝试构建乡村教育地方性知识存在的合理路径，搭建村庄中本土知识体系与学校教育互动的叙述框架，研究思路如下图（图1—2）：

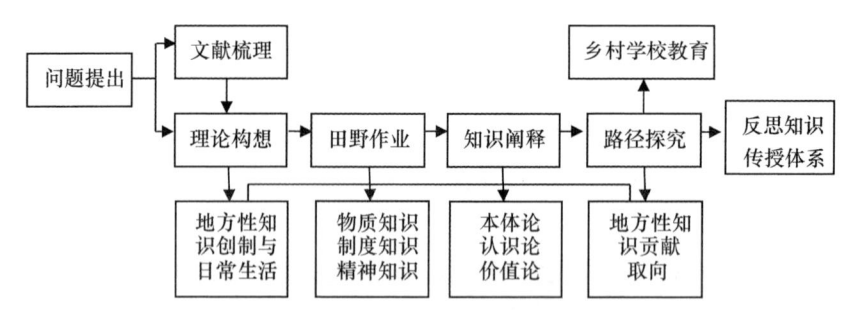

图1—2 研究思路流程图

（四）研究假设

教育人类学倡导一种假设：教育是文化的传承与习得，而学校教育相对于个人而言，只是教育的特殊形式。该假设有两层意义。第一，儿童的成长伴随着文化的习得。人的双重性体现在生物性和文化性两个方面。儿童一出生就要开始文化的传承与习得，这一过程将延续到学校教育。因此，学校教育中的儿童不应该受到本有文化经验的剥夺。第二，作为社会组织机构的学校，不仅要传递知识，还承载着其他社会功能。基于文化整体观的假设，学校教育与社会其他组织存在密切的联系。学生的成长脱离不了地方性知识的熏陶，地方性知识作为特定场域学生本有的知识体系，伴随着学生的成长，这种知识会成为学生个体内隐的知识体系。因而，不同知识形态之间的融合对于乡村学生的健康成长意义重大。

（五）研究创新点

第一，持有一种地方性知识观。一种生活方式、一种地方性知识体系或许有局限于特定社会情境的理解与评价。但是，我们应该避开知识中心主义的偏见，广纳表征学生日常生活世界的地方性知识，让他们留住乡土情怀，扎根乡土振兴，推进乡村建设。

第二，运用教育人类学方法，深入调查地方性知识的文化形态并为其价值做出辩护。为了获得真实的体悟与理解，将研究的场域迁移到乡村学校教育，分析地方性知识的存在及其教育生活表层现象背后的知识内容。通过论证地方性知识作为知识存在的价值，探究学校教育地方性知识存在的合理方式。

第三，将地方性知识与普适性知识之间的关系置于乡土社会结构的互动情境中加以考查。地方性知识的各种要素是社会、技术和观念的存在，是适应特定生活环境而产生和发展起来的知识。因此，需要展现地方性知识的乡土意蕴，并提炼知识体系的精神特质；考察乡村学生的教育生活世界，反思学校教育知识传授的单线式程序及其局限性。

总之，地方性知识是研究的一个基点，在此支撑下达成乡村学校教育发展的地方性知识取向，包括村民的日常生活世界和学生正在经历的教育生活世界，最后的落脚点在于反思乡村教育情境中不同知识互动状态的必要性。理所当然，地方性知识不是孤立的存在，而是时空维度及其特定情境下当地人文化实践所建构的生活意义的产物。随着社会的发展，村庄中地方性知识的运作机制、文化记忆与互动建构着新的文化际遇，当地人的社会生活与此情此景相互印证。因而，走进村庄是探究地方性知识的前提条件。

第二章　村庄概况：文化印象的书写

> 知识社会学是在理解认知、情感、动机、理解、想象、记忆……或其他任何东西本身，不只如此，它还要把它们当成直接的社会事务来理解。[①]
>
> ——［美］克利福德·格尔茨：《地方知识——阐释人类学论文集》

村庄是一个时空概念相对凝结的文化表达。透过村庄概貌的文化书写，可以窥见社会结构变迁的历程、趋势和乡土文化传统中的地方性聚焦。人们熟知的江村不仅是我国千千万万个村庄中普遍而又特殊的文化实体，还代表着俯瞰乡村社会结构转型期文化切面的一种研究范式。村庄代表着文化，代表着人与乡土社会互动的记忆与现实境遇。村庄自有与村民生活相互映照的文化样态，它是动态而又鲜活的体系，彰显了中华民族共同体格局下社会生活的空间叙事与文化符号。不论是象征的、抑或意义的表达，都是乡土社会生活的存在。当心存异趣地接触他们的故事，村庄的概貌便浮现出来，组成一幅社会生活的真实文化印象图。所以，走进村庄，感受和体验的是当地的生活方式。

第一节　历史的表达：村庄文化传统探源

深描和阐释地方性知识的努力，应将文化传统作为背景纳入其中。这些看似细枝末节的地方性知识的标准化行为，通常是文化传统的重要部分。换

---

① ［美］克利福德·格尔茨：《地方知识——阐释人类学论文集》，杨德睿译，商务印书馆2014年版，第177页。

言之，地方性知识与文化传统有着密切的关联。文化传统在共时性中是行动的惯习，它与文化细节的历史渊源有关。一旦打开人与文化建构的历史，发现文化传统演进的线索是体悟当下文化存在不可或缺的记忆。特定情境中，文化传统成为文化的既定事实，是被剥离于所有对过去历时性文化事实之后所指涉的文化沉淀，再现了村民建构自身生活世界的历史表达。

一 文化及其文化传统

（一）作为"能量"存在的文化

首先，文化可以包罗万象，它有着复杂的形式和意义。人在社会生活实践中创造的文化，本身是一种关于自身文本的集合，蓄积着个体或群体迈向美好生活的能量，而能量源自知识、信仰、艺术、道德、法律、习惯，以及人作为社会成员所获得的各种能力、技术等文化范畴。文化的外显是人的行为，而文化本质是人在社会生活中被结构化了的价值和规范。威廉·A. 哈维兰（William A. Haviland）认为，"文化不是可观察的行为，而是共享的理想、价值和观念"[1]。夏建中将文化定义为"一个特定社会中代代相传的一种共享的生活方式，这种生活方式包括技术、价值观念、信仰以及规范"[2]。这就意味着，文化探究要把人们在特定生境中的思维、感觉、情感、技术和行为方式等统一起来。特定情境中共同生活的人们，往往具有他们实际的行为方式，这种累积性的文化是一代代传递的社会遗产；或者说文化是个体或群体行为规范性调控的机制，构建起一套个体行动的技术。换言之，文化给予个体或群体进行适切性生活的能量。

其次，文化的魅力从人之实践行动的关系中昭示出来，行动性地驱动个体按照社会价值和规范来行动，也就产生了文化的要义。"文化建立在特定文明下人与世界之间的关系上，而社会则尤其建立在人与人的关系上"[3]，文化是一种"能量"，因为文化以"能量"的方式存在，并全面而

---

[1] ［美］威廉·A. 哈维兰：《文化人类学》，瞿铁鹏、张钰译，上海社会科学院出版社2006年版，第40页。
[2] 夏建中：《文化人类学理论学派》，中国人民大学出版社1997年版，第20页。
[3] ［法］克洛德·列维－斯特劳斯：《面对现代世界问题的人类学》，栾曦译，中国人民大学出版社2017年版，第77页。

深刻地渗透到人类生存的每一角落。文化总是与特定情境密切关联,展现出关于人们自身的社会行为方式。人的社会实践生活需要正能量,消解负能量是文化进步的必然。为此,人们的生活沐浴在具有正能量的文化之下,从而推动个体、群体和社会进步。

(二) 作为深厚文化积淀的传统

"传统"指从过去延传到现在的事物。人们参与社会生活,在不同的活动领域开展行动,依赖的是代代相传的行事方式,历经时空因素的介入和人的创造性想象的沉淀,就会形成一种具有规范意义和行为感召力的文化力量或者说文化符号。作为文化符号,传统使人们的生活富有秩序和意义。"传统是社会累积的经验,文化本来就是传统,不论哪一个社会,绝不会没有传统的。在乡土社会中,传统的重要性比在现代社会更甚。"[①] 所以说,传统所展现的人文价值最终因现实生活需要而形成经验,并被保存下来,成为人们与特定生存境遇互动的媒介,彰显了人们行事模式和特定事实结构的综合特征。文化传统延传的是一种民族精神,目的在于传承与创新民族生活的知识与智慧。

(三) 文化传统的叙事与知识地方性

如果文化是特定人群创造的历史的、社会的产物,那么人类生活的印记要在文化中探求意义。意义的理解有其特定的文化语境。一种被人们所认可和遵行的文化传统,久而久之会演变成为知识的框架,即在特定情境中被验证为真的生活惯习,并指导人们开展区别于其他社会实践的行动。知识的形成依靠传统的叙事及其经验的影响,而地方性知识是在寻求人类文化意义基础上展开的,它具有一种叙事的旨趣。从境遇范畴讲,地方性知识根植于特定的文化传统,它并非一成不变,而是随着时空维度的演进,在当地人与情境的互动中发生一定的沉积与变迁。在此意义上,代代相传的关乎人们行事方式和创造性想象的传统叙事,在文化意义的探寻中奠定了知识形成的地方性基础。

二 乡土文化传统的"名"与"实"

在广阔的人类生活视域中,乡土是自然、社会、经济、文化特征的地

[①] 费孝通:《乡土中国》,生活·读书·新知三联书店1985年版,第53页。

域综合体，传递出一种地方性的表达，它的实体自然是一个个乡村。乡村与城镇不同，但在乡村振兴背景下，作为人们社会生活的空间地域，与城镇互促互进、共生共存，因而城乡一体化体系不断再构建。乡村特有的文化传统并非固定不变，乡村的生产、生活、生态、文化等多重功能会随着时空演变而发生革新。面对人民日益增长的美好生活需要和不平衡不充分的现实发展之间的矛盾，实施乡村振兴战略是乡村发展的重要途径，因而全面建成小康社会和全面建设社会主义现代化强国，最艰巨最繁重的任务在乡村，最广泛最深厚的基础在乡村。乡村寄托着村民追求美好生活的向往。村庄置身于乡土文化"名"与"实"交织的网络空间里，而村民创造着新生活，所积淀的文化传统是乡村振兴的文化动力。

第一，乡土文化反映了普通社会的生活印记及其历史维度中文化培育的过程。乡土文化是生活在乡村的人们所共享的文化，是习得性的且具有特殊生活方式的印记。所谓的印记，实质是传统的编码。"文化被表现为一个通过社会相互作用而被生产和再生产的编码了的意义系统"[1]，它涉及文化教养（cultured）的内涵。传统提供给人的意向性行动所需的动力。乡土文化本身是一种"存在"的反映，从时间和空间分布上说，它更强调一种文化事实。传统又以历史的要素为基础显示文化特性，形成文化的原动力，因而传统被编码的意义系统塑造成乡土文化既定的模式。历史地看，乡土生活方式的意义是构成其乡土文化传统的基础要素：一种服装样式、一套举止规范、一种行为规则等都从本土化的生活中体现出来并产生意义，这种意义的获致不是文化要素封闭的结果，而是乡土文化互动的体现，显示了地方文化的适应力。

第二，乡土文化洋溢着一种与中华文化传统相映照的文化气息和精神气质。格尔茨将既定文化的道德、价值性层面归结为"精神气质"，"一个民族的精神气质是格调、性格及其生活质量，是它的道德风格、审美风格及情绪；它是对自己及生活所反映的世界的潜在的态度"[2]。我国文化源远流长、博大精深，乡土文化广泛而深厚。在社会发展过程中，村民逐渐形

---

[1] ［英］阿雷·恩鲍尔德温等：《文化研究导论》，陶东风等译，高等教育出版社2004年版，第34页。
[2] ［美］克利福德·格尔茨：《文化的解释》，韩莉译，译林出版社1999年版，第155页。

成了特定的生活和行为方式，其文化形态通过文化元素的本土化融合而彰显出乡土生活的精神特质。可以说，乡土文化是基于乡村社会整体情境而创造的行事方式，并随着城乡一体化建设而实现乡土文化再造。

第三，乡土文化传统保存着村民的记忆与行为模式的建构。时间链上，文化传统会围绕文化主体形成不同的变体，虽说变体具有某些共同文化的迹象，但由制度、价值观和行为方式等构成的表意和象征并非完全一致，体现了文化传统的变迁与整合。乡土文化记忆和行为模式的建构是基于中华文化传统而生发的。这种文化再造的密码，彰显了中华民族共有精神家园的"一体"与"多元"，也是一种特别的文化智慧。空间链上，乡土文化塑造着个体的心理和行为。E. 希尔斯（Edward Shils）提出，所谓传统，通常有两种形态。一是必须"经过严格的理性检验和细致的阐述"的形态；二是"无法阐明"但"它们还是照样被延传和继承"的形态。这两种形态的传统各有特点，但其间存在着相互的关联，形成相互支撑的条件。[①] 由此可以看出，乡土文化传统包含两个方面，一是地方性知识体系方面，它以文化的本土建构为导向；另一方面，乡土文化的传统意蕴规范着人们的行为方式。这种文化传统形式难以做出系统的表述，但仍然具有生活的意义。

概言之，乡土文化建构了村民本土的社会实践生活方式。作为一个意义的整体，乡土文化又被当下村民的实践行动所建构，赋予村民基于生活实践基础之上的意义和符号，表征乡村整体发展结构系统中具有简约特征的行动惯习。

第二节　现实的概览：乡土文化的地方性聚焦

费孝通基于江村的民族志追溯，开创了乡土意义上典型的微观社会学研究。20世纪90年代，费老重新反思了江村研究范式在空间、时间，甚至是文化范畴上的局限性。社会转型期村落的社会学镜像，有必要将研究范围扩展到更能透视区域发展的切面，这种地方性的聚焦无疑具有现实意义。在此，西吉县四个村庄的选取实质上是相邻村庄的文化集合，它使乡

---

① [美] E. 希尔斯：《论传统》，傅铿、吕乐译，上海人民出版社2009年版，第23页。

村社会的实践活动及其由此建构而来的文化事件更为清晰地传递出当地情境的人文信息。

一 行走在村庄：地方情境的白描

（一）西吉县地方性知识存有的地域生境

西吉县位于宁夏南部，地处六盘山西麓，东边与原州区接壤、南接隆德县及甘肃静宁县、西毗甘肃会宁县、北邻宁夏海原县，地貌主要有葫芦河川道区、西南部黄土丘陵区和东北部土石山区，海拔高度1688—2633米，属于典型的温带大陆性季风气候。截至2021年10月22日，西吉县总面积3130平方千米，现辖4镇15乡295个行政村8个居委会，总人口47.5万人，现有汉、回、东乡等12个民族。其中，全县农业人口40.4万人。全县实现地区生产总值78.46亿元，城镇居民人均可支配收入28975元，农村居民人均可支配收入11792元。地处黄土高原中心地带的西吉县，属于温带大陆性气候。据《西吉县县志》记载，该县全年平均气温12.7度，年均降水量570.2毫米。土地类型多样，而且土层深厚、土质疏松，适合种植马铃薯、豌豆、胡麻及五谷杂粮。西吉县牛羊饲养主要依靠天然牧草，牛羊肉质鲜嫩，蛋白高、脂肪低。西吉县是全区民族团结重点县区，也是全区铸牢中华民族共同体意识的重要地区。该县是革命老区、民族地区和国家乡村振兴重点帮扶县，有红色革命圣地——红军长征胜利会师纪念地将台堡。该县农业资源丰富，是"中国马铃薯之乡""中国西芹之乡"，属于"全国劳动力转移就业示范县"。作为我国首个"文学之乡"，被誉为"中国文学宝贵的粮仓"。近年来，西吉县大力发展文化旅游产业，形成了人文底蕴深厚、民族团结、社会和谐的发展局面。2020年11月全县脱贫攻坚战取得全面胜利，全县正在推进乡村振兴，加快富民强县的步伐。

我国地域广阔，因而难以在不区分地域的情况下宏观性地理解地方性知识，不同地域有不同的地方性知识。地方性知识是适应具体环境而生成的，而环境包括自然、社会、人文等维度。因此，将特定的情境置放在西吉县四个村庄，兼具典型性和地域性。西吉县各族人民生活在共同的地域上，拥有相同的自然和文化土壤。民族之间的交往交流交融，都会以某种特有的方式达到族群与地域之间的统一与协调。可以说，人们生活的地方性依赖于土地，土地是乡村社会之源，也是构成民族生活的基础。土地的文化样态被视为地域，地域本身含有文化的意蕴。

为了全面理解地方性知识的运行机制，减少地方性知识材料库的"误差"，笔者选取了西吉县的四个村庄。受自然、人文环境等因素的影响，可能存在着知识形态层面的细微差异。更多的村庄容易获取丰富的民族志资料，并能有效验证村庄中地方性知识与学校教育之间潜在的依存关系。当然，实际调查研究中，还会涉及与这四个村庄相邻近的部分村庄。西吉县位于宁南山区，历史文化积淀深厚。随着时代变迁，各民族的传统文化相互交融，形成一种文化统整的动力，推动着县域生产生活不断向前发展。在宁南山区这样一个正在迈向共同富裕、从封闭走向开放的县域情境，探究地方性知识是一件有意义的人类学考察。笔者决定多次行走于村庄之中，捕捉村庄失去的以及延续的地方性知识，尝试使用语言来深描和阐释地方事实。这种地方性的聚焦，首先得从村庄文化的描述开始。四个村庄的地理位置、人口数量等基本情况详见下表（表2—1）。

表2—1　　　　　　　田野点村庄所在乡镇情况简表①

村庄名称	地理位置	村庄所在乡镇人口数量	乡镇耕地面积	农作物
P村	位于县城东部，西与X村毗邻，北靠B村。境内山峦重叠，沟谷交错	截至2020年末，户籍人口28372人	全乡总面积199.32平方千米，耕地面积15.3万亩	以小麦、杂粮、马铃薯、胡麻为主，以种植糜子、谷子、荞麦等小秋杂粮为辅
X村	位于县城南部，东与P村接壤，南与将台堡镇毗邻。境内山峦绵延，沟壑纵横	截至2020年末，户籍人口19902人	全乡总面积135.27平方千米，耕地面积15.3万亩，梯田整齐划一	以小麦、杂粮、马铃薯、地膜玉米、胡麻为主，种植糜子、谷子、荞麦等小秋杂粮为辅。种植高粱、紫花苜蓿等饲草，畜牧业以饲养牛、羊、家禽为主

---

① 表中主要数据信息截止2020年末，部分内容参考了《西吉年鉴》，宁夏人民出版社2012年版。近年来，各乡镇总人口由于异地扶贫搬迁有所减少。

续表

村庄名称	地理位置	村庄所在乡镇人口数量	乡镇耕地面积	农作物
B村	位于县城东北部，东与S村接壤，南与P村相连。属于典型的土石山地	截至2020年末，户籍人口13506人	总面积196.76平方千米，耕地面积7.9万亩	以旱作农业为主，兼有牧业生产。农作物主要有小麦、豆类、荞麦、马铃薯和胡麻等
S村	位于西吉县东北部，南与B村、P村接壤，西与B村毗邻，属于河谷川道区，其余为土石山区，山高坡陡，沟谷深险，岩石裸露	截至2020年末，户籍人口16122人	总面积195.43平方千米，耕地面积10.23万亩	以马铃薯、胡麻等为主，畜牧业主要以饲养牛、羊为主

表2—1反映了样本村庄的基本信息，四个村庄实质是由一定数量的家庭基于特定地域空间而构成的生活共同体，是由村民交往交流交融所建构的互动型村庄生活样态。村庄具有地域上的局限性特征，但是村庄文化及其与周围环境互动的结果促使村庄在时代变迁中前行，这就意味着时空视域中村庄既有历史沉淀的文化痕迹，也有文化互动与整合形成的文化实体。因而，笔者行走在村庄，明显体验到四个村庄文化互动所凝聚的文化力量，村庄的内在运作机制是在相互交融但又彼此保持独特的文化形态中展开的生活实践。

第一，P村所在的乡下辖17个行政村，120个村民小组。① 2021年4月，该乡委员会被授予"宁夏回族自治区脱贫攻坚先进集体"称号。P村地处黄土丘陵沟壑区，村内山峦起伏，沟深坡陡，植被稀疏，水土流失严重，平均海拔约2231米。由于交通便利，一定程度上促进了村庄的商业发展。为了振兴乡村经济，促进家庭经济收益，依据地域气候，P村主要以马铃薯和胡麻产业为主。

第二，X村所在乡下辖12个行政村。X村境内东、西部为黄土丘陵沟壑区，水土流失同样严重。X村属于典型的干旱半干旱的内陆型黄土丘陵山区，地下水源较丰富，气候温润，羊肠小道两旁树木郁郁葱葱。放眼望

---

① 四个村庄下辖的行政村数量统计时间截至2021年10月。

去，村庄中的梯田整齐划一。2016年暑假，笔者曾两次来到这里，正值村民收割粮食，整个村庄充满了丰收的喜悦。

第三，B村所在乡下辖11个行政村。B村为土石山区地貌，平均海拔2000米。村庄常年缺水，庄稼收成并不可观。笔者走访时，一位正在碾场的村民说："我没有去打工，是因为孩子还要念书，家里需要人照料。一年的收成刚够一家人吃。"（BC-F01）[①] 田地里收割堆放的小麦垛不是很多，放眼望去都是干涸的黄土地。村民说，薄膜玉米收成还算乐观合心，不过依靠养牛羊还可以辅助提高家庭收入。

第四，S村所在镇有11个行政村。S村海拔在1708—2351米之间。该村以牛羊肉加工、皮毛贩运、马铃薯加工等为特色产业。村干部带动村民共同探索致富的新路子，村庄也充满了新时代乡村振兴的活力。该村还有一段光荣的红色革命历史，据村南寺寺主任介绍，"1935年8月至1936年8月期间，红军曾三次路过村子并驻扎在这里。毛主席夜宿该村，在寺北厢房和阿訇促膝相谈。红军来到这里，回族群众设九碗席招待红军战士。现在，这里也是爱国教育基地。"（SC-F02）村庄自有村庄的风土人情及社会生活结构，既有我国乡土社会鲜明的历史发展痕迹，也有区域社会前行的时代特征。村庄文化的多样性使经济、家庭生活方式透视出时空维度上融合、包容和共进的地域生境。同时，县域内地质灾害频发，干旱、冰雹、霜冻、暴雨等自然灾害影响着人们正常的生产生活。比如，2015年6月X村所在乡镇突生的冰雹灾害，造成全乡18600余亩的小麦等夏粮作物严重受损。

（二）四个村庄整体的文化印象

经过前后一年的田野作业，笔者发现村庄的文化印象显现出整体的系统。这种共有的文化印象反映了西吉县县域内各民族的社会生活境况，蕴含着丰富的地方性特征。笔者作为家乡人，在与此地情境中的人和事充分互动的时候，体验到了文化之于生活的意义，进而有了书写文化的想法。文化的书写自然是研究者与当地社会生活实践之间的相遇，是介于获取文化信息和呈现文化意义之间的双向活动。

[①] "BC-F01"为村民访谈对象的编码，采用所在"村庄-性别+访谈序号"的方式标注。本书所有村民的原始访谈资料节选均以此形式标明。

1. 村庄空间开放性与封闭性并存

村庄中生活的村民，创造了自为的生活形态，他们努力地追求生活本身的主体地位，试图融入社会生活变革的时代潮流，适应并调整本有的生活。这种变化提升了村庄社会生活福祉，正在改变着人们日常的精神面貌。伴随着国家各项扶贫政策的大力实施以及乡村振兴的全面推进，村庄逐渐打破了原来封闭的生活而转向开放与封闭并存。

P村和S村的交通发达，村民的社交互动相对频繁，现代化意识也更强烈。道路的通达使传统的乡土社会生活发生了变化，封闭的生活体系随着人们的互动而不断被打破。村村通互联网加速了村庄信息化社会的到来，村民足不出户可以遍知天下，建立与外界的联系。近年来，村民钟情于微信通话和视频聊天，网络直播增强了村民与外界的联系，他们的日常生活更加开放。村民的生产、生活、商贸活动等在频繁的互动中更加紧凑和自觉。X村附近修建了文化园，是在当地政府主导下打造的文化旅游产业基地。村民们的业余文化生活更加活跃，闲暇时聚集在文化园或者文化广场，在熟悉的活动空间完成交往与交流。他们借助于本土文化资源，构建村庄场域内共有的精神家园，推动了文化大发展大繁荣。文化园的建设不仅留存了人们的生活记忆，还有利于村民的交往交流交融，建构出一种文化自觉的意识。

B村和X村山路崎岖，村民经营的客车每天往返县城，方便村民进入县城。两个村庄地势不平坦，大部分村民无法使用国家补贴资金购买现代化的耕种工具，借助畜力从事农业生产。与村民交谈得知，他们意识到了文化的存在及其对生活的意义。交通的改善与信息化使乡村边界融合成为可能，人们的生活交往更加畅通，日渐开放的乡村改变了村民交往交融的方式。换言之，道路畅通的地方，村民追求现代化信息的意识更加明显，从而推动了乡村生活的多元化，这种多元化是全面推进乡村振兴中乡村空间开放与封闭并存的结果。

2. 村庄生产生活方式趋向多样化

村庄是一个流动的文化实体，因为村民在互动中参与文化资源的分享与互换，他们基于熟人关系扩展朋友圈。在此基础上，村民的生产方式趋于多样化，也隐含着社会结构转型期国家各项惠民政策、巩固脱贫攻坚成果与乡村振兴有效衔接的落地生根。村民的生产生活形式既是村庄长足发展与国家制度政策实施双向互动的自然结果,当然也受到传统文化生活变革的深刻影响。长期以来,村民形成了较强的乡土情结和归属感,他们的社会交往活动通常局限在本村,村庄内部往往以较强的血缘、亲缘和地缘关系形成团结紧密的文化实体,村民们互帮互助,共同创造着美好生活。可以看出,村民们通过频繁的互动加深社交情感,增强成员间互助互动的关系网络,这是村庄发展和未来生活创造离不开的精神力量。

生产生活方式往往与传统文化和特定的自然生态环境相互关联。西吉县干旱少雨,资源相对匮淀、水土流失严重,自然灾害也频繁发生。西吉县县域生态环境脆弱,为了改变生活面貌,村民根据环境条件实施农副互补的模式。多数家庭辛勤地劳作于土地之上,牧业也是最重要的。S村有规模较大的牛羊肉加工厂,说明了牛羊肉产业提振村民经济收入的关键作用。村庄中也有村民经营的商店、农贸市场等日常生活用品购买的场所。随着人们生活水平的提高,消费水平也得到了提升,商品的种类和县城基本一样。整体看,村民依靠传统生活方式,适时使用现代化耕作技术,沿用农副业相辅的生活方式,不断创造新的生活。

党的扶贫政策的大力实施使村庄发生着现代化的转变,这种转变促进了各民族文化互动,地域文化气息更加浓厚。村民频繁的交往促使许多地方性的知识向现代化转型。比如,农业耕作方面糅合了传统与现代机械化的耕种方式,降低了人力成本,提高了生产效率。因此,该县的经济、社会、文化特色得力于各族人民的共同奋斗。在脱贫致富的道路上,村民在当地政府的领导下既保持着文化产业的优势,又积极参与现代科技发展。

四个村庄因地理位置、文化积淀、现代化发展水平的不同而有各自的发展模式。S村一带得天独厚的自然环境适合西芹生长。西芹富含矿物质和多种维生素,还有医学保健作用,依靠西芹S村蹚出了一条致富路。B村和S村畜牧业发达,S村和P村集商贸活动与农耕种植于一体。相比较而言,X村和B村文化特色浓厚。四个村庄依据地理环境的不同,产业种植等略有不同。行走在村庄,笔者访谈过忙碌的村民。由于干旱少雨,以前农耕采取广种薄收的方式,退耕还林政策实施以来,村民挑选地势平坦的土地耕种,同时加大了生态环境保护力度。

3. 村民更加重视子女的学校教育

教育是乡村学生社会化的重要手段,传递着社会共同的价值观,使学生个体获得将来从事某种职业的技能，以便应对日益精细化的社会分工，这是家庭教育内部无法学到的内容。村民普遍重视子女的学习，他们都希望孩子考上大学，找到理想的工作。但也有村民对子女较低的学业成就表示担心。以往，农家子弟勤奋苦学，用优良的学习成绩打破贫困家庭代际传递的链条。换言之，学校教育是乡村少年走出乡村、实现富裕生活的主要途径。而经商家庭的父母并不关注子女的学习，他们认为即使子女学业失败，可以继承父母经商的志业。如今，家长拥有共同的教育观：

> 学习是第一位的，家里条件好的、差的都把学习看得很重要。我们村有好几个考到大学了。你看，国家的政策这么好，补助力度很大的。有些娃娃不好好念书，走不出我们这里，只好另谋出路了。①（XC-F03）

在村民眼里，念书、考学、走出去是一种改善贫困生活的逻辑。国家实施精准扶贫脱贫政策以来，学校教育发挥着脱贫致富的关键作用。村民们谈到自己的学习生涯时，言谈话语中表达了由于各种原因未能上学或未能安心上学的懊悔，他们希望子女一代勤奋读书，将来走上社会并拥有比较好的人生出路。

对于家庭来说，培养出大学生意味着一种荣耀，因为大学生是知识和财富的代言人，而且大学生的现代化思想意识可能会影响到未来家庭的社会生活。部分经济能力较好的家长在当地县城租房，以便使孩子接受优质教育，他们唯一的愿望是帮助孩子顺利考上大学，离开熟悉的乡土，改变命运。高考给学生一个通向外部世界的机会，部分学生在考试中成为失败者。一方面，学校教育力图给学生装备社会化的知识和技能，以逃离乡土的方式成就个体；另一方面，学校教育重视标准化课程大纲下的刚性考试，筛选出部分学业不良的乡村少年。这种教育以对外输送人才为旨归，忽视了地方性知识的传承。

---

① 来自 B 村村民的访谈。这位村民在街道边开了一家拖拉机修理部，2016 年 8 月 7 日笔者访谈期间，有三位村民的农用拖拉机出了故障，前来找这位村民修理。

4. 村庄互动塑造了和谐交融的当地文化

各族村民因日常生活的频繁互动，参与社会生活的结构性融合逐步加深，由村庄空间赋予的交往活动赋予一种互嵌型的文化内在结构，从而夯实了民族团结，为铸牢中华民族共同体意识打下了文化基础。X村村民谈道："我们相邻的村子生活习惯基本一样。举个例子，人去世了，我们不穿白戴孝，S村一部分村民要穿白戴孝悼念亡人，S村的部分村民和我们村子的传统是一样的，我们都相互尊重。"（XC-F04）当地村民遵循每隔七天举行一次悼念逝去亲人的传统。平日里，他们彼此分享生活经验，形成了互嵌型社区和经济社会活动模式。村民跨越村庄地域边界塑造了共有的文化认同，拉近了彼此的距离，这是一种地方性的文化互动，并渗透到每个家庭，维护着村庄文化的和谐交融。

村民的居住空间布局有一定的相似性。就传统居住模式而言，住户院落空间宽敞，院外有空地。院内有主房和偏房之称，大多采用平房，有些住户用土墙将整个院落封闭起来，形成各家各户独立但又兼顾村庄整体规划的居住风格。村民的主屋与大门相对，主屋有三层台阶，地势较高，而院落在空间上注重方正的格局。区域自然生态环境、历史文化传统往往是影响生活方式的关键因素。村民的居住方式充分反映当地传统民居结构，以土木平房为主，这种房屋设计具有冬暖夏凉的特点。随着国家危房改造项目的实施，房屋设计更加突出细节上的现代化特色，门、窗、屋檐等位置以几何图形、植物纹样等为主要装饰图案，体现出简洁、平淡和朴实的审美取向。

西吉县留下了红军长征的足迹，在这片土地上，"各族人民和睦相处、守望相助的故事如夜空星辰，难以计数：毛泽东夜宿西吉县单家集……这些宁夏人耳熟能详的故事，不仅是记忆深处的过往，更是洒落心头的种子，与根脉相连，与血脉相通"[①]。"红色记忆"是新时期各族人民团结奋进、开创新生活的集体记忆，成为激励一代一代村民攻坚克难的精神力量。村庄自有村庄文化记忆的延续，"红色记忆"跨越民族边界，是各民族文化交融的显著例证。每逢村民的传统节日，清真寺还会专门举办党的

[①] 蔡国英：《"种子"的力量——关于宁夏回汉各族人民团结发展、亲如一家的调查与思考》，《光明日报》2014年1月28日。

政策方针、民族政策、道德诚信等价值观的宣讲，宣传爱国主义等人们共同认可的价值观。各种宣传方式使爱国、法治、德治与和谐的基本价值观逐步转化为村民内心的文化信仰。团结宽容的文化氛围孕育着本土地方知识体系独有的特质。这种运用传统文化基础阐释和再建构起来的文化活动，符合区域社会发展进步的要求，这些随处可见的事实见证了村庄文化交融，并已然成为村民参与社会生活须臾不可分割的情感依托。

（三）超越文化边界的村庄文化互动互惠

村民基于日常生活的社会互动，使村庄整体的社会生活叙事形构成一种柔软的文化边界，村庄文化得到特定情境中互惠但又使传统文化复现出鲜活的时代特征。四个村庄承载着地方的文化事实，而村民在行动中建构地方文化的网络，又使自身行动嵌入地方文化中，给予地方事实与周遭环境互动的际遇。村民共同构建的文化模式，以整体性的传统文化与现代文化气息相互动的基底嵌入村民个体或群体生活，规范化了的思维习惯和行为又发挥着文化的整体功能而逐步消解差异性。

如上所述，村庄的文化看似是从细枝末节的文化碎片中被整合起来，所以超越了地方所局限的那种文化边界，构建了村庄文化互惠的框架。村民日常的走访互动、以村庄集市为中心的经济互动、以情感依附为支撑的交流互动，最终搭建成互嵌型村庄社区。不分个体、不分民族、不分文化区隔，以情感相依为表征，内渗到对地方文化的扩展，村民在有限的文化空间中完成互嵌。乡村振兴背景下，村庄内外的互动更加频繁，人们有一个共同的目标：将日子过得红红火火，实现共同富裕。因此，乡土充满了生机与活力，而不是贫困的标签，不是荒芜的农村和留守的农村，村民彼此互帮互助，和睦相处，共同打造"生产发展、生活宽裕、乡风文明、村容整洁、管理民主"的美丽乡村，他们基于共同目标而进行的广泛而深入的交往交流交融，完全依赖于生活环境的共同建设，使超越文化边界的村庄文化互惠成为可能。

可以肯定的是，文化以相连或相似性而发挥功能，一定地域内的人们情感相通、习俗相同、信仰相继、价值相似以及行为方式大体一致，实现了他们所编织的意义之网。以此推论，西吉县的文化意义之网不断加深文化之于当地社会生活的印记。同时，这种印记在互动中凝聚，印证了中华民族多元一体格局的同时，也反映了各族人民居住在相似的自然地理条件之下，操持着较为相似的生计方式而形成具有共同经济文化特点的综合体。在此，文化意蕴的分析在于探求其中的意义旨趣。地方文化也重在解析，"即分析解释表面上神秘莫测的社会表达"[1]，让其文化的意义通过传统叙事而变得可以理解。

二 建构的村庄情境：文化析出与抽象

文化的真实，存在于特定人群及其时空之中。四个村庄就是这样一个区域性文化表达的载体，既包含了细微的日常生活，也有文化传统基于村庄变迁经历的创造性变革。因而，依照文化运行的机制描述地方性知识，需要村庄定点的聚焦，又要通过空间中村民生活的民族志考察。

村庄自然存在着地方的文化建制，村民基于生活的互动而不断编织村庄自身的"意义之网"，"意义之网"建构着当地社会生活的行为风格，这是地方性知识产生的关键。人们在日常生活起居中建构生活方式的多样性，所充盈的积极文化元素蕴含着教育旨趣与智识，汇合在一起形成文化的要义，在生活情境中实现传承与创新。虽然这种因地制宜而创建和形塑的生活样态具有地方性，但作为一个生活世界，无疑具有典型的知识地方性。

当然，一系列相对组织化，可被清晰感知的地方文化层面，典型的地方性知识是村民有效处理日常实践问题的常识。常识基于生活情境的历史与传统建构起来，同时受制于被情境化的标准和规则。换言之，这是一个地方性的文化体系，一代一代乡民依循着一套当地的知识规范经营着生活，地方性知识也顺理成章地成为日常生活福祉的一部分，经得起他们考验的知识在没有经由任何系统性引导的情况下传递与传授给下一代，其知识运用也如其所是地应对着日常生活。在一个有明显限域的语意领域里，地方文化往往不构成普遍性，经过生活现象学的理解，被描绘成特定情境人们固有、真实的本然生活方式。

如前所述，村庄在现代城乡一体化发展中展示出适度的开放性，村民的生活通过文化互动与交换，与当地情境互构成一种空间，内渗着的文化印象及其意义的分享是值得民族志研究予以考察的。人类学研究绕不开人与文化的关联，因此，民族志意味着表达村民生活方式的图景有了适切的

---

[1] ［美］克利福德·格尔茨：《文化的解释》，韩莉译，译林出版社1999年版，第5页。

工具，能够绘制村民生活意义的认识图谱。文化体系常常是人的行动产物，它又规范了行动本身。所以，基于文化意义的阐释就是要把那些不同的社会表达方式转变为可供阅读的体系。时空维度的村庄，其中的文化要义仍然是理解地方性知识不可或缺的窗口。

第三节　回到事物本身：村落文化的本土知识具象

人的社会生活受文化意义之网的支配。村落文化的素描表达了当地传统社会的行为、观念体系，衍生了地方性文化的意义。文化产生一种惯习，文化的惯习与村庄中人们的生活在互构的框架里脉脉相通。相应地，村庄文化印象的书写为地方性知识的呈现提供了清晰的文化背景，考察地方性知识可以察知村民日常生活实践的传承与延续机理。

一　面向村庄运行的日常生活系统

西吉县集聚农耕文化和红色文化于一体。从静态看，村庄文化表现为村民基于长期的社会实践所传承的价值观念、行为习惯等文化要素的整体；从动态看，它是村民对中华优秀传统文化吸收与创造的成果，是村民适应内外环境的文化产物。笔者的田野调查以及随后的回访中，发现当地各民族交往交流交融呈现出地方性的文化共享现象，彰显了独特的本土知识具象。村庄中运行着兼容涵括的文化共生机制。正是文化共生的现象，为笔者探究地方性知识提供了必要的前提。

选取四个村庄作为研究对象，并集中在地方性知识层面，目的在于对个案提供具有文化解释意义的洞见，即切入地方性知识的同时，抛弃完全静态的地方性知识的观察，体悟日常系统中关于地方性知识的流动状态，进而采用地点聚焦法开展定点式研究，注重地方性知识的地方性聚焦。换言之，村庄中的文化延续着村民的日常生活，理解当地文化的知识体系就是在探寻地方性知识生成的线索和平面上的文化意义，并在自然状态下达到民族志的叙事。

为了探求地方性知识的具象，达到对此地文化的解释，笔者尽量做到以当地人的身份进入村落，融入、体验研究对象的日常生活，获得细致的文化记录。作为研究者，暂时悬搁自身文化观念，用"无立场"的思维方式理解当地的地方性。这里，地方性知识的研究是一种对地方意义世界的把握。换言之，研究者自己不以主观性的态度去建构当地的文化事实，而是"从事物本身去看"(from the things) 村民的生活世界，以当地人的角度探索此地的地方性知识结构及与之相关的文化事件。以地方性知识事实为根基的深描，是对地方性意义世界的深情关注，如其存在之本然地描述生活世界，揭示社会生活的文化精神。在此，文化精神的实质是一种文化身份，它是为村民所认知和认同的独特品质。村民基于特定情境形成自我的想象、共同的行为方式以及集体记忆，形构了他们的日常生活系统。当获取从事物本身的立场体悟当地诸多事实时，地方性知识的智慧结晶也就跃然纸上。

二　乡村本土知识背后隐含的时空意义

人类学方法的运用能够真实地透视文化表达的符号体系。文化正是实实在在地存在于人与社会生活互动形成的客观与主观、意义与符号的关系之中，因而物质的、行为的、制度的，甚至是观念的文化层次也就展现了出来。无论采取怎样的人类学解读，村庄中各种文化事实的结构运行存在着自身的一套知识体系，它是中华民族大文化传统普照之下村庄文化知识表达的情境性聚焦。知识是向善的实践结果，村庄的文化不是单一的文化，而是多民族文化充分互动和再建构的实践结晶。通过代代相传的历史记忆和现实的生活境遇实现着村庄文化的教化与传递，并维持着村庄的和谐与发展。正是这种文化生态的塑就，使本土的文化知识的地方性特征显露出来，保持地方性知识活力的同时，组成一幅各民族交融参与社会生活的和谐画面，生活在村庄中的村民也就基于共同的情境而彼此相依，适时分享着地方性知识的成果。

第一，地方性知识的理解不能脱离知识生产的情境及其当地人的日常系统。费孝通先生的《江村经济》被认为是个案研究的典范。其中，田野作业再现的是研究对象的现状，揭示的是现象背后的意义，是在观察和记录研究对象的基础上，运用阐释方法提出新观点。村庄文化模式与中华民族传统文化交相辉映。村庄中随处可见村民熟知的文化符号，显现出一种日常生活的气息，显现出生活与人之间难以割舍的关联。为了使不同村庄能够反映整体的文化模式，选取的四个村庄具有地方性知识的代表性。地方性知识的描述和解释同样适用于西吉县总体特征，代表了相关的实质性特征，从而保证研究的效度。个别事物的分析可以达到接近和认识整体事物特征的目的，"事物都是有各自类型归属的，条件相同就有可能生成相同的类型事物，虽然同类型里的个别事物会有差异，类型也不是个别的众多的重复，但个别中隐含着类型的相同条件，找出这些是可以反映类型的"①。民族志是理解人与文化的关键手段，村庄中的社会事实借助于民族志描述而组成村民社会生活的当地图像。

第二，为了透视地方性知识运作机制及其地方性知识的学校教育境况等关系教育发展的内容，通过访谈、观察等方式对村民、教师、学生进行深度访谈，力图在深描和阐释中剖析地方性知识的教育人类学主题。当地本土知识的意义是明了的。村庄文化的交往互动，实质上是文化的融合交错，诸多本土化的民间生活策略已然是他们自觉恪守的地方性知识。于此，村庄文化印象的书写只是一种文化浅描，但这种以研究者主体性存在为方式，对村庄发生的文化事件进行民族志式的概化性叙事，不仅呈现了村庄互动的事实，还为本土知识体系与学校教育的关系考查做了伏笔。当然，这种描记并不是最终的目的或者说不是人类学的全部，人类学更需要思想的发现，这种发现的路径往往都是从边缘的弱者以及微不足道的角度挑战一些主流的、宏大的看法，于此，"他者"的文化宽容继而转向对本土知识背后的意义揭示。

第三，村庄本土文化的具象是自然的，因为情境本然地决定这种自然性，只不过文化的自然通过交往与互动的日常生活世界而转向知识的地方性。村民共在同一个时空，通过彼此包容探寻关于共同生活的智慧。他们彼此交往，构建生活的记忆与叙事，升华为质朴的乡土情结；他们之间广泛而深入的交往交流交融，在个体之间的关系中呈现，形成群体之间的理解与良性互动，为共同创造美好生活提供了前提。共有生活、观念、行为的默契与坚守，甚至是红色记忆的世代讲述，成为铸牢中华民族共同体意识的一个微观缩影。人际关系（人情）存在于生活的地方，有意或无意地生产着故事。更确切地说，村民之间共同生活的营造是以具体、真实的人

---

① 费孝通：《社会调查自白：怎样做社会研究》，上海人民出版社2009年版，第302—303页。

与人之间的关系带动的,这种基于共同生活空间的交往还附带有一代一代人的回忆,典型的互嵌式社会结构和社区环境将无限的、转瞬即逝的记忆化为永久的、人人熟知的知识体系。

　　第四,值得一提的是,老人、中年、青少年、儿童经历着本土知识镜像的陶冶与教化。青少年的学校教育与他们生活于村庄文化实践的点点滴滴相遇,进而展开个体社会化的进程。不论是学校教育还是日常生活的代代传承与本土教化,都属于教育的范畴,并将人之生命完善的情怀扎根于教育活动当中。正因为本土知识教化的存在,个体接受学校教育及其由此迈向的社会化也就有了过渡环节。一个村庄,既有内在的日常世俗的内容,又有面向广阔外来世界的以学校教育为核心的普适性知识的内容。在此,村民的社会实践生活中,存在着两种知识类别,一种普适性知识,一种是地方性知识,两种知识类别在既定的时空背景下看似是相对的。毋庸置疑,个体所经历的地方性知识的文化经验与分门别类的普适性知识,在日常生活世界中具有互补作用。然而,村庄文化的书写只是给予地方性知识运行的一个空间概貌,其内在的知识机理及其与乡土社会生活水乳交融的境况要在深描与阐释中获取,地方智慧与现代生活的相互交织给予村庄更多的现代化气息。

第三章　理解村庄：地方性知识深描与阐释

理解一个民族的文化，即是在不削弱其特殊性的情况下，昭示出其常态。把他们置于他们自己的日常系统中，就会使他们变得可以理解，他们的难于理解之处就会消释了。①

——［美］克利福德·格尔茨：《文化的解释》

理解地方性知识，若脱离村民自身赖以生存的日常系统，它的内在价值就会变得模糊。作为特定情境行之有效的知识体系，地方性知识生成的"情境"为寻求与普适性知识相互兼容并存的可能性提供了视角。地方性知识的理解有其逻辑起点，深描与阐释作为方法论，使村庄中丰富的实践智慧等日常生活世界变得可以理解。村庄中的地方性知识遵循物质、制度、精神层面的架构而彰显生活实践的意义，这种架构也是理解他们日常生活世界的诠释基模。

第一节　知识分化及其地方性知识

地方性知识的生成有其自身的脉络和学理基础，其合理性的解读不是凭空产生的对本土知识体系的辩护。知识解读意味着要继续明确地方性知识适用的范围、知识应用的可靠程度以及它为当地人所带来的不可替代的实践智慧。

---

① ［美］克利福德·格尔茨：《文化的解释》，韩莉译，译林出版社1999年版，第18页。

一 知识生成：一部"知识"史

（一）知识内涵：实践哲学的视角

凭借丰富的知识经验，人类在自然界中成功生存与繁衍，而知识发挥着极其重要的功用。古代钻木取火的经验起源于生存需要，作为个别实践得出的知识，逐渐成为情境中人们的普遍性认识，其间伴随着一种理性的反映。知识应用最终满足了人们改造自然和社会实践的需要，是认识基础上获得的普遍性概括。真理本身不是预先的存在，只有以本质的方式落入"在者"敞开的空间或某个地方，其存在方式方可被敞开性地澄明。

1. 知识一词的探源与哲学意蕴

首先，西方哲学史中，"知识"是一个关键概念。一直以来，知识成为理性论和经验论争议的焦点，说明知识来源存在认识层面的多样性。不可否认，知识来源的思考围绕着"什么是知识"而得以演进。本源上，毕达哥拉斯（Pythagoras）就有"爱智慧"和"爱智者"的论述。一方面，智者有表述知识的自由；另一方面，智者就是真理的化身。在古代，理性的认识往往具有确定、永恒的特质，即理性的洞见比感观经验更容易获得关于实在事物的知识。于是，对事物的洞见成为知识产生的唯一来源。

何谓之洞见？哲学家宣称哲学是对其他学科作出判断的学科，哲学能够为一切知识提供具有普遍意义的确定性基础。笛卡尔（René Descartes）认为"知"的概念依赖于意识所捕捉到的正确表征，认识主体和意识的表征内容成为思维的核心。这种认知方式赋予现代认识论对主体表征的判断。因此，所谓认识就是对外在于"心"的社会事实加以精确化的表征。于是，知识本质的把握可理解为作为意识的主体用"心"来建构事物表征的方式。具有普遍意义的知识是通过"现实"和"认识主体"的表征所检验的知识。在后现代主义看来，"知识"概念依然深受这种思维的影响。如果哲学是对世界本质的解释，而哲学意义上的知识就是对事物本质的认识，是指寻找普遍有意义的某种东西。一切知识都把存在于事物之中所固有的某些程序的确定性放在首位，通过探究者对存在事物预先设计方案的推演而使存在事物向这些程序敞开某些方面。因此，知识的探究基于认知程序而一概讲求严密性。

由此推断，知识论与认识论密不可分。其一，知识论是以认识论为前

第三章 理解村庄：地方性知识深描与阐释

提的，认识论以研究知识问题为主，是研究知识信念的证明方式。柏拉图（Plato）对知识的解答属于认识论的结果。诸如"什么是知识""知识从何而来""感观和理性是否可以获得知识"以及"知识与真实信念之间的关系"等追问，是典型的关于知识的认识论。长期以来，理性意义上确定性的知识经验是人类实践活动所追求的目标。知识也被视为真理的化身。知识具有丰富的内涵，它与人的完善和成长并肩行进。任何形态的知识生产无不围绕着人们对世界的认识而展开。与此同时，知识的积累提升了人们的认识和实践能力。人的理性反思能力提升程度越高，对知识的认识就越客观。其二，何谓知识、验证知识的可靠性一直是哲学研究的中心。经验论持有者主张知识来源于感觉经验，唯有以感觉经验作为基础，才可被称为真正的知识，所以知识是由经验归纳建立起的综合性的认识判断体系。相反，理性论主张者认为知识根源于人的心智与认知能力。其三，真正的知识是根据人的抽象思维建构的判断。理性让人分清善和恶，引导人们远离邪恶并保持向善的意向。在康德看来，人的认识活动借助于先天的认知能力，将感觉经验归纳和统整为感性的形式，再通过人的思维形式的统一形成普遍知识。可见，知识来源于人的感觉经验和先天的认知能力。概言之，知识引导人展开行动的论题便是实践理性讨论的范畴。

其次，我国古代对知识概念的精辟分析同样建立在哲学基础上。"知识"一词中，"知"字从矢从口，矢亦声，"正确"是知识的根本特性。在古代，"矢"专指"射箭"，而"口"指人的说话行为。[①] 比如，"有的放矢""众口难调"等成语恰如其分地解释了"矢"与"口"的本义。"识"字的繁体写为"識"字，"識"从言从戠，戠亦声。"戠"的本义是"有规则的图形及其规则性的变换"，特指随着教官的指令，军阵按照特定规则出现整体前进或后退、左移或右移、横排队列依次前进、一起向左挥戈、一起向右挥戈等步调划一的团体性动作。"知"与"识"联合起来表示人的说话像射箭一样准确，话语的正确表达就像一箭中靶心那般精准。由此可知，"知识"本义指人说话时语句准确、到位，其内容一语中的，没有任何偏差。当然，不同的人说话的内容千差万别，知识内容也就丰富多样；同时，还要达到说话内容正确、准确的目的。进而，"知识"一词

---

① （汉）许慎：《说文解字：插图足本》，九州出版社2001年版，第300页。

由正确的表达演化为有章可循的规则、命题。

我国古代也有对知识概念的精辟讨论。后期的墨家学派，主张知识论始终是一种朴素的实在论。《墨子·经说上》①说到"所以知也，而不必知"，人本身所具有知的能力，但仅仅有知的能力还不代表拥有知识。当认识本身与认识对象相遇时，有可能产生知识，即所谓"知之者，以其知过物而能貌之"，意思是知识产生于人的认识能力对事物整体概貌的把握。认识意味着首先要通过感官接触外界事物，而后加以正确解释。荀子将认识能力分为"天官"和"心"，"天官"指接受外物的印象，而"心"可以达到解释印象并赋予其意义，没有意义的产生就没有知识。因此，按照认识能力的梯度和知识来源，可将知识分为三类：一是来自认识者直接的亲身体验；二是来源于间接的权威传授；三是按照已有知识对未知的推论。荀子在《正名篇》中提到"所以知之在人者谓之知，知有所合谓之智"，人所拥有的认识能力属于"知"的范畴，而认识能力与认识对象相合称之为"智"的范畴，构成所谓的知识。

最后，知识具有引导人向上向善的潜质。如上所述，知识的正确性孕育了知识的哲学意蕴。广义的哲学是对普遍事物的基本定性研究，比如知识、存在、价值、理性、心灵和语言等问题，都属于哲学范畴，这些问题反映了事物整体发展的普遍性规律。规律指向个体认识事物的技术，个体通过与事物相互作用后获得的可靠信息，就是一种知识，它力图用正确的思维指导人的行动。正确的事物具有善的意义，而善是知识在哲学层次的旨趣。苏格拉底（Socrates）以"善"规整知识的品性，并由"善"引申出正确的行动，以此回归人的本质和目的，知识也就成了生活的必备手段和方式。何以实现正确的行动？柏拉图论证了经典的知识定义，需要满足三个条件。其一，知识是被验证过的；其二，验证的结果须是正确的；其三，正确的结果被人们相信为真。换言之，人们相信为真的信息就是知识。"真"通过判断而来，经过认识过程并证明为真的判断，确保了知识

---

① 《墨子》中《经上》《经下》《经说上》《经说下》《大经》《小经》六篇合在一起称之为"墨经"，"墨经"对知识的讨论体现了朴素的实在论，注重认识者与认识对象之间的关系及知识的来源与分类，形成了逻辑层面知识的普遍认知。比如，按照认识对象把知识分为名的知识、实的知识、相合的知识（名与实相合）、行为的知识。可参照冯友兰的著作《中国哲学简史》第十一章《后期墨家》中的内容，北京大学出版社1999年版。

的真理性。如同海德格尔（Martin Heidegger）所言，"真理，从最本源的意义上来理解，乃属于此在的基本情况。""此在"指的是存在者自身所示的生存质（existentiale）。在此意义上，知识就是一种标准的文化内容，经过逻辑判断得以证明，从而构成人类社会实践智慧中最根本的内容。可见，理性是认识的来源。理性具有判断和认识的能力，可靠的知识源于理性，构成认识中的真理。若认识是心灵对真理的虔诚，那么人的主观能动性和知识水平要以真理为内核。符合理性的实践是善，理性实践生成的知识引导着人的向善化行动。

从以上探讨可知，"知识"需要具备内在生成的条件和路径。人们对世界的把握，必须依靠知识和经验，而这些经验是人们探究物质世界和精神世界的总和。知识在本质上又是实践的，具有明显的普遍化特点，这种普遍化展现了知识的价值。

2. 知识确定性的追求与知识分类

人类认识史上，试图构建单一的、能够统筹所有知识形态的世界观最终形成了典型的一元论知识，这种普适性观念旨在探寻知识发展史上判断事物的客观标准。就一般意义而言，把知识理解为人类经验的概括和总结应该没有问题，但在知识的主体层面，存在总体知识和个体知识。这两类知识既有联系也有区别，总体知识源于个体知识的积累；属于公共性知识，而个体知识是实践性的、情景性的知识。[①] 为了认识客观世界，自柏拉图以来，寻求统一特征的知识形态是社会实践所努力的基本方向。近代以来，追求知识确定性的现象越发明显，唯理论倾向的哲学家更加注重对事物的抽象概括。

事实上，近代唯理论的知识观强调客观知识的确定性和普遍性要求。笛卡尔将作为思想体系的哲学分为形而上学、物理学和具体科学。形而上学集中在知识原理方面；物理学以发现物质为基础而探究世界整体构造的原理，诸如空气、水等物理学研究的范围；具体科学主要指医学、力学和伦理学。笛卡尔主张知识的普遍程度，认为真知识源自人心中的天赋观念，因而高于具体的科学。根据知识的认知方式，荷兰哲学家斯宾诺莎（Benedictus Spinoza）将知识分为四种：第一种是由某种传闻或是某种任意

---

① 周福盛：《教师个体知识的构成与发展》，科学出版社2016年版，第70页。

提出的明确的符号得来的知识；第二种是由泛泛的经验得来的知识；第三种是一件事情的本质由另一件事物推出的方式，由果求因或一种固有的特质推出某种普遍现象；第四种从认识到一件事物的本质或认识到它的最近因（causa proxima）而得出的知识。① 哲学认识论层面，迈克尔·波兰尼（Michael Polanyi）将知识划分为简单与复杂、独有与共有、具体与抽象、显性与隐性等类型，为知识概念的理解提供了理论谱系。可见，知识分类再现了知识生成的不同形式，知识普遍性的追求使人们从混沌的认识领域中解放了出来。

（二）知识生成的实践品性

结合知识生成的条件和知识类型，发现知识具有以下实践品性。

第一，知识是实践的结果。纵观西方哲学发展史，对事物的认识遵循"本体论—认识论—价值实践论"三段论的范式。值得强调的是，西方哲学思维的三段论自成研究体系。探究知识的实践品性时，三段论并非在各自构建的研究体系之上展开知识阐释，而是存在知识论证相互掺和的现象。换言之，现当代哲学的知识观不是孤零零地以价值实践论为依据，恰恰是三段论之间的相互影响促进了知识实践性的塑造。在此视角下，什么是知识、知识来源、知识结构体系以及知识意义与价值，被连接成一个相互联系的体系，从而激发了知识实践之上人之创造的无穷潜能。

第二，知识是智慧的结晶。柏拉图认为知识的"真"在于它是理性的信念。知识为"真"，说明它能够恰如其分地处理实践问题，最终实现人对技术、才智的掌握。一切实践都源于困惑，困惑是知识的根源。比如说，为了知道什么是正义，首先得知道什么是知识；为了知道什么是知识，必须对知识有一个先前的未经检验的基础性概念。这就说明知识论证是一个循环的过程，但是生活智慧与具体实践紧密联系。亚里士多德（Aristotle）认为人的独特性在于理性，人具有分辨是非、善恶的自然能力，也拥有以善为旨趣的实践导向，客观上决定了知识的智慧品性。所有经过知识导向的行为自然是富有德性的实践。柏拉图强调没有永恒的知识，因为事物的形象处于变化状态，人们对零星个别事物的感知也是支离

---

① ［荷］斯宾诺莎：《知性改进论：并论最足以指导人达到对事物的真知识的途径》，贺麟译，商务印书馆2002年版，第25页。

破碎的,而永恒知识的基础来自从众多事物中抽象出的"形式"或"理念"。亚里士多德更加关注"确定的知识",即依靠感观经验获取知识,以事物的内在本质为依据,因而所感受的经验是实在的。换言之,发现事物自然的实在就是发展了知识。但是,发现事物的真实,不应仅停留在经验的认识层面,还要上升到对事物的精准把握,从而创生作为智慧结晶的知识。

第三,知识具有伦理性。真正的知识以伦理的条件为根本。如果说知识是提高认识和改造世界能力的思维工具,那么知识应当以客观现实为基础,以有价值的行动为目的。知识的运用不应违背事实规律,要通过价值追寻形成指导正确行动的思想指南。如此来看,知识的规范性和伦理性并存,它主张以德性为先、扬善弃恶,这是知识形成、传授和应用的逻辑原点。西方知识史上,苏格拉底提出美德就是知识的口号,奠定了伦理学的知识论基础。柏拉图认为真正的幸福不是靠感觉而是依据理性层次上的善而获得。理性的善是人类生活的最高目标。亚里士多德主张实践知识就是伦理之知,强调在实践行动中获得知识的伦理原则。综合而言,"与柏拉图通过理性的理念世界来确立善的方式不同,亚里士多德认为,他自己始终是从人的伦理生活出发,从人类实践活动中来考察善的根本性意义与作用,与柏拉图相同的是,亚里士多德也将善作为比知识与真理更重要的人类活动的最高目标"[①]。伦理之知源于对生活世界的理性思考,而善是理性思考的轴心,因而也是人类生活共同的最高原则。所以,知识的理解要从善的根本内涵出发,经由以善为宗旨的实践而指导实践的善。

可以说,知识的伦理性与人的向善化实践具有一致的契合点,即都离不开伦理价值。因而,知识的"善"是伦理的体现。"感官对象即我们周围的物质现象,不过是永恒不变的理念的流动的影子;它不能持久,没有价值。只有持久的东西才是真实的和有价值的;只有理性具有绝对的价值,是至善"[②],知识之所以存在价值导向,是因为知识之善源于人的理性基础上的价值性实践。人的美德借助于知识的善,并通过行动表现来评价

---

① 蒋红雨:《人文经验与科学经验——对人文科学与自然科学观念的生存论透视》,社会科学文献出版社 2004 年版,第 232 页。
② [美]弗兰克·梯利:《西方哲学史·增补修订版》,葛力译,商务印书馆 1995 年版,第 72 页。

行动者自身的品质,显现行动者内在的价值。也就是说,知识的伦理性提倡人之实践的正确规范。

第四,知识具有规范性。知识发展史上,本质主义和反本质主义持有相反的知识论主张。本质主义宣称事物的绝对性、不变性和确定性,认为知识是永恒不变的,以此否认知识演变的时代性、民族性和空间性。与此相反,反本质主义主张事物及其本质的不确定性,否定知识的绝对性与确定性。毫无疑问,本质主义和反本质主义并没有否认知识的存在及其他本有的价值,而是在争论知识的情境性。若走上知识认知的第三条道路,将确定性和不确定性、绝对性和相对性结合起来,就会得出结论:知识在特定的情境中发挥有效性。于此,知识的规范性愈加明晰,知识既要合乎规律性又要合乎目的性,特定时空背景下解决实践问题,依赖于知识规律性和目的性二者统一的真理。

概言之,知识是经过慎思的至善。人对知识的追求建立在实践基础之上。知识的价值性、伦理性与人之能力的发展构成相互的统一体,形成完整的知识体系。随着科技的发展,知识内容和范围迅速扩展,知识又回到本体论概念的范畴,因而简约了知识在认识论和价值论层面的意蕴,从而使客观化的知识取向占据了知识理解的中心。知识一度被认为只是静止的客体,如同可被输入与输出的信号,遮蔽了知识本有的认知属性与实践价值。

二 知识变革:从"普适"到"地方"

实践情境决定了知识的地方性。地方性一旦被大众认可或接受,继而会转变为知识的普适性。如果普适性知识是作为知识的地方性扩容而塑造的知识形态,那么有必要追问知识地方性存在的意义,而意义只能通过地方事实敞开的场域加以阐明。

(一)确定性知识观遭受质疑

1. 科学技术化倾向的遮蔽

近代以来,知识体系悄然发生变化。知识的产生依赖于与自然现象之间关联的因果关系,为了突出这种关系的可证实性,科学实验是最常用的方法。天文学、物理学、化学等学科都有自身鲜明的技术化倾向。受此影响,以严格的技术化著称的科学知识超越时间和空间,以求达到知识普适性的构建，意味着知识不受任何时代风向的限制，标识了绝对永恒意义的知识价值的规定。在此，科学知识成为历经实验室验证得出的技术化标准，而科学的技术理论"漫不经心地抹去了那些对于真正的人来说至关重要的问题"①，自然也遮蔽了人之本身存在的意义。

2. 知识分化与多元变革

人们倾向于探索知识的宏观性，因而试图用本质主义的方法定位知识的本真。到了后现代时期，知识的分化与多元成为知识变革的主要议题。那种将知识简单归结成为某种具有确定性的表述屡屡受到质疑。因而，知识"显现"产生了明显的情境性。情境性说明知识的个体性和内隐性特征，而情境的分散蕴藏着巨大的创造性，知识概念逐步脱离了本质主义的思维方式。换言之，将知识归结为个体知识同类项的构成，且具有知识形态可通约性的集合性概念存在一定的认识偏差，传统知识观出现了变革，"至少可以说，不断地探索隐藏在纯粹现象后面的普遍真理的现代科学是值得高度怀疑的，因为科学家自己也属于现象世界，虽然科学家对这个世界的看法可能不同于常识的看法"②。科学建构的体系重视逻辑闭合上的趋向，根本上属于经验的体系，这种体系关注具体现象中具有科学价值的事实，"科学家所研究的具体实体，即使从人类所可能掌握的角度来看，也绝不是'完全'具体的实体，而是韦伯所谓的历史的个例。它们是人们建构出来的实体，其如何建构取决于所采用的参照系"③。

（二）知识分野突显出相对性

知识观的时代转变说明了任何类型的知识探究都围绕特定情境展开，知识规范的有效性存在一定的边界。所有知识的探究基于特定情境发生效用，脱离知识实践边界而理解知识本身，存在一定的偏颇。按照此种逻辑，知识应用通过个体自身的技术、技能活动来实现，不存在所谓的完整、系统的知识。相反，知识的分化造成个人实践知识的不确定性。冯·哈耶克认为，"这种分散的知识从本质上说只能是分散的，不可能被集中起来传递给专门

---

① [德] 胡塞尔：《欧洲科学的危机与超越论的现象学》，王炳文译，商务印书馆2001年版，第5页。

② [美] 汉娜·阿伦特：《精神生活·思维》，姜志辉译，江苏教育出版社2006年版，第28页。

③ [美] 塔尔科特·帕森斯：《社会行动的结构》，张明德、夏遇南、彭刚译，译林出版社2012年版，第852页。

负责创设秩序的某个权力机构"①。也就是说，不同形态的知识合成固定的、具有逻辑体系的宏大知识大厦几乎不可能。

知识分野视角下，知识的相对性更加明显，特定的知识生产背景是知识生产的前提。法国哲学家、社会思想家米歇尔·福柯（Michel Foucault）曾有类似的知识学说。福柯强调不同时代的科学之间具有不可通约性，知识之间没有可供丈量的标准。当用谱系学的微观权力分析法考察知识映像时，那种持有科学价值中立的传统认识论容易受到批判。福柯还主张知识作为一种话语实践活动所具有的历史性特征，通过解读科学、真理的多元性，进而宣称关注边缘化的历史性知识。这就意味着，没有亘古不变的知识普适性，情境不同，技术、装备和对策都会产生变化。就此而言，对知识地方性的关注充分说明知识是相对于境遇而依存的实践智慧。

（三）知识实践生成的地方性

传统的理性论和经验论都主张知识的获得建立在永恒不变的基础之上。理性论持有者认为知识的基础是普遍性原则，而经验论主张知识源于人的经验和感觉。奥地利进化认识论代表卡尔·波普（Karl R. Popper）反对这两种知识基础论。波普强调，人类是真理的探求者而非占有者，科学理论是人类对未来事件的试探性、预测性的把握。从逻辑实证论立场看，全部真命题构成全部的自然科学，而所谓的命题就是实在的图像。科学的命题是描述客观实在世界的"真理"，"所谓知识便成为心智或大脑对外在客观世界的一种表征（representation），这种表征的结构与外在原子事实的结构是相互对应，异质同形的"②，但是真理永远在人们认识和实践过程中，而且只存在近似的真理。

由此可以推断，地方性知识观因其脱离不了特定的时间和地点而无法去除情景化，似乎不具有知识科学性的条件，对于个体而言，却顺利地处理和解决了情境中的问题。地方性知识虽然不具有普遍性特征，但同样发挥个体成长的作用。哈耶克曾把知识分为两类：一类是经过严密组织并可以清晰描述与表达的科学知识；另一类是难以言传的具有强情境的实践性

---

① ［英］弗里德里希·冯·哈耶克：《个人主义与经济秩序》，邓正来译，生活·读书·新知三联书店2003年版，第71页。
② 黄光国：《社会科学的理路》，中国人民大学出版社2006年版，第113页。

知识,通常被称为默会知识。默会知识是个体应对实践问题的知识工具。这种代表"个人的知识",是个体经过长期实践活动总结出的"地方性的知识",也体现出了个体实践活动的情境性。

总之,"理解—相对论"范式下,当提出"什么是知识"时,那种确定性的知识观基于时代变化的情境而遭到"确定性"的质疑。因此,具有普遍意义的知识观被"地方性知识"观所解构,知识的地方性带来全新的知识意义。

三 知识谱系:地方性知识"源"与"流"

情境是理解地方性知识意蕴的基础条件。就历史演进看,地方性知识观经历了理论积淀和概念层面的共同流变,分属人类学和科学实践哲学意义上的两大知识观。虽然地方性知识的学科范畴不同,但对知识旨趣的追求具有异曲同工之妙。

(一) 地方性知识的理论渊源

地方性知识概念的理论源头,可以追溯到19世纪时期德国哲学家威廉·狄尔泰(Wilhelm Dilthey)和20世纪早期德国社会学家马克斯·韦伯(Max Weber)的文化论断。

首先,狄尔泰重视对人类社会互动关系的研究,而关系的节点需要从阐释人类的文化开始。文化由人创造,人与文化之间的双向互动促使文化境遇的产生,这被社会学家称之为社会结构。社会结构并非固定地存在于人与文化的互动中,它为人与文化二者的互动提供了必要的规则和资源,继而推动社会结构持续发展。无论是个体还是个体构成的社会,互动使其成为具体的实体,而社会更加强调互动关系中一种给定关系的聚合。正是这种内在结构的逻辑运行,人类文化发生了知识层次的转移。简而言之,知识作为"为我所用"的智慧,源于阐释人类社会互动关系及其产生的文化。

其次,韦伯将社会结构的互动关系具体化和范例化,他认为,"'社会的'行为应该是这样一种行为,根据行为者或行为者们所认为的行为的意向,它关联着别人的举止,并在行为的过程中以此为取向"[①],涉及"我眼中"的"他者的世界"社会的互动及其关系应是人的行为意向内容相互调

---

① [德] 马克斯·韦伯:《经济与社会》上卷,林荣远译,商务印书馆1997年版,第40页。

节的事实,并此为取向显现出若干人的举止,关系到社会互动的意向内容通过人与人之间的相互承诺而达成一致。走进"他者的世界"的可靠方法是理解和察知他者的知识文化。一旦获得他者的知识,就为分享和感知他者的文化生活提供适切的途径。狄尔泰和韦伯二者持有的观点不谋而合,他们重视人与文化的互动以及对文化持有者的理解,为后来格尔茨阐释学理论奠定了深厚的实践基础。

最后,地方性知识的生成与理解依赖于情境媒介。知识积累是以人的经验为基础的。知识递增的现象说明任何知识并非固定不变地成为人们头顶上的"星空"。相反,知识的差异性是一种客观现象。其一,某种知识虽然发现于此地,但它有运用于所有地方的潜能;其二,某种知识成为当地人们文化传统的一个部分,虽时过境迁,但依然是当地人生活必不可少的内容。时间维度上,知识追求是一项永无止境的实践活动;空间维度上,知识的形态千差万别。知识的内在价值与此地此景联系得如此紧密,以至于发挥着强大的知识生命力,而生命力的彰显源于具体的实践情境。于此,理解知识的地方性就得从知识生成的情境开始,情境是孕育地方性知识的必要条件。

就情境本身而言,地方性知识的生成可以梳理出四层涵义。

第一,"地方性"指向地方的"情调"。"地方性"是具有明显情境化的概念,特指"此地","知识"在"此地"才能得到确认与辩护。在格尔茨看来,当地人及他们的文化实践逐渐培育了一种带有"此地"特征的情调,贯通于当地的时间、空间,最终形构而成地方性或者说是地方特性,呈现出当地人对事物、生活、行动的想象能力乃至风土人情。"地方性"是一个表达的相对概念,如其所言,"正是粒子,一片小液滴云雾中的那一条蒸汽线,是地方性的"。"地方"所承载的范畴要比仅仅是"地域"概念丰富,那种地方的知识限度及其殊方异俗,往往与当地人对事物的想象力连在一起。只有在这种极其复杂的境域里,当地人的地方"情调"才得以准确把握。在此,理解地方性知识的首要条件是将其当地人的事物与想象置入特定的地方情境。进而言之,"正是由于知识总是在特定的情境中生成并得到辩护的,因此我们对知识的考察与其关注普遍的准则,不如着眼于如何形成知识的具体的情境条件"[①]。显然,情境成为理解

---

① 盛晓明:《地方性知识的构造》,《哲学研究》2000 年第 12 期。

地方性知识的重要媒介，不存在脱离情境的地方性知识。

第二，"情境"是理解地方性知识的核心概念。"情境"为理解地方性知识奠定了认识基础。只有身处情境，地方性知识的特殊性及内在意蕴才会显现。所以说，情境是打开地方性知识理解的一扇大门。体验和把握地方性知识，首先得接近并领略当地人融入社会生活的境况及其地方的想象力。认知地方性知识要在情境中达成知识意蕴的确立，"各个民族（族群）的地方性知识都是各民族生存和发展中适应自然与社会环境的历史产物，同时也是各民族心智和生命力的表现，是民族历史的文化缩影"①，而文化境遇确证了地方性知识在此地生产和应用的条件。

第三，"情境"是人们生存依赖的自然和环境的复合体。地方性知识在特定情境中是合乎知识理性的存在，是维系地方生活规范运行的重要介质。这种情境塑造了社会生活的人文性。只有将人们生存的自然和社会环境统整起来，"情境"的介质角色就被显现。乡土自然有乡土世界得以存在的文化，人们参与社会生活的历史性建构，最终呈现的是乡土意义的地方情调。当然，"情境"的存在不是排除社会生活的文化背景，而是借助"情境"更全面地透视人们的地方事实。理解"情境"，其实质是对乡土集体历史记忆的本土性叙述；理解"情境"，其根本是运用"他者的眼光"获得知识地方性的体悟。

第四，地方性知识是在"情境中确认并理解"的知识体系。如前所述，以"他者的眼光"看待不同地方的生活方式和知识体系，是一种知识思维。正因为知识体系与情境的相互关系，地方性知识彰显出不同凡响的创造力。"地方性知识意味着一地方所独享的知识文化体系，是由当地人民在自己长期的生活和发展过程中所自主生产、享用和传递的知识体系，与当地人民的生存和发展环境及其历史密不可分"②，理解地方性知识离不开当地人所处的地方情调。新的时代背景下，反思和调整知识发展的思路，居间其在地理解地方性知识的内涵与意义，将会给知识创新带来实践价值。

---

① 龙先琼、杜成材：《存在与表达——论地方性知识的历史叙述》，《吉首大学学报》（社会科学版）2008年第3期。

② 陈来：《儒学的普遍性与地域性》，《天津社会科学》2005年第3期。

（二）人类学视域中的地方性知识

第一，人类学意义上的地方性知识表述有许多名称：地方性知识（local knowledge）、本土知识或土著知识（indigenous knowledge）、传统知识（traditional knowledge）、民族科学或种族科学（ethno-science）等。这些表述涉及民族社会生活的地方特征，作为地方智慧，地方性知识突出不同的地方特色。

第二，地方性知识不具有特定地域之外的普遍性准则。通过阐释，那些不被人所知的地方智慧从尘封的区域里得以显现。这是人类学家解释此地文化世界的结果。对当地人的文化做出解释的解释，这种描述是从本地人的视角出发，明晰了文化所孕育的地方事实。格尔茨创造了一种新的符号式描写地方性知识的手段："深度描写"（thick description）。深描重在透视外地鲜为人知的、仅被当地人知晓的知识体系，将发生在地方、经由地方特性并与当地人对事物的想象能力相联系，并做出他者眼光的解释。在此，地方性知识不能脱离地方情境而被完全理解，可以说，它是具体的知识体系。在社会化交流过程中，它并不一定是值得批量生产和应用的文本化的知识，不具有特定文化和地域之外的普遍性准则。

第三，阐释地方性知识的基本前提是"身在其中"。格尔茨记述巴厘岛斗鸡事件时，地方性知识是以"深层的游戏"而被体现出来。斗鸡的模式、距铁的安装、有洞椰子放在一桶水中沉下去的 21 秒钟时间、受伤公鸡斗志的激发等，"围绕着整个这一戏剧性事件的，是一大堆异常复杂和极为烦琐的规则"，这些规则与有关鸡和斗鸡的复杂的知识，巴厘人用手写体书写在棕榈叶手稿上，作为村庄的地方性知识代代相传下来。① 其中，地方性知识本然地存在于当地人的生活，只不过要身在其中加以阐释，才能准确呈现当地人与生存情境之间的互动场景，发掘它的文化意义。在此，阐释的方法使地方性知识的文化图景蔚为壮观。

（三）科学实践哲学视域中的地方性知识

科学实践哲学坚持知识的地方性。"普遍主义在某种程度上是许多哲学家和科学家理论偏见的产物，他们在我们的文化中塑造了传统的科学形象。"②

---

① ［美］克利福德·格尔茨：《文化的解释》，韩莉译，译林出版社 1999 年版，第 498 页。
② ［美］约瑟夫·劳斯：《知识与权力——走向科学的政治哲学》，盛晓明、邱慧、孟强译，北京大学出版社 2004 年版，第 119 页。

知识的应用指的是知识境遇的扩展,也是知识实践适应地方情境的结果。由此衍生出的普适性知识的立场有两点:一是普适性知识是地方性知识标准化的结果;二是知识的获取和应用体现在实践情境中,而实践不会把知识彻底抽象为一种理论或者是独立于特定情境的规则。英国自然科学和社会科学哲学家K. R. 波普尔(又译波珀)指出:"理论家提出某些确切的问题给实验家,后者力图通过实验来对这些问题给出一个判决性的回答,并排除考虑其他问题。不仅如此,理论支配着实验家的实验工作,从它最初的计划一直到在实验室最后完成。"[1] 一种理论在实验室经过验证,最终形成知识的确定性,但这种知识并未得到普遍意义的确认,因为实验室本身具有地方性特征。可以说,地方性知识源自实验室的验证。显然,不通过当地人基于特定情境的想象和思维运作,地方性知识是没有意义的。不管是人类学还是科学实践哲学领域,地方性知识具有异曲同工之处,即知识形成的境遇性、地方性特征塑造了知识鲜明的地方性,这说明理解地方性知识不能脱离知识生成的情境。

(四)划定边界:普适性知识与地方性知识的存在

第一,普适性知识与地方性知识的分立点在于知识的应用范围。随着近代欧洲科学世界的崛起,西方科学知识被视为普适性知识,而把地区或族群拥有的知识视为地方性知识。普适性知识基于科学验证的路径来规范和分析实践问题,比如实验室验证、逻辑模型建构、实践性证明都是把握科学知识的重要途径。普适性知识讲求知识的普遍性,即知识的应用没有特别的情境限制。虽然知识形成于一个情境,但知识生成和应用的情境是统一的。鉴于普遍的情境,因而研究结果具有事实和实证两重性,标榜的是一种知识的客观主义。

在普遍主义看来,地方性知识尚未达到知识标准,这是造成二者对立的直接原因。地方性知识特指当地人意义世界中存在的观念体系,它的产生源于某一个地方,因此具有鲜明的情境性和地方化。然而,地方性知识并非说明了所有的知识都以地方性著称,而重点强调知识构成的地方性过程和知识地方性的实践情境。格尔茨以一样的本性态度诉求地方性知识的背后,可以发现"非地方性知识"的存在,"非地方性知识"似乎给地方

---

[1] [英]波珀:《科学发现的逻辑》,查汝强、邱仁宗译,沈阳出版社1999年版,第99页。

性知识本身蒙上了一层理论屏障，容易使人们误解为只有地方性知识的存在。但是，格尔茨巧妙地回到田野工作，用多样知识的立场、用他者的视野走进实地观察和体验文化的差异性，避免了西方一元知识观的思维框架，以此回归地方性知识的文化价值。

第二，普适性知识与地方性知识都以地方性的实践结晶为根由。首先，知识的应用意味着创造生活，有助于完善个人或群体知识、行为、态度，并在实践中达成知识的互动与交流。实践是一个不断深挖生活真谛、积极验证知识为真的行动过程。其次，两种知识观本身都具有地方性特征。不论是科学知识还是地方性知识，其知识生成离不开一定的情境，这就说明知识在生成上都具有地方性。知识之所以为知识，并非在于其具有实在论意义上的真，而是在于其符合共同体的可接受性，其成因中包括了大量非认知的社会因素，[①] 即使在科学研究中，知识生成同样充满偶然性和不确定性。再次，两种知识生成依赖于特定的语境。科学知识的生产虽然具有严格的程序，但它始终是语境化的过程，科学知识也就成为基于某个实验室而发现的具有特定意义的地方性知识。为了使知识产生实践能量，地方性知识通过地方性的语境转换而向外拓展。在此意义上，普遍性知识是作为某一种地方性知识的去语境化而结成的实践结果。随着知识民间化程度的加深，地方性知识的内容和应用与当地民众的关联更加紧密，地方情境的"草根"特征明晰可见。最后，不同知识是以社会实践为基础的人与社会情境打交道的方式与智慧，知识为人类美好生活世界的追求奠定了实践基础，并以创造与创新的方式改造着人类自身的生活处境。

第三，普适性知识与地方性知识存在情境化与去情境化的对立。普适性知识去情境化，而地方性知识强调地方情境下的实践。传统科学观认为科学知识具有普遍性，知识的普遍性意味着知识是去地方性的。因此，普适性知识观主张与地方性知识无涉的且具有普遍性的知识体系。自培根（Francis Bacon）时代以来，直到20世纪中叶，普遍有效的真理依然被推崇，普遍性成为知识的本质特征，解决了人们在改造自然过程中遇到的各种问题，也确定了科学知识的权威地位。

当把科学知识置于特定的实践平台加以考察时，知识的地方性特征愈

---

① 王娜：《语境主义知识观：以一种新的可能》，《哲学研究》2010 年第 5 期。

第三章 理解村庄：地方性知识深描与阐释

加明显，这是地方性知识生成的起点。地方性知识生成不是抽象普遍的体系，也不会孤立静止地等待当地人去把握，而是关联此景此情之中人与事物的活动，显现出具体的历史性。当对知识生成所依赖的实验室情境的物质和场景进行微观考察时，发现科学知识也是人们在实验室（或诊所或田野等）中开展建构性活动的结果。知识从实验室向外在于其他场合的转移，不能理解为只是普适性知识主张的例证化，应理解为对某一种地方性知识的实践改造更为恰当。科学共同体的实践在特定情境中进行，并且有明显的地方性。任何知识产品的生成，因其地方性而具有局限性和改进的巨大空间。

科学知识的应用按照知识生成所必备的实验室条件来规范。"我们从一种地方性知识走向另一种地方性知识，而不是从普遍理论走向其特定例证。这一观点将优先性不是赋予了特定场合的语句，而是赋予了特定的场合——即我们在特定的情境中做（或能够做）什么。在我看来，甚至是理论知识也必须按照这样的实践性、地方性的把握来加以理解"[①]，劳斯对科学知识的普遍性提出质疑，普遍性源于我们所创造的知识发生效用的人工环境，在力所能及的范围内把整个社会或社会中的具体环境改造成一个诸如实验室条件的实验室。在此，科学知识也成为一种地方性知识的例证，是人之实践对象化的结果，其结果不能因寻求普遍性的应用而被抽象出独立于特定情境（实验室条件或环境）的规则，也就是说科学知识立足于具体的社会情境才能加以构造。

传统知识观认为普适性知识在任何时间、地点都是有效的，而地方性知识只是本土情境的产物。当地人的社会生活经验的总结，是本土性的知识体系。知识应用的标准模型关系到如何把普遍有效的知识带入地方情境，从而产生知识的普遍意义。传统科学哲学认为，知识的普遍化，实际上是一种地方性知识迈向普遍化的过程。知识被放之四海而皆准的标准化只不过是对特定地方的知识实践性的把握，各个地方的实践遵循地方性的实验标准，并成为"标准"的知识。它是知识地方性的局部性改造，是不同地方情境得以标准化的历程。

[①] ［美］约瑟夫·劳斯：《知识与权力——走向科学的政治哲学》，盛晓明等译，北京大学出版社2004年版，第77页。

总之，从知识观念变革与形态分野的历程看，知识信息系统具有地域性。这种地域性旨在承认文化的多样性，知识类型在不可通约的背景下发挥自身的实践价值，"不可通约性产生的根源可以从知识生产的情境性以及路径依赖关系中去把握"[①]。在知识起源和扩展层面，不可通约的知识类型是承认文化异质性的最好例证。若把科学知识置于其生成的实验室或其他实践平台上，知识产生也会留下明显的知识地方性。因此，地方性知识是作为一种知识立场而出现的，不论是作为普适性知识的例证化还是地方情境个案事实的丛林，当地人实践智慧的结晶以及处理地方实践的地方情调都具有显著意义。

第二节 理解地方性知识的逻辑起点

任何知识体系，难以穷尽所有的真理。不论是历时性还是共时性的知识演进，都说明了知识存在的客观性。地方性知识也隐含着知识运行的实践机制，要达到如其所是地勾勒地方性知识的框架与功能，显现知识体系的生成、运行机制及与生活世界的关联，要求研究者立足于情境并做出深描与阐释。

一 地方性知识的阐释学主张

阐释作为文化研究方法，通过微妙而有说服力的叙事，将文化的元素连缀成一个有意义的结构，并进行语境化的解释。阐释从更多的细节和语境进入地方性知识的本身，可以借助于文化对话更为奏效地理解其情境意蕴。

第一，借助于解释呈现地方性知识的存在。格尔茨提出地方性知识的主张，强调以"文化持有者的眼界"解释本地人的文化，以期使文化存在的特殊性和差异性被察知。"人类文化不是某种被给予的或不证自明的东西，而是一种有待诠释的奇迹"[②]，因此要把所发生事件的本地认识与可能发生事件的本地想象联系在一起来确认"地方"的特异性。地方性知识的

[①] 蒙本曼：《知识地方性与地方性知识》，中国社会科学出版社2016年版，第103页。
[②] ［德］恩斯特·卡西尔：《人文科学的逻辑》，沉晖等译，中国人民大学出版社2004年版，第38页。

把握，需要在情境中打开地方认识与想象复合状态的闸门，叙述隐含于当地人对各种原则与事件的形象化感知。地方性知识的旨趣在于尊重文化多样性，坚守文化平等的基本态度。在此，解释可把地方性知识隐含的文化韵味透视出来，彰显文化与生活相互交织的意义世界。

第二，通过田野调查揭示地方性知识的情境机制。格尔茨强调深描、文化持有者的内部世界和"阐释的阐释"是获取地方性知识的整体方法论。首先，深描作为获取地方性知识的方法，旨在通过解释社会情境中的文化行为和符号式行动，把日常行为的一系列符号置于情境中细致分析，"深描法的要旨在于其出发点必须是从行动者自身的观念和所处的环境来考量，必须从文本回到文本中行为者所处的历史现实或文本所反映的经验中去'以小见大'，强调借助于相关的个案才能对一些重大的社会概念有真切的理解，离开了具体的个案，深描就会变成一副空壳"[1]。特定文化意义之上的描述，能够把微观世界中看似静止和流动的社会性会话做出解释，核心在于从即将逝去的时间里解救此地此景地方性知识的会话，并将之以能够被阅读的术语固定下来。其次，文化持有者内部的眼界指的是回归村庄地方性知识的本身。单一的阐释不能实现对文化世界的充分理解，因为文化的阐释过程不可能复演他者的经历，只能通过他者的眼光阐释当地人所构筑的意义世界，以达到解释层次的地方性的理解。换言之，围绕特定的人、时间和地点，从当地人的眼界出发解读他们的文化，而文化作为表达知识功能和言说本土文化事件所具有的意义出场，通过解释进而理解当地人实践行动的意义流程。最后，阐释的阐释将地方情境、研究者和当地人的文化行为统合起来，探究地方性知识的本体。相应地阐释把地方性知识的符号归位到研究者所经验的事实体系中的文化意义上。在此，研究者与研究对象之间的双边互动，为体悟地方性知识创造了前提。

第三，"阐释的阐释"所要达到的目的是深层次的理解地方性知识。深描为阐释地方性知识提供了田野考察和理论建构的逻辑基点。深描和阐释相互关联，有效整合了人类学研究的田野作业、民族志撰写和理论建构三个阶段。阐释过程的目的在于书写当地人的事情，向其他人真切地传递文化理解与洞见。地方性知识的世界中，理解是观察特定文化事件的视

---

[1] 蒙本曼：《知识地方性与地方性知识》，中国社会科学出版社2016年版，第71页。

角。格尔茨主张文化分析是一种探求意义的解释科学，意思是特定文化背景下人们的态度、看法、精神和心理等，通过阐释才能明确其中存在的意义。在此，阐释方法适用于特定地域的文化解读，或用"文化译释"更为恰当地说明文化描述的过程，从而把握当地人特有的行为事实，避免了将一种文化置于另一种文化而获取普适性意义的困境。当然，文化意义的阐释是在特定社会生活设定的流程中展开，而不是以文化优劣为预先决定了的原则来划定知识地方性的框架。

二 理解地方性知识的地域因素

地域因素是乡土世界中创造和积累特有知识经验的空间介质。西吉县乡村地域中，村民日常社会生活的实践行动在此情境中展演，完成了一系列的地方性知识的叙事。在如此这样的空间里，地域支撑起村民鲜活的社会生活事实，呈现出一系列的文化表征。按照此种逻辑，在尊重地方背景、历史文化基础上促进地方性知识的交流，才能形成交往交流交融的新型民族关系。因而，四个村庄不是地域分割的个别，而是由地方情调整合成整体意义的时空结合体。村庄因文化的展演被形塑成一个情境，也构成了阐释地方性知识的文化基础。

地域成为村民完成日常生活的基本支撑。在普遍主义看来，统一是必然的现象，这由于地域的黏合性引发。普遍主义认为，地域视角下所有文化、社会、哲学意义上的文明共同体，根植于一整套固定的思想框架。这种开放性的包容态度，试图整合不同个体或集体接受不同方式的文化成就。同理，地方性知识的结构和象征意义的展现离不开地域的影响。所有个体或者群体从最广泛的经验、思想和观点出发，共同创造文化互动交流的实体，在差异中寻求差异之共同特性的综合性，引导人们追求可能的生活意义。

三 深度理解地方性知识的意义

地方性知识承认知识生成的有限空间，划定了知识范围，因而有限的微观认识可以达到知识地方性的深刻理解。就"地方性"的本体而言，它与地域性有着一定的区别。其一，地域强调地理空间的物理分布，而地方性并不可以规定地域的边界；其二，地方性知识能够展现当地人的运动符号。地方性可以理解为相对而言的微观地域性，但其本质不是地域划分式的割据，而是自然、社会环境系统的整体。地方性知识在特定情境中有其自身系统的文化能量，知识生产与交换的内在机制更加清晰。

正因为地方性知识恰如其分地与地域之间建立了天然互动的关联，从而保持了知识经验成果在地方情境中的必然意义。深度理解地方性知识，还需要运用文化悬置和还原的方法，从过于沉溺于地方性知识客体现象的叙述上摆脱出来，研究者需要排除自然科学和文化科学以及全部知识构成的印象。所谓知识印象的排除，并不是否定这些领域，而是暂时将其放入括号中，保证研究者的纯粹意识活动，继而在纯粹意识的流动中打开括号，回归地方性知识本身。因而，地方文化是一个永远与人们相伴而行的符号系统，也是一种既定事实。没有符号化的内容所组成的生活系统，人们的生活只是一块固定的事实。地方意义的各种现象进入研究者的经验之流、体验之流，并自觉地与研究者的原有意识融合，达到对当地文化现象的深度理解。

第三节　村庄中地方性知识的结构体系

一系列与地域空间特征相匹配的文化符号标记往往具有地方性，这些标记在知识与村民行为相互建构的情境下完成象征意义的表述。村庄中人们的实践行动所构建的文化意义，只能放在情境存在的脉络中，依据"时间—空间—意义"加以考察结构内容。结构指称地方性知识的"构型"，它的框架样式试图涵盖诸多方面地方性的意义，涵摄本土知识在此情境里的结合，说明它所存在的知识地方性的理路。

一　地方性知识的结构分层

地方性知识分层是必要的，这与人类学查清和书写事物的方式具有一致的内在机理。地方性知识为村民提供了本土知识意义的行为框架。地方性知识的创造、群体文化的共享都可被理解为日常习得的行为体系，最终形塑为乡土知识的结构。这种结构的民族志撰写使村民的日常生活和情境发生彼此关联。为了避免分散的地方性知识的书写，分门别类的深描要在分层结构中展开。

地方性知识贡献取向

（一）地方情调衍生的地方性知识内容

知识生成具有情境性。情境是地方情调的表达。可以说，地方性知识源于当地人的社会生产生活，是自然、人文和社会环境共同作用的产物。有学者认为地方性知识拥有完整的内在结构，包括生态观、知识框架、传承机制以及生产生活技术与技能四个层次。[①] 也有学者认为地方性知识的"主要内涵包括了内在的价值观、组织结构、依托载体与之相应的实践知识等，这在一定程度上与文化概念的内涵层次结构也是保持一致的"[②]。在广阔的乡土世界里，乡村文化的展开有三重内涵：一是乡村自然；二是村民的自然生产与生存方式；三是建立在乡村自然与村民生存方式之上的文化样式，包括民歌民谣、民间故事、口耳相传的白话传统、民间文艺、民间体育形式、乡情。[③] 由此可以看出，乡土情境里，村民积累、传承与确认人文生境中的话语实践，自觉建构经验体系，包括生产生活技术与技能等地方性的实践性内容，形成了地方性知识在生产过程中所积累、认知的规范性设置框架。乡村生产生活和文化样式上升到知识层次就是一种地方性知识。乡村空间是容纳地方性知识的境遇，自然生成一种地方情调，不论是经验性的知识，还是得以传承的制度性话语表达，都镶嵌于地方情调之中，建立了理解性的地方性知识的范式。

（二）地方性知识的三级结构模式

如前所述，地方性知识伴随着村庄文化的生成而生成，它是当地文化的一种知识体系。村民与周围环境互动而积累和建构的具有明显地方属性与人文特征相融合的实践智慧，就是村庄中的地方性知识，构成村民日常生活世界的有机部分，再现了村民一代代创造与传承下来的本土经验智慧。当然，地方性知识的层级结构与文化传统有着一致的体系，可以分为物质层、制度层和精神层三层，构筑起地方性知识的结构框架（如图3—1）。

如图3—1所示，物质层指村民在社会实践中所创造的物质部分，处于结构表层；制度层是指为了解决乡土社会实践而组建的一系列规范，是基于日常生活及与周围环境互动所形成的行为偏好，处于结构中层；精神层

[①] 杨庭硕、田红：《本土生态知识引论》，民族出版社2010年版，第105页。
[②] 蒋培：《国内外地方性知识研究的比较与启示》，《青海民族研究》2015年第4期。
[③] 刘铁芳：《文化破碎中的乡村教育》，《天涯》2007年第3期。

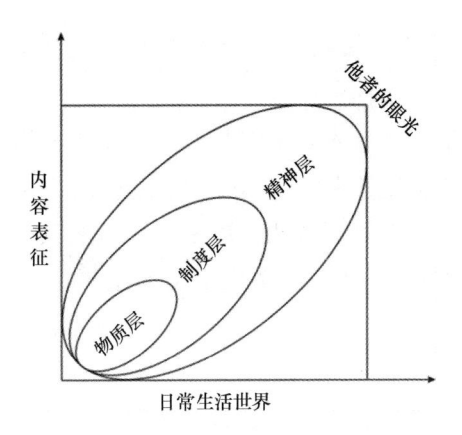

图 3—1　地方性知识结构分层图

指村民个体或群体基于村庄实践和意识活动所积淀的用以弥补生活情感而蕴化出的价值观、审美情趣等，处于结构深层部分。地方性知识结构涵盖了村民日常生活的全部内容，自然的、社会的以及与乡土世界彼此关联的内容，都可被纳入地方性知识的结构。在此，物质层是地方性知识体系的基础，制度层构成了地方性知识必要的条件，精神层是地方性知识体系延展出的高层领域，整体结构表征了村民地方实践的价值或意义系统。从深层结构看，可以分属显性和隐性的地方性知识，从外部加以把握的地方性事实是显性地方性知识，比如与生产技术相关的可触摸的知识体系属于此类；而潜藏在地方性事实背后的知识领域是隐性地方性知识，比如日常生活精神和情趣就属此类。

（三）地方性知识分层的整体生活表意

地方性知识往往以特定情境之中所蓄积的思想力影响个体的观念和行为。人类学家詹姆斯·皮考克（J. Pekolk）指出，"整体性思考就是把部分看成整体，就是试图把握人们在其中行动和经验的更大的背景和框架。文化就是这样一个框架，人类学不仅仅是整体分析人类在社会和自然中的位置，而是也包括（尤其是）为了使他们的生活有意义而建构文化框架的方式"[①]。所以，分级结构不是将地方性知识碎片化，而是赋予村民日常生活的整体

---

① ［美］卢克·拉斯特：《人类学的邀请》，王媛、徐默译，北京大学出版社 2008 年版，第58 页。

意义。在研究取向上,不是在追求地方性知识特定的规律,而是呈现地方性知识意义与价值的乡土诠释。

走进乡土社会生活,映入眼帘的是地方性知识的事实以及所彰显的实践智慧。"人类学者的工作就是选择一项引起他注意的文化事件,然后以详尽的描述去充实它,并赋予说明性以便告诉他的读者他描述的文化的意义。"[1] 这种由文化事件的追溯到文化意义的阐释,格尔茨用"深描"法说明文化意义解释的人类学路径,如同"以此挤眼析解彼挤眼,再以另一挤眼析解此挤眼"[2],进而双向结合观察和解释,透过复杂的地方性事实的文化表征,借助于深描牵引出地方实践智慧以及由此整合而成的日常生活世界的意义。村民们认为,他们经历了地方文化的创造,知识使人富有理智,世代积累的地方文化如其所是地帮助他们生活。但是,在他们眼里,乡土文化有其"土"的地方,不如城市文化"洋气",他们更希望子女接受学校教育,以便走出乡土,受到城市文化的熏陶。然而,乡土振兴背景下,乡土文化的吸引力逐步加强,越来越多的人倾向于体验乡土文化。乡土社会发展秩序中形成的经验知识,其主体是"生于斯长于斯"的村民。走进他们的世界,一种明晰的地方性文化的知识信息体系得以显现。

二 深描地方性知识"资料库"

人们的观念、态度以及行为,或隐或现地受之于地方性知识的影响。地方性知识作为区域社会构成中地方实践智慧的参数,不仅凝聚着文化传统的表征,而且还是村民迈向现代化离不开的知识媒介。在此,深描是以人类学的话语方式审视地方性知识,而阐释意味着将各种地方性知识的讯息解码,使其从陌生变为熟稔的符码。深描地方性知识,意在显现乡土社会生活事实的本真。走进田野,笔者体验到地方性文化的事实细节,一定程度上表达和隐喻了与当地传统社会相一致的讯息。

(一)物质层的地方性知识

物质层的地方性知识指村民为了生存需要而创造的物质产品及其表现

---

[1] [美]乔治·E. 马尔库斯、M. J. 费彻尔:《作为文化批评的人类学——一个作为人文学科的实验时代》,王铭铭、蓝达居译,生活·读书·新知三联书店1998年版,第52页。

[2] [美]克利福德·格尔茨:《文化的解释》,韩莉译,译林出版社1999年版,第11页。

的本土知识形态。这里主要以耕作工具、饮食、建筑和水窖作以阐释。

1. 耕作技术工具①

精耕细作是西吉县粮食生产的主要方式。在耕作方式上，各族村民共享耕作技术成果。P村、S村和X村有种植冬小麦的传统，由于县域内气温和水分的显著差异，B村延续一年耕种一茬农作物的传统。随着国家退耕还林以及扶贫政策的大力实施，单一的耕作方式逐渐被弱化，村民更加注重畜牧、养殖、种草和农蔬产品发展，一小部分村民从事小本生意来维持生计。相应地，村民多选择地势平坦的土地，利用现代化技术手段种植粮食。另外，干旱是当地常见的现象，因而当地有句俗语是"靠天吃饭"，说明当地降水少，自然条件相对恶劣，获得好收成还要积累适应自然环境的耕作经验。粮食作物发芽时，如果雨水充足，后期的粮食收成会更可观。S村一带地势较陡的地方作为试点种植油用牡丹、西芹等，打开销路后也可以提高家庭收入。2016年8月上旬的一天，笔者在B村田间地头与一位耱地的村民交谈，他详细叙述了一些耕作技术。

> 我们这地方各民族耕地方式差不多一样，我们（这里）一年一茬种植。我家种的玉米比较多，有四五亩，土豆产量高，今年种了七亩多。庄稼人嘛，一年到头忙地里，没消停。种粮食主要靠牲畜，还有犁、耱等工具，人力也很重要，现在也有机器耕种的。以前碾完场扬场时要等风，风向好了麦子一阵子扬出来了，现在扬场用卷扬机。我这是二次翻地，打耱好明年开春种小麦，种胡麻收成好些，因为胡麻耐旱不减产，土豆收成也好着哩。旱地防止减产，做好保墒是关键，深耕细作，还要边收割边犁地，积蓄雨水的同时要把杂草锄掉。还有一个就是我们这地方干旱，要做好土地倒茬，保养土地，恢复土地产植力，比如豆茬可以换成麦茬。（SC-F04）

S村有一间专门陈列当地农业耕作生产工具的小房屋供人们参观，位于村庄南清真寺的东面，里面摆放着各种耕作工具，有犁、耱、石碾子、木制架子车、麦栓子（用麦草编织成的储藏粮食作物的圆柱形物体）、耧

---

① 部分劳作方式可参见附录中的考察日志节选。

车、木锨、① 等，再现了当地的耕作技术。部分劳作工具有着古老的历史，是中国传统耕作技术的时代延续。西吉县各族村民根据自然生态环境，因地制宜地使用各种工具，部分耕作工具早已从村民的日常生活中消失，只留下一段难忘的集体记忆。有村民们谈道："劳作可以获得好日子，我们注重精神，日子要好好过下去，有精神才有干劲，再苦也不觉得累，不停地耕作、经营生产，才能改变生活。"（SC-F05）耕作技术工具彰显了村民的劳作过程和劳动精神。村民谈到，因当地共同的人文生境以及村民之间的交往，当地的生活方式具有共同的地方，而文化对于村民日常生活行为的塑造发挥着重要作用。人们的日常互动加强文化互嵌的同时，促进了共同生活方式的形成。

概言之，村民们借助适合于当地情境的耕作工具，展现了他们创造美好生活的一种向往和实际的行动，同时传递出一种传统、一种文化，它是村民共同创造和进行经验分享的结果。耕作技术工具作为村民创造生活的主要生产工具，是当地情境中必不可少的物质技术工具。

2. 日常饮食

饮食本身是人类基本的生存形式，但当超越人的本能需要时，会形成一种文化创造的行为，因而充满文化意义和象征。饮食不仅是传统文化的再现，还是与特定情境相契合的结果。村民的饮食与特定的生存环境相适应，并有所创新，不同的自然环境、经济文化类型及其民族间的交流使日常饮食具有鲜明的地域特征。饮食的地方性知识内涵，从饮食的创造者和饮食行为本身的关系中体现出来。

（1）油香

在S村一位村民家里，主人告诉笔者当地饮食的三件宝，分别是油香、馓子和八宝茶。油香是传统食品，重大节日里"炸油香"是一种传统，一部分自己食用、一部分用于互相赠送。所以，村民遇到红白喜事都要"炸油香"，油香是当地的文化符号。村民制作的油香分为普通油香、糖油香和肉油香三种。主要以面粉、盐、碱和植物油为原料。面粉需要加酵母，用温开水和好面以后，加进适量的碱水和鸡蛋等辅料，摊成碗口大

---

① 注：木锨指的是木头制作而成的扬场的工具。当地农村多用于小麦、谷物等扬场时使用，也可用它铲一些轻而散的东西。

小的圆饼，在圆饼表面划上两条刀纹后，放在锅内用清油（胡麻油）炸熟。油香外脆里嫩、味道醇美、色泽红润。村民们提到，制作油香时要和好面，并且还要使面团充分"饧好"。和的面团要筋道油亮，手上和面盆才不会沾面。一位妇女说："要用小面团擀成碗口大的饼，变换面杖的角度，滚动位置只擀一面就行了。放进油锅后等到油香稍微变黄再翻个儿，当两面变黄后捞出来。火候不能太大，节日里炸油香大多是年长有经验的人掌勺。"（PC-M06）吃油香时也有讲究，不能直接咬而应该用手掰开吃，"吃油香要掰呢，喝八宝茶要刮呢"。日常生活中，村民们也总结出制作油香的顺口溜：轻柔慢擀三光净，清油温火炸红润；两面发亮横斜纹，酥软可口美味香醇。

（2）馓子

每逢传统节日，村民都要炸馓子，制作过程注重面粉与盐适当比例的糅合，反复搓压面团，最后用面粉搓成细绳状。成品后的馓子股条均匀、香酥可口。当地村民日常生活中，油香和馓子使用场合非常普遍，贯穿于婚丧嫁娶等人生节点，并赋予油香和馓子特有的文化意义。邻里之间馈赠油香增加了情感联系，其文化象征意义不仅体现了村民内在的饮食文化观念，还促进了村民之间的和睦融洽，成为联结人们日常生活的纽带。

与油香和馓子具有同样文化意义的还有"九碗席"。S村每逢节日喜事必有"九碗席"，俗称"九碗子"。"九碗子"由九只一样大小的碗盛放九道菜，流水席桌上每边放三碗，摆成正方形。摆放"九碗子"时四个角上摆放肉菜，称之为"角肉"，四角上放置菜时两两相对，对面的两碗菜称之为"门子菜"，多为酥肉、肉丸子等食料。"九碗子"以蒸煮为主，味道鲜嫩可口，整个菜肴注重荤素合理搭配。"九碗子"制作时要将调制好的一种高汤浇在菜肴上，增加菜肴的味美香醇。

（3）八宝茶

当地村民喜欢泡饮八宝茶。八宝茶不仅有健身效果，还有助于促进肉类食物的消化。乡村振兴的大力推进，使八宝茶逐渐成为乡村旅游重要的文化体验项目之一。有的地方称八宝茶为"盖碗茶"，是以"上有盖、下有托、中有碗"为构型的茶具命名，蕴含着"盖为天、托为地、碗为人"的寓意。盖、托、碗分别象征天、地、人，是中国传统文化精髓中天人合一的体现。八宝指白糖、红糖、红枣、核桃仁、桂圆肉、芝麻、葡萄干、枸杞等辅料，属于性温味醇类食品。品茶时要用盖子刮茶料，因而有"一刮甜、二刮香、三刮茶滤变清汤"的说法。随着时代的发展，八宝茶从民间传统逐渐扩展为乡土产业，配料进一步创新，有茶叶（绿茶）、红枣、核桃仁、枸杞、沙枣、桂圆、葡萄干、芝麻、绵白糖、冰糖和玫瑰酱（重瓣红玫瑰花酱），茶具以盖碗或透明茶壶冲泡。八宝茶口感醇厚，有驱寒健胃、明目清心的功效，被认为是养生的食品之一，茶料中的芝麻补血润肠、红枣补中益气、桂圆开胃养脾、枸杞有滋肝补肾等功能，因而广泛流传着"枸杞芝麻桂圆枣，葡萄玫瑰杏核桃。轻刮慢呡沁脾胃，味酽干醇长寿药"的说法。民间也有"不吸烟、不喝酒，盖碗子不离手"之说。日常生活中，部分村民也有煮茶、泡茶的习惯。

（4）浆水面

浆水面指的是用浆水掺汤做成的面食。明代医学家李时珍所著《本草纲目》中记载，浆水有调中益元、宣和强力、止咳消食等功用。浆水制作算得上是很古老的生物制作工程，当地村民都有制作浆水面的饮食习俗。阳春三月，采摘鲜嫩的苜蓿、苦苣等为原料，用缸或坛子浸泡，放在温度较高的灶台上发酵三五天而成。现在多以芹菜、卷心菜等为材料。浆水制作过程俗称"投"浆水，有反复投放、过滤、浸泡的意思。村民说，浆水需要"炝"一下，放上葱等辅料，然后在煮好的白面或者杂粮面上调好炝浆水，整碗浆水面色味清淡，口感纯正，清热解暑，以酸味见长。浆水面代表一种朴素的生活方式。谚语"三斤辣椒十斤盐，一缸浆水吃半年"就是最好的记载。流传的美食顺口溜也真实再现了当地真实的生活情境。

> 油泼辣子红艳艳，
> 调到碗里打转转。
> 长面细得赛线线，
> 吃得头上淌汗汗。

此外，还有诸如"油泼红蒜香喷喷""葱花浆水香又酸"等民间顺口溜，充满了朴素的文学艺术特征，字里行间可以感受得到村民延传的地方饮食知识。

3. 村庄中的建筑

村庄中的建筑以物质载体的形式呈现出当地村民的日常生活方式，渗透着文化互动与创新的场景。不同的建筑犹如一首物化的诗，是艺术与情感融合的物质印记。村民的住房多为平房、砖瓦房，有的家户喜欢在平房上加盖一间房子，称之为"高房子"。平顶房多采用砖石土木结构，位于向阳的地方。随着"危房改造"工程的实施，当地住房条件得到改善，新农村建设使一排排红砖瓦房成为新时代乡土世界最为动人的符号，见证了村民追求美好生活的奋斗历程。在村庄，偶尔也能看到土墙夯筑而成的房屋，以及窑洞。村庄中的建筑是村民依据当地气候、环境探索和实践所形成的，是传统文化适应当地自然环境的产物。乡村振兴背景下，整个村庄逐步实现了讲究卫生、邻里团结、生态宜居、安居乐业的新气象。当前，新农村建设使村民的居住条件大为改观，脱贫攻坚助力村庄整体规划布局更加合理。岁月的更替促使建筑形式基于传统而创新，而红砖代替了土坯。"土坯建成的房屋现在还有，但是不多了。土墙房子以土为主，再加上细碎麦秆、麦衣等搅拌而成，结实耐用。打土墙时人手要多，木夹杆、墙头堵梯、八根大小一样的松木橡、筑土用的石杵子是必需的工具。打好地基后，填土、踩实、夯实，一层一层筑起来晒干后就可以建房子了。那时候的土房子要住几代人呢。"（SC-M07）土坯呈长方形状，主要通过人力一片一片完成，当地流传的"一模三锹土，两把灰，二十四个锤砸个坯""三铁锹、两杵子、二十四个脚底子"等俗语表述了土坯制作的过程。

长征路上，红军曾经三次路过 S 村，红军驻扎在此地开展了一系列革命活动，S 村南寺里留下了珍贵的"红色记忆"：一块匾背后的长征故事。1935 年 8 月 15 日，程子华、吴焕先率领红军初到 S 村。为了不扰民，红军晚上进村不敲门不进院，赢得了当地村民的信任，"红军是为穷人打天下的！"后来，程子华、吴焕先带人抬着 6 只肥羊、6 个大元宝拜访当地，当地群众也宴请红军，并赶着一群染成红色的肥羊到军部回访。

自然，建筑综合体现了特殊地理条件下的艺术思想，构成了村民生活经验的重要部分。这种艺术不仅隐含着文化的意义，还记载着村民共同创造生活的故事，当地的建筑是一种艺术的表达，"艺术使我们看到的是人的灵魂最深沉和最多样化的运动。但是这些运动的形式、韵律、节奏是不能与任何单一情感状态同日而语的"①，村庄中的建筑寄托着人们生活的情感，也彰显了村庄空间中人们的互助交往。乡村振兴背景下，村民的房屋建筑与村党群服务中心建筑群融合于一体，展现了新时代村庄的建筑文化。

4. 水窖

以往，西吉县常年缺水，村民们找到了一个能够解决饮水问题的好办法。村民在院子外挖一口水窖（当地人称之为"打窖"），一口水窖分为挖窖和箍窖两道工序。窖底和窖面用当地已有的红泥土拌成糊状，并铺上2—3厘米厚。红泥土有很好的防渗水作用，因而使用红泥土打窖能够储存雨水。铺拌红泥土时，需要用木槌精细敲打，从而保证红泥土与窖面的充分黏合，以便起到很好的防渗作用。下雨时节，村民们将院落清扫干净，"天雨水"流进水窖后，待水质澄清以后饮用。为了集聚充足的水源，还有乡民在离家稍远的地方挖水窖，大都设计在小山脚的底部，一场大雨就能装满牲畜一年的饮用水。随着时代发展，村民箍窖所用的红泥土渐渐被水泥代替，用来积水的场院也铺上了一层水泥，被称为"打上"一层水泥。水泥有效地防止了渗水的同时减少了杂质，提高了水质。为了解决饮水困难，当地政府部门专为农村缺水地区实施"母亲水窖"工程，水泥多由政府资助，也有自行购买水泥的。有村民说，在20世纪80年代因为极度缺水，水窖都是上着锁的，但有邻居缺水，都会友好地借上几担水。西吉县缺水地区的村民都有自家的水窖。②两桶水称为一担水，用一根扁担依靠两个肩膀轮流转换运输窖水，到较远的地方取水只能借助畜力。西吉县属于六盘山集中连片特困地区的核心区，属于宁夏中南部干旱带，由于水资源匮乏，天旱时水窖常枯水，农村人畜饮水困难。当时兴建的供水工程、积雨工程等有效缓解了饮水困难问题。如今，随着巩固脱贫攻坚成果有效衔接乡村振兴的大力推进，城乡供水一体化缓解了村庄用水困难，"人背驴驮"的取水方式转变为户户"水龙头"，改变了饮水难的问题。

（二）制度层的地方性知识

制度层的地方性知识是当地社会生活不可缺少的本土规范和民间实践

---

① ［德］恩斯特·卡西尔：《人论》，甘阳译，上海译文出版社1985年版，第206页。
② 随着国家扶贫政策的大力推进，当地在政府的统筹下实施了一系列的惠民政策，一定程度上缓解了饮水困难，部分乡村用上了自来水，因而水窖的使用也就成了村民的集体记忆。

智慧，是村民社会生活顺利展开的重要条件。

1. 村民的生态实践知识

本土的生态知识需要置于当地社会结构中予以理解。面对特殊的环境，村民依据"人—社会—文化—自然生态"的相互关联而践行生态维护，为生态环境保护提供了一种伦理基础，包含文化、行为、观念等因素。人与生态之间积极的互动不仅可以形成生态思维，还能有效保护当地生态环境。地方性的生态知识是村民与自然环境和谐互动生成的经验与智慧，并逐渐内化为村民不可改变的生态观。生态智慧与经验的应用最终达到生活与自然环境之间的和谐之美。

第一，节约水资源。村民在适应环境过程中积累了一套保护生态环境的实践智慧，是村民与自然生态和谐相处不可缺少的人文思想。长期以来，县域内恶劣的生态环境使村民探寻出一条生存环境与生产生活相契合的道路，最终形成生态伦理、生态意识和生态责任观，塑就了保护生态的文化精神。基于特定情境形成的生态观赋予人们保护生态的责任和义务，有力地维护着当地生态的持续发展。西吉县属于西北干旱地区，水是稀缺的生活资源。因此，不同地方使用不同形式的水窖，不仅可以集雨、储水、灌溉农田，还可以防止水土流失。特别是在丘陵地带、山高坡陡，水窖的分布一定程度上防止了雨水冲刷泥土带来的生态破坏。这样，水窖不仅解决了人、畜和农用水，还有效维护了生态系统。从宏观角度考察，西吉县各民族生态保护措施有相通之处。S村一位中年男子说："村民非常重视节约水资源，因为万事万物离不开水，浪费水是不应该的。还有，我们这地方气候干旱，不节约水资源是不行的。不能浪费水和粮食，该节约的一定要节约，人离不开水和粮食。"（SC-M09）在其他三个村庄，水窖（水泥窖）是当地的一种文化标识，村民在储水、蓄水、用水的过程中充分利用了水窖的价值。另外，水窖的使用对于涵养山林、保持水土流失，恢复自然生态也具有重要意义。

第二，维护生态系统平衡。西吉县地处西北高原，土地辽阔，土质类型多样。如果出现人为破坏，生态环境自然会日益恶化，影响居民正常的生产生活。村民们重视生态保护，地方性生态知识体现在村民维续生态系统平衡的实践行动上："我们这里虽然雨水少，秋、夏两季山上绿绿的。国家大力倡导植树造林，缺水的地方种植杏树。有些地方种植油用牡丹。

91

整个村子对生态保护看得很重要。你看，山里的梯田一行一行的，草长得也很好。村民不会将垃圾扔得满地都是，前面那里是一条小水渠，孩子、大人都不能将垃圾扔到水渠里。"（XC-M10）X村村民讲述了朴素的生态意识和行动。当地村民总结出的生态知识隐含着丰富的知识意蕴，村民住宅周围大都种满了杏树、杨树等。生态系统的保护还与国家政策的推动分不开。比如，杏树不适应当地生态条件，以前种的是苜蓿、牲畜草等，保护生态环境的同时满足了生产需要。曾经有一段时间，种植杏树并不可观，由于种植空间较广，增加了土地的硬化面积，一定程度上破坏了生态环境。为了总结更加有效的生态知识，村民改种油用牡丹，具有高产出、高含油率和低成本的生产特点，增加了村民家庭收入，反映了本土生态知识与国家政策的互动与调适。

村民重视农业生产，把粮食生产看作生活的根本。2016年8月12日，笔者与B村一位40来岁的村民交谈，他边干活边说："我不去外面打工，守着一亩三分地，种一些土豆、胡麻，一年把地茬倒弄好，收成也够维持生活。"（BC-M11）一同劳动的还有一位在乡小学读书的孩子，孩子正在读四年级。青年人负责碾场，孩子将麦捆子从麦堆上扔下来，平摊到场上。交谈得知，村民为了维持物种多样性，通过换种、倒茬等方式调整粮食作物与生态的关系，通过维护土壤墒情，尽可能地提高粮食收成。S村和X村梯田分布较多，梯田可以保持水分。虽然山坡有一定的坡度，但梯田种植粮食的收成相对好一些。在施肥方面，当地村民采用化肥与农家肥并用的方式，减少种植成本，同时防止土壤大面积地因过度施肥而板结。有一部分农户精心收集家畜的粪便等作农家肥。

当地村民的葬礼倡导一种生态价值观，他们讲求"白衣裹身"的埋葬方式。"白布从简。怎么来到这个世上，就怎么离开人世。入土为安，融入大地，融于自然界"，（TC-M12）T村一位老人说。"人的血肉之躯化为土地的一部分，亡灵与土地达到融合，也就是要做到两世吉庆，做好今世的事情就是为了后世的打算，今世要行善做好事，不能行恶。""入土后，清净地离开，我们习惯于土葬、速葬、薄葬、俭葬，不应浪费的不浪费。"（TC-M13）由此可以看出，当地村民持有两世吉庆的观念，朴素的语言传递出每个人行善的价值，这与中国传统文化、社会主义核心价值观一脉相承。村民珍视生态系统，不因生命的离去而破坏生态环境，简约节俭是维护生态的一种方式。村民们珍视土地、敬重土地，因为食物根植于土地，食物是土地的恩典，人的世界与土地紧密结合。

第三，仁爱万物就是善行。村民们居住的院落周围种的是各种花草树木。夏秋之际，绿意融融，恬静、自然，充满生命气息。绿色是大自然的颜色。"山水草木、空气、阳光还有人，组成了一个善美的世界。你看，人是具有灵性的，人要自动与大自然建立关系，自然也是有灵性的，人不能破坏自然，不然到时候受难的只能是我们。"（PC-M14）① 自然界提供给人类生活必需的物质资源，人应该合理利用自然，不能浪费水资源、不能污染环境。B村村民也提到："乱砍滥伐是禁止的，不允许把一棵幼苗随意砍掉，对于有生命的东西不能随意糟蹋，花草、树木是有灵性的植物，种植的花草树木要细心培育，不能向花草树木随意泼脏水。"（BC-M15）自然中的万物都是具有创造力的生命体，而人要做到仁爱万物，时刻要以善为核心对待自然界，做到不蹂躏禾稼。当地的生态知识倡导一种持守道德行为规范的知识体系。

西吉县整体生态脆弱，这就需要以特有的行为模式、观念和态度维护生态环境，实现人与自然环境的和谐相处。一位老奶奶告诉笔者："现在每家每户基本上都种草养牛，牛粪晒干可以用来烧炕取暖，家里条件好的用炭火和电暖气、电褥子。我们那个时候生活艰苦，用牲畜的粪作肥料，孩子大人一到冬天就扫茅衣。拿上一把席笤扎成的扫帚，背上自己编的背斗，把地上的干枝枯叶等扫好装进背斗里带回家当燃料。茅衣就是冬天里的茅草叶子，烧炕很暖和。冬天里往炕上一躺，舒服得很。那个年代，冬天听到最多的声音就是扫帚划过草皮子的'呲呲'声。我们扫茅衣很利索，不大一阵子，地上扫得干干净净，只看见黄土地了。"（XC-F16）生态知识对环境保护、维持人与自然的和谐关系具有重要的现实意义。村民在与生存于其间的自然生态环境的适应和改造中创造了生态知识。生态知识是在自然资源有效管理和利用基础上总结出来的经验，映射出村民对自然环境的合理利用、对人文环境的合理控制以及对人与自然协调理念的践行。

---

① 这位村民是笔者联系的一位报道者，陪伴笔者走访了许多村庄，为笔者调研期间提供了许多重要信息。

总之，生态知识对生态环境的维护作用是不言而喻的。村民适应当地生态境况而总结出兼具本土特征和行动意识的智慧体系，体现了尊重、敬畏自然的行动倾向。生态观念、生态伦理以及生态实践调节了人与生态之间的关系，构建了良好的生态实践秩序。当生态智慧成为一种知识和文化的要素时，它会指引当地人维护和谐共存的生态链，展现出地方生态智慧的实用性。

2. 村民的婚礼

婚礼制度性知识与当地情境相互交织，构成村民的生活仪式，也是一种本土化的内容。村庄经历乡村振兴和移风易俗之后，一些制度性知识更加符合新时代乡村发展精神。制度性的地方性知识主要以婚礼为例进行文化阐释。

婚礼需要经过双方父母应允、夫妻双方同意、证婚人作证、约定聘礼等程序。当地回族村民举行婚礼称"卸担儿"，意思是长辈完成了一项重要的任务。汉族村民以"担子轻了"来说明婚礼对于家庭事业接续的重要性。S村将男女求婚仪式称之为"端开口茶"，意思是正式约定婚事。经过媒人提亲以后，婚姻大事一般选择在星期五这一天。接下来是插花的程序。女方要炸油香、宰牛羊庆贺，还要按照民族仪式做一系列仪式。之后再商量婚期。新婚前一天要纪念先故，汉族村民多以"展家谱"的方式纪念逝去的亲人。女方要在结婚头一天设宴款待好友，前来道贺的人给新娘赠送衣服袜子等物品，俗称"填箱"。结婚当天上午姑娘要洗大净，俗称"离娘水"。接下来还要完成绞脸程序，用交叉的线来绞掉脸上的汗毛，梳妆完毕后姑娘头上要搭上一块红色绸子。出嫁时，新娘的鞋不能着地。在新郎家，堂屋正中摆设方桌，按照婚俗举行婚礼。接下来是流水席，家里要宰牛羊、炸油香，专门置办宴席，招待前来祝贺的村民。宴席主要以果碟、大碗肉菜等菜肴为主。村民们常做的是三大锅肉菜，有萝卜疙瘩、粉条、酸菜等。婚礼仪式上也有一段祝福婚姻的念词，多是祈祷、求祈、祷告之语。之后，主人还要给除自家人以外的客人施舍钱财。这里，流水席指的是客人一到婚礼现场就能够安排就座的筵席，有油香、馓子、汤碗子等。当地村民认为婚礼是功修，是需要尽力践行的地方性文化。

3. 村民的保健知识

村民的保健知识具有朴素的唯物主义自然观，能够对人们的体质特征、生理特征、发病机制给出唯物的哲学解释，其治疗理念和方式秉承了传统医学。

第一，注重人的生命活动及其身体与心性健康的整体规律。元气生化阴阳，阴阳分开后就有四元三子，气、火、水、土称之为四元，金、木、火谓之三子，四元三子称之为七行，七行分布万物而成，揭示了形气万物生化之枢纽。当地村庄的保健采用平衡阴阳、疏通经络、调节机能的方式，促进人的气血流畅、机体功能协调，达到强身治病的效果。这是"内病外治"的保健疗法。S村有一位老中医开办了一家诊所，当孩子出现发烧不退、咳嗽久治不愈时，村民就去找这位老中医问诊，疗效显著。笔者遇见了一位在县医院工作的汉族大夫，专门找这位中医治疗孩子的咳嗽症状。老中医用自己研制的药方治病，据说是祖传的民间秘方。一位老人讲："保健看重的是人的身心，讲究人在这个世界上的身心平衡，以人的健康为中心。人的健康包括外在形式和内在心神的结合，追求健康，关注健康。人的心态、心灵健康很重要。"①（SC-F17）村民认为，人的身心从胚胎发育算起，就受到先天和后天的双重"污染"。先天特指各种病因的潜在性威胁，后天则指现存状态对人的身心的影响。天地生态环境、物候时令都是个人成长所遇到的影响因素。饥饱无常、性情易怒易喜等对健康产生不利影响。祛病健身的同时，要把天地自然、健康发育和生命成长相统一起来，赋予人之生命特殊的意义。在此，医药保健一定程度上帮助人们达到了身心内外的和谐，调节了人自身的免疫力，适度激发了人之生命成长的潜能。

第二，重视平时的养生保健方式。保健重在内收、静养，使人的心理平衡、灵魂得到净化；静要做到意念专一、内心平静；动则指按规定要求的形态与态势，有节奏地立站、鞠躬、叩头、跪坐等。村民每日按规定进行晨、晌、晡、昏、宵礼拜，有着"静则养性、动则养形"的功效，从而达到人的形神兼养，化除积瘀、清心醒脑、磨砺人的意志，经受得住"自省克己"的生活。民间医生提倡熟食、热食、饮热汤，提倡食野菜，民间有食萝卜、野艾等习惯。萝卜消食化痰、宽中理气；野艾也有温经散寒、调养气血的作用。西吉县部分乡村，村民积累的医药保健方式渐渐失去了

---

① 根据老人讲述内容的大体意思，笔者做了适当的语言润色。

广泛的群众基础,这与现代科学知识的大力推进有着直接关系。

当地村民在保健方面重视洞明人的心灵之本性,探究人与身体心灵运行的机理,使人的行为与自然生态维持平衡,达到生生不息的目的。村民中流传着"饭吃八成饱,到老肠胃好"的俗语,他们重视养生保健。村庄中倡导年长者先动碗筷的礼节,并且特别注重按量吃、小口吃、坐端正吃饭等方式,以防伤到肠胃。村民讲求吃饭时忌讳贬低食物。X村一位老人说:"我们喜喝茶,每天吃两顿饭,每顿饭吃得不多,按量进食。有些人大吃大喝,最后把身体搞坏了。"(XC-F18)这些看似普通的饮食行为,依然蕴含着深奥的实践智慧。

如上所述,制度层的地方性知识是村民基于村庄生活实践需求所创造的本土常识,帮助他们树立了积极的制度观,通过行为规范达到人与生态、人与社会生活之间的和谐,使人成为自然中的人,使自然成为人的自然。当然,不同村庄地方性知识形态存在细微的差别,反映了村民日常生活所依赖的具有区域性特点的地方性知识。但是,地方性知识往往会产生一定的文化内驱力,对于当地而言,其本土知识经验的实践形式与内容成为日常生活中必不可少的实践智慧,使当地村民的心理和行为趋同。

(三)精神层的地方性知识

精神层的地方性知识是村民创造生活情趣、追求幸福生活不可缺少的艺术、文化观等体系的总括,是一种共有的精神追求。精神价值的普遍遵从不仅整合了村庄的内聚力,还唤醒了区域社会发展的向心力,使个人超越个体意识而融入村庄整体发展进程。

艺术根植于传统与现实全然交相呼应的情境里,艺术因生活的装扮而富含审美感。古希腊时期,艺术作为技艺而进入人们的认知视野,涉及掌握一门技艺的知识和规则。中世纪时期,托马斯·阿奎那(Thomas Aquinas)将艺术界定为以正确的理性法则或原则进行实践生产的能力。18世纪启蒙运动时期,从复杂多样的艺术形式中分离出美的艺术,诸如雕塑、音乐、绘画、舞蹈等艺术形式,绽放着美的特质。德国哲学家汉斯-格奥尔格·伽达默尔(Hans-Georg Gadamer)将艺术、历史、语言规整为通往真理的"非方法"的大道。人们借助于艺术可以达到理解世界的目的。艺术经验作为借以显现艺术主体自身的方式,超出了科学方法论的控制范围,它无法用科学方法得到证实,而是精神陶冶的文化形式。村民的艺创造具有同样的文化旨趣。

1. 花儿

花儿是当地流行的一种民间艺术表现形式。音乐的内涵在于它隐含了人们的生活体验和思想情怀。花儿音调高亢优美、曲调和谐悦耳。在空旷的大山里，牧羊的孩子、老人情不自禁地"吼"上几句，当地称之为"漫花儿"。一位老人告诉笔者，"以前漫花儿是很普遍的，现在相比较以前少了，年轻一代不太喜欢唱。我们那个年代天天唱花儿，不唱的话心里面憋得慌"。（BC-F21）花儿不仅是一种民族艺术，更是再现村庄生活的艺术手段。作为民间口头艺术表现形式，当地"花儿"高亢、豪放、优美，也具有陕北信天游的风格。用当地方言演唱的花儿，与自然情境相互映衬、和谐融合、情韵自然流畅。"通过音乐来打动的就是最深刻的主体内心生活；音乐是心情的艺术，它直接针对着心情。"[①] 比如，"青稞大麦穗连穗，豆角儿没有秕的"等花儿歌词，蕴含着独特的想象力，又有豪爽奔放的生活叙事，再现了当地村民生于斯长于斯的生活实践。相比较而言，现在青少年一代唱花儿的不是很多。经济、社会、科技飞速发展的今天，都市生活对乡间地方性知识产生了一定的冲击。中、老年一代酷爱花儿，他们都有同样的感受，那就是唱花儿让他们忘记了烦恼，心情也好了、心也宽阔了。花儿表现了村民主体内心的生活，心境的情调和处境以及情境观照的村民个体的生活，通过花儿这种艺术声音得以表征。

花儿的内容反映了日常生活，唱花儿形塑了花儿艺术的社会功能。广袤的田野间，一拨拨羊群中，村民用"干嗓子"喊唱出来，习惯上叫干腔花儿；还有在放牧时喊出来的花儿，称之为放羊娃调子或牧歌；还有在收割粮食（赶麦趟）时唱的调子，叫作赶趟花儿。当然也有男女喊唱的情感花儿，叫做情花儿。比如"白麻纸糊哈的窗亮子，风吹着啪啦啦响呢，记起了阿哥的模样子，清眼泪唰拉拉地淌呢，哎……阿哥……"。花儿叫法多样，但是语言通俗易懂，生活气息浓郁。特殊的生活情境里，不管是高高的山坡上、田间地头，喜悦、凄凉、粗犷、甘甜的花儿调子的余韵传递得很远。白云般的羊群背后，一块火艳艳的纱巾飘扬着，那是牧羊女。纱巾随微风跃动着、飞卷着，和着那花儿的歌声组成了生活的味道。收割粮

[①] ［德］黑格尔：《美学》（第三卷），朱光潜译，商务印书馆2020年版，第332页。

食时，他们劳作的精神力量透过花儿表现得淋漓尽致。比如当地的一段花儿，"西吉月亮山，盘盘路儿（者）上哩；围了个花儿赛貂蝉，一天（么）三回（者）浪哩"，情调优美的花儿表述了村民与他们赖以生存的环境之间的和谐融洽。花儿虽是当地的口头创作艺术，但它源于当地人的生活，将民族情怀、乡土气息、民族认知合为一体，村民的日常生活与地方性特征相互映衬，创造了粗犷、恬淡、欢乐、惆怅、苦闷的花儿，真实地表达了一种生活。

2. 刺绣

当地村民的刺绣具有本土化特色，体现了传统手工刺绣手法及其艺术特征，针法、图案、色彩蕴含着深厚的文化底蕴，洋溢着工艺之美。作为民间传统文化艺术，刺绣有着独特的艺术表现手法，渗透着丰富的想象力和精湛的艺术魅力。刺绣设计多以各种几何图形、花草图案为主，具有鲜明的民族特色。X 村回族妇女喜欢刺绣作品。农闲时节，全村的人们都在刺绣属于自己的作品。她们互相切磋比照，绣布上呈现的是精致典雅的花草等几何图案，表现自然美和生活美。"刺绣与我们的想象联系起来，想到什么就绣什么。比如花草树木、鲜花枝叶等，讲究画面的统一、好看"，"刺绣针法很多，有平绣、掺色绣、散绣、乱针绣、套绣等。"（XC-F22）农闲时节，妇女不分昼夜地刺绣作品，有几何图案和花纹、云纹等作装饰。题材选取上多以植物、山水为主，"鸳鸯戏水"等图案也散见于刺绣作品中，展现了一种生活风貌及其文化传统特点，艺术作品表达了一种特殊的文化意义。

3. 剪纸

当地剪纸也是一种民间艺术。村民家里的窗户、墙壁、箱柜上大都贴有剪纸。剪纸多以花鸟虫鱼、植物、山水风情为主，清晰自然但又不失吉祥色彩。妇女们从小习得剪纸的艺术，显现于日常生活的事物都会成为剪刀下的艺术品，赶集、耕地、夏收等乡土风情都是剪纸的内容。"以前剪得多，家家都剪。一有闲时间，全村子人都剪。我们妇女剪得最多最巧，女孩子到了七八岁就有剪纸的习惯。多剪一些我们生活方面的东西，传统节日时也有赠剪纸的习惯，有时我们妇女坐在一起互相学习对方的剪纸。县上有专门从事剪纸的公司，政府也重视剪纸文化产业发展。"（XC-F23）剪纸是一种民间艺术，通过艺术手段表达生活，彰显了地方性知识的意蕴。一方面，剪纸再现了审美意识，比如"二牛抬杠""农家乐""丰收"等表达了自然的生活情趣。另一方面，剪纸突显了浓厚的情感，比如"老黄牛"等寄托了村民热爱生活的美好愿望。民间有花儿唱道："白云山上雾绕着呢，灵芝草有心人找着呢，惟尕妹子耍手巧呢，万样子花随心铰呢"，描述了当地剪纸的生活场景。随着时代的发展，剪纸艺术形式在传统中有所创新。剪纸作品多以乡土文化为主调。无论艺术形式如何变化，"艺术确实是符号体系，但是艺术的符号体系必须以内在的而不是超验的意义来理解"[①]。村民热情地书写着他们的生活，诠释生活气息、文化韵味及其生活态度，反映了人们朴素的审美意识。

4. 口弦

当地村民创造了"口弦"等民间乐器（如彩图1所示）。"口弦"又称之为"口口"，是村民自制、传承的具有娱乐性的小乐器，属于微型吹奏乐器，乐器上刻有各种艺术图案。口弦音调柔美、节奏多变、音质深沉。闲暇时间，村民常吹奏口弦，达到抒情达意的目的。这些乐器便于携带，劳作过程中休息时，他们坐在田间地头吹奏几曲，"很轻松，也不累了，心里面很高兴，没有一点疲惫的感觉了"，X村一位妇女说，"我们那时候吹口弦解忧愁烦闷，现在不太吹了。口弦用薄薄的竹片制作而成，头小尾大，看起来像一只鸟。在颈部削出舌簧，两端钻眼穿线，扯动线绳子的时候舌簧震动发出声响。放在口唇间，利用口中的气流使颤音发生变化，就产生了不同的曲调"。（XC-M24）民间顺口溜中提到的"哇呜唱，庄稼长，咪咪吹，牛羊壮"，叙述了村民生活的画面。"漫花儿、下方较常见，吹口弦的很少了。那时候我家娘吹口弦，真得好听"，（BC-M25）B村一位老奶奶说。县级的文化部门成立了非物质文化传承项目办，专门收徒传承民间技艺，政府还设有一定的补贴。部分学校也尝试在中小学开设口弦等传统技艺课程，通过学校教育来留存和保护传统文化。

文化创造与艺术追求是村民完善生活世界旨趣的重要方式。艺术形式源于当地人们的本地想象。多年来，村民创造了具有地域原生态特色的艺术，丰富了他们的日常生活世界。这些艺术实践源于生活，同时书写着生活的情境，完全地与当地村民生存的情境融合起来，建构了他们具有乡土

---

① [德] 恩斯特·卡西尔：《人论》，甘阳译，上海译文出版社1985年版，第218页。

意义的生活世界。

如上所述，四个村庄是村民真实生活的空间存在，并形塑成一种文化的交融与共享。在此，"结构分层"指涉地方性知识框架建构的整体，框架并不能穷尽所有地方性知识的内容。作为一个集合名词，它虽不能含括地方性知识构成中各个细枝末节的要素，但却可以将地方性的知识体系简洁地统合成具有情境意蕴的地方性图式。由此看出，地方性知识的深描可以归结为关于当地村民生活行动可供记录的文本，形成在过去已被阐明的知识地方性的记录。借助于深描，空间维度上的村庄使我们体验到当地真实的人和事，以及各民族共同的生活场景，其民族志书写既包含民族与情境互动建构的日常生活与文化变迁，也蕴含了不可或缺的地方性知识智慧。特定情境中物化的、制度的以及精神的形式，彰显着知识地方性的意义。于此，借助于文本与情境，地方性知识的合理性被剥离出来，在本土知识显现与本质直观的揭示中变得可以理解了。

三 村庄地方性知识显现与本质直观

格尔茨在爪哇、巴厘岛等地的田野研究得出结论，本土知识不具有普遍性结果，但它充盈着地方实践智慧。地方性知识与分门别类形成的学科知识具有截然不同的知识旨趣。村庄中的地方性知识围绕当地情境展开，显现了传统文化与周围社会环境互动的过程。在此，村民基于情境的生活实践得以萌发，并生成地方智慧的结晶，渗透于他们的日常生活世界里。

（一）村庄地方性知识的显现

第一，四个村庄中的地方性知识在互动中走向整合。各民族共同面对特定的情境，整合出适应自然和地理环境的实践智慧，体现了地方性知识对情境的共享性。这种开放潜质的地方性知识，同样说明中华民族传统文化的生活感召力。耕作方式、水窖、土墙等实践智慧，是当地传统文化的情境彰显。X村村民告诉笔者，当地部分建筑由村民设计，邻里出劳力帮忙，正所谓"走不完的路，维不尽的人"。S村践行"亲帮亲，邻帮邻，亲邻团结一家人"。村民提到，当地一位65岁的"赤脚医生"，"药箱伴着泥土香"，一边耕地扶犁、一边治病救人；谁家里有娶嫁等喜事，村民带上自家的锅碗瓢盆帮助他们制作菜肴，忙前忙后。他们为邻里关系的融洽感到自豪，而正是这种真实而自在的互动，使得地方性知识成为一种鲜活的地方智慧，生发出特定情境地方经验的互动机理。

第二，四个村庄中的地方性知识不是封闭的体系。交通相对方便的村庄，在现代化、地域张力以及文化传统等因素的影响下，村民们的生活围绕农商结合的多元生产模式而展开。换言之，地方性知识的运作不能一概而论，有些地方性知识祖祖辈辈完好地传承了下来；有些内容随着村民社会生活的变化而产生文化属性上的变迁。基于传统与现代的情境交互，S村和P村的地方性知识在调适中发挥作用。S村历来就有牛羊屠宰、皮毛加工、粉条加工等文化传统，P村在粮油加工批发、手工作坊等方面有所发展。相对而言，X村和B村地方性知识的文化沉积深厚，基于传统文化并推动村庄的现代化发展。随着党的各项惠农扶贫政策的指引，地方性知识进一步激发着县域社会生产的活力，其知识体系的互动与互惠使民族团结奋进的秩序更加牢固，为村民共同致富、共同富裕开创了广阔的前景。

第三，乡村现代化的推进使地方性知识基于现代化的语境而不断调适。地方性知识并不只得到本地的确认、理解和应用，它的应用基于特定情境下村民所处的共同境况，因而具有流动性的特点，体现了文化共享的特征。比如新式民居、新式农具、现代化机械工具的本地应用等一定程度上使地方性知识发生了现代化的转型。同时，古老的地方性知识被赋予新的时代意蕴，唤醒的是一个时代的记忆。当地村民说，1935年8月，红二十五军进入S村时，向当地群众传授了马铃薯粉条制作技术：马铃薯先切成碎块，再用石磨将碎块磨成淀粉汁，然后用粉勺将淀粉汁滴漏成细条，经过开水煮熟后捞出晾干，即可做成粉条。这么多年过去了，村民在传承与创新中发展了制粉产业，由开始简单粗糙的手工粉发展成形式多样的粉条、粉丝、宽粉和手擀粉等，当地村民称之为"红军粉"，不仅见证了一段光荣的革命历史，还成为脱贫致富的支柱产业。但是，现代技术的进入会影响地方性知识的文化适应力，历经变异与融合、协调与共享而达成地方性知识的再生产，体现了村民身体力行地与情境相互动的过程，最终总结出有效处理生活生产实践问题的智慧。

从地方性知识细枝末节的内容看，不同村庄有着自身独特的文化特质与人文背景，但都展现了与本土社会经济文化相调适所形成的和谐场景。村民以各种善举、善行的方式追忆先贤、祈祷感恩，宰牛羊、炸油香、做烩菜，招待八方来客，场面盛大而隆重。这种本土文化筑牢了民族团结的基础，激发了村民奋力开拓新生活的信心。村庄在国家扶贫政策和地方传统的互动调适中进一步整合了本土经验知识，成为村民致富奔小康的重要基础条件。现代语境中地方性知识的文化自觉性更为显著，因为它不是完全封闭的知识体系。在当地政府有关部门的支持下，X村利用传统节日举行"抵制毒品，珍爱生命"的演讲，用通俗易懂的语言告诉村民远离毒品的重要性，呼吁村民发扬爱国爱教、遵纪守法的传统，村民也受到了教育。这种宣传教育活动从民族自身的文化传统角度说明善与合法行为的价值意义，同时完成了地方性知识的再生成。

（二）村庄地方性知识的本质直观

正因为情境的彰显，地方性知识的实践性突显了出来。它的实践性表现在地方性知识的解释层面，进而用村民自身的眼光体验情境中地方性知识的符号框架。实践性也说明日常生活成为他们所理解的生活。同时，生活的背后存在文化的根本机理，构成了实践的显著图式，并围绕地方性知识的实践逻辑构筑了日常生活的实践。在此，"实践逻辑的原则是一个生成和组织图式系统，这些图式在客观上是连贯的，它如同一个往往不甚确切的但又不乏系统性的选择原则"[①]。如此来看，地方性知识生成的实践性在地方化的社会生活予以确认。

第一，地方性知识并非以均衡形式得以呈现，它经过当地社会环境的甄别与组合，并与当地环境相互依存。首先，村民生存的地方性有其与地方特征相匹配的文化特征。凭借特有的文化知识，去改造、利用和协调生存的环境，从中获得地方经验。其次，生存环境是乡土社会生活赖以存在的基础，地方性知识是村民适应环境的创造物，又是乡村自身前行的知识基础。村庄中的畜牧业、农业、手工业等形成相互补充的经济文化类型。由此可以推断，地方性知识的应用，实质是认识和改造生存环境的过程，其实践行动为村民所认可或接受。其中，村民作为西吉县县域内参与社会生活所归属的成员，具有统一的民族情感，其行动力凝聚为生活空间的整体，构建成铸牢中华民族共同体意识的基层世界。

第二，地方性知识是在特定自然、社会环境下积累和建构的具有明显地方属性和地缘特征相融合的知识体系，有其知识积累框架和自身的解释

[①] ［法］皮埃尔·布迪厄：《实践感》，蒋梓骅译，译林出版社2003年版，第161页。

系统。地方性知识扎根于当地社会实践，反映了村民生产生活的实践智慧。之所以称为"地方性"，因为它是微观的地方性实践成果，不能一概地照搬普适性知识的逻辑推演和验证方法来说明它的普遍适应性。质言之，地方性知识在具体的生存环境中创生，整个知识系统表现出受环境条件限制的印记。因此，特定情境既是地方性知识生成的依据，又是地方性知识原创的来源。可以说，情境作为地方性知识构建的基点，一定程度上通过对村民所处情境的共同协调，完成知识地方性的显现、生产与创新。在此，特定情境事实上也是村民基于大杂居、小聚居的居住空间所共享的相似的生存境况，村民的行动创造了以定居为主的农业生产方式，同时有效地利用其生境，不断打造生存空间，沿用和创新了稳定的地方性知识体系。村民创造地方知识体系的同时，也推进了县域整体文化发展的动态性。因而，物质、制度、精神层面的地方性知识所展现出的生活方式、伦理道德、艺术审美等都是与周围情境互动和基于文化哺养所释放的文化活力。地方性知识在村民共同创造生活的实践结构中产生，并如其所然地显现出来，彰显了当地的文化情调——那种持续互动形式的文化意义结构指导着他们具体的实践行为。

最后，地方性知识以"知识无意识"的姿态贯穿于村庄社会生活实践当中，形成具有情境性和生存性的知识体系。从村庄秩序的运作层面看，地方性知识是一种"无言之知"，是基于时空情境被乡民选择和经历的相对稳定的实践方式，存在于此地此景中的地方性知识成为相对稳定的乡土特有的常识。它依存于日常社会生活，而背后隐藏着一种传统的力量。这种传统是在知识生成和运作过程中自觉架构起来的。反过来，传统又为架构地方性知识的"无意识"形态积累了文化底蕴。

（三）地方性知识：被文化标准化了的系统

地方性知识成为当地文化传统的有机部分，对于村民来说，是他们基于当地情境的知识经验和生活实践的积累，教导个体或群体掌握处理实践问题的智慧。这些延续下来的知识体系适应了当地环境，并在文化创新中持续满足实践需要，最终培植了民族智慧。

第一，文化模式视角下追寻地方性知识的可理解性、验证性和确定性。文化模式强调人的行为、习惯等经验的共性，依靠文化机制揭示地方性知识的特殊性，意味着此地的地方性知识昭示了当地村民如此这般的文化事实。地方性知识嵌入他们的日常生活结构,传递出的信息与资源就是一种符号源,它使村民个体或者群体的行动在特定范围内有序进行。因而,地方性知识不是脱离于文化情境的系统,是基于本土知识的规范,并以特定方式影响人们认知和心理的知识惯习,赋予日常生活充分的价值意义。

第二,地方性知识一旦与文化传统关涉起来就会抽象出可被认为是乡土世界中富有精神气质的系统。精神气质可以定义为被文化标准化了的、个体的本能和情感的组织体系,[①] 是情境中各种制度和文化程式的整体性建构与聚焦。用精神气质标示地方性知识的存在,原因在于地方性知识内隐着一套关于村民情感态度和实践行为的标准化系统,而这种系统通过地方性智慧表现出维护情境中村民日常生活的持续和演进。村民力图围绕精神气质而建立群体行动的文化实践要义,即在生活中显示文化属性,而文化中蕴含着乡土社会生活的教化实践。

第三,地方性知识融入当地情境,不仅是实践智慧的表达,还体现了一种自在的教育过程。村民生活在当地文化交融的情境里,保持着与周围环境良好的互动,思想、行为和实践层面产生了一种无形的情境力量,兼有生活和教育的期待,期待知识经验、文化养成能够成就和创造美好的社会生活。在研究过程中,采用访谈,目的是评估村民在特定情境和现实中如何理解社会生活,使用他们习惯的表达方式加以深度考察生活与教育。在此,地方性知识与其说是一种乡土世界的生活方式,还不如说是基于日常生活的文化浸润与教育习得,村民个体以及子女直接或间接地接受地方性知识的传承与教育,使当下现实生活的本然与生活背后的文化意义相连。

总之,深描的民族志是介于研究者自身的文化与他者文化之间协商而成的"第三种"作品。作品的解释依赖于对乡土生活时空演进过程中本土知识体系糅合性特征的书写,那些五彩斑斓的知识经验的整合体系,只能以装筐的方式纳入其中,无法穷尽所有地方性知识的枝蔓。除此之外,理解地方性知识还要切实感受和体验此地的人和事以及实践智慧。地方性知

---

① [英]格雷戈里·贝特森:《纳文——围绕一个新几内亚部落的一项仪式所展开的民族志实验》,李霞译,商务印书馆2008年版,第100页。

识以惯性的姿态融入村民的生活，并在乡村发展的历史河流中不断加深他们的集体记忆，成为他们行事所依赖的本土思维、价值判断以及文化认同，表述着乡土社会自身的文化逻辑。这种看似合理的地方性知识旨趣却在无时无刻不展现着村民共同分享、协作创造的实践结晶。理所当然，随着社会结构变迁和现代化的加速，地方性知识新的内容在原有知识体系基础上完成改造与创新。同时，日常生活又基于当地情境给予地方性知识运作和创新的条件。特别是乡村振兴背景下，就村庄城乡一体化持续发展而言，具有普遍价值取向的国家主流知识与具有知识地方性取向的地方性知识之间相互兼容状态的构建，成为从根本上解决地方性实践问题崭新的思路。

第四章 地方性知识的创制：
乡土生活世界的视角

> 那些在剧院舞台上进行面对面互动的人，必须符合真实情境的基本要求；他们必须富有表现力地维持着一种情境定义；这种现状已为他们创造了便利条件，使他们能够为我们所有人都参与的互动发展出一套贴切的术语。[1]
>
> ——[美]欧文·戈夫曼：《日常生活中的自我呈现》

特定情境给予人们从事生产生活广泛的空间基础。当地村民以情境为基底展开乡土生活世界的运行，勾画出他们可以预料到的生活世界的地方性经验规则。地方性知识的意义突显了社会生活的地方性情调，同时渗透于情境意涵中，村民参与并展开此地境况的日常生活世界。

第一节 地方情调：地方性知识的人类学旨趣

民族志的叙事反映了村民自身独特的历史境遇和文化境况。面对情境，村民与周围境遇充分互动并创造出鲜活的实践智慧，这是日常生活世界的重要组成部分。当地方性知识的事实进入外在表征和具体结构的人类学观照时，村民生活世界的诉求、维续与创造，转换为一种值得过的生活展演。因此，村庄中既存的文化本相揭示了地方性知识之于村民生活的意义世界。

---

[1] [美]欧文·戈夫曼：《日常生活中的自我呈现》，冯钢译，北京大学出版社2008年版，第217页。

一　符号与意义：地方性知识的情境力量

地方性知识是特定情境中生成与确定的产物，负载着丰富的知识信息，兼具符号表达和文化要素的两重性，其结构呈现了村民创造的文化符号及其所表现的意义系统。作为长期生产生活创造的统整乡土特征的传统知识，地方性知识具有表层和深层两个方面，表层即文化符号，深层即意义系统。文化系统是其外在的表征，意义价值是核心的生活要素。意义源于日常生活世界，是村民生活价值体系的反映。

第一，正因为当地情境的条件，地方性知识结构分层表征一种村民所建构和认可的日常生活的整体性框架。情境扮演着村民整体感知乡土生活的媒介。认识情境、实践情境和社会情境都是地方性知识生成的因素。首先，认识情境是指地方性知识产生、生成过程中发生作用的自然观、思维观念等内容。其次，实践情境赋予村民特殊的、又与中华民族传统文化相整合的生活意义。最后，文化情境给予村民成员特殊的习俗、记忆和价值规引。依附于社会情境，村民社会生活的结构功能及其不同的关系网络被显现。情境自然使本土知识体系得以明晰地映射出来。

第二，特定情境里，面对特殊的生存环境，村民通过对情境意义的探求来建构情境中的社会活动，将自身的生活意义与精神境界的提升紧密地黏合起来。情境自然具有可被感知的边界。但是，情境并非固定不变的实体，由于时间和空间要素的渗入，情境可以借助于交往媒介的影响而成为流动、变化的情境，只不过这种变化不是剧变，其内在的文化品性相对而言是稳定的。因而，在时空的跨度当中，情境中的人能够触摸到地方文化朴素的要义，地方文化对于人的浸润又促成情境的进一步形塑与整合。文化系统也就赋予地方事实鲜明的生活意义。如此，本土知识与情境之间的互构所萌发的文化力量，发挥着助推乡村社会发展的积极作用。

二　情境与象征：充盈日常生活的地方想象

物质、制度、精神层面的本土知识是地方性实践的直接体现，这些层面共同组成的知识体系没有脱离村民的生活情境。地方性知识的意义世界里，有着丰富的象征寓意，充塞着所谓当地村民的想象。这种想象以文化传统的式样完成与地方情调的聚合，并形成乡村实践会话，指引着村民的社会观念与行动。

首先,人文社会生活里,象征的表达须臾未离开村民的生活境遇,它与生活有着千丝万缕的联系,折射出一个富有象征意义的生活世界。格尔茨把象征作为解释人类学研究的一个方面,即在文化现实构成与象征的关系上实现文化解释。举例来说,剪纸艺术有特定的文化意义,是一种符号的象征,对其内在意义的发掘需要借助于文化解释。"一系列地方性知识'装箱'的过程中,村民日常生活世界之韵味随之即出,这是文化主客位视角自由转换的结果,但它不是地方性文化的泛化或情有独钟,而是村庄文化事实与地方性知识微妙关联的结构、在人类学镜照下将日常生活世界显现出来。"[①] 如果把地方性知识的生成看成是一种现象世界,其村庄的现实事物及知识的体系冠以固定和持续的文化属性最恰当不过了,最终被创造地方性知识主体的村民所认知。

其次,地方性知识依靠特定情境的呈现而被感知,源于该情境里村民表露出的普遍文化倾向。也正因为如此,地方性知识的内容一时难以深描或阐释穷尽。阐释就在于将其地方性知识预先存在的实在性事实或迹象通过整体性思考描述出来,使充塞着村民生活的情境想象显露出文化的意蕴。"整体性思考是把部分放到整体中来理解,就是把人们的种种表现和体验放在更大的背景和框架中去理解,这不仅有利于认识人们特殊的社会生活、自然生活,还有助于把握它们的意义"[②],日常生活世界内隐和外显的因素往往相互交织,并成为理解文化整体性的一种思路。但是,作为处于特定之中村民创造的历时性文化实践的积累,世代相传的本土实践智慧的构成和运行体现了村民基于地域特征的生活方式,它是富有情境的人和事的一系列想象。

最后,就西吉县整个县域而言,村庄构成了一个个看似个体化的存在,或者说是类属化的整体。透过这一存在的事实,特别是借助于民族志式的地方性知识的深描与阐释,发现村民与情境互动而形构的那种地方情况一直存在,当地真实的地方性事实及其书写,自然是村庄文化认同层次

---

① 田养邑、周福盛:《地方性知识的创制与日常生活世界——一项家乡人类学考察》,《广西民族研究》2018年第3期。
② [美]詹姆斯·皮科克:《人类学透镜》,汪丽华译,北京大学出版社2009年版,第20页。

上地方意义的构建。比如，村民们以各种面食和牛羊肉类为主的饮食结构、丰富的制作技艺，以及耕作生产方式等地方性的展现，虽然具有传统与现代交接与更替的现象，但文化解释与人类学的觉悟都将使时空中地方性知识存在的情调细微地表露出来。尽管地方性知识的存在是时间点而非时间轴上知识定点的呈现，但这些地方的人和事实依然可连缀成一幅当地村民社会生活的文化图景。

第二节 村庄地方性知识的情境价值

地方性知识的合理性价值，依据知识情境—知识框架—知识事实而展开，也就形成了地方性知识的认识论、本体论和价值论。价值层面的解释使地方性知识有了进一步理解的可能性，认清地方性知识在改造地方人文实践中所产生的智慧力量，以及它所展示的本土性的知识魅力和精彩的文化片段。解读地方性知识的实践意蕴需要明确三点：一是认识它所依存的知识情境；二是明确地方性知识框架的形成；三是基于已有的知识经验推演情境中涉及的地方性事实。

一 认识论视角的村庄地方性知识

第一，地方性知识承载着地方特质的知识信息。地方性不会因"地方"局限而遮蔽知识的价值。地方性知识是绝对意义上的知识封闭吗？当抛出这个问题时，它的价值并非因地域的局限而被视为不科学。理解地方性知识，并不是否定主流知识，而是理解当地情境内村民真实生活的认识和实践。科学知识的世界里，地方性知识因地方经验的零散性和区域性而被漠视。但是，就其知识本性的论述看，它最接近知识的本身，因为历经区域经验性的实践探索才能成为普遍认可的知识信息。随着现代化的发展，地方性知识应有价值的发挥，首当其冲的是在普遍主义观念中解救它的情境价值。"主张地方性知识就是否定普遍性的科学知识，这其实是误解。按照地方性知识的观念，知识究竟在多大程度和范围内有效，这正是有待于我们考察的东西，而不是根据某种先天原则被预先决定了的"[①]，也

---

① 盛晓明：《地方性知识的构造》，《哲学研究》2000年第12期。

就是说知识认知不能陷入单一维度的价值之殇,特定情境是地方性知识辩护的有力根据。地方性知识与地方性相联系才能确定和理解知识的意义,并非知识的意义一定是从批量生成的文化知识中发挥价值。地方性知识与当地村民对事物的想象密切相关,即地方事实所承载的知识信息经过地方性的锤炼而得以理解。

第二,地方性知识也是村民参与社会生活实践的结果,知识力量在发挥乡土规约的同时,显现出特定的实践性。村民所经历的知识地方性在价值取向、构建方式、具体内容和运用层面与生活情境是相一致的。"可以肯定地说,世界上有多少'亚文化'或'亚亚文化',便会有多少种放在彼地而准的'地方性知识';有多少个不同经验和个性的个体,就会有多少种微妙又经验的'体验知识'。"① 格尔茨指出,借用阐述申述稍纵即逝的"真理",承认他人的许多事实和我们的事实具有一样的本性是一种最起码的态度,剖析不同地方性知识的个案是文化情怀的体现。村民创新和加工的本土化知识体系,在村庄范围内的普同性,是经过实践探索获得的,属于知识的范畴。"知识论的出现,是因为思想本身就是知识"②,从阐释和理解中可以看出,地方性知识存有村民基于生存境域的文化反思与创造,虽是当地文化存在与发展的一个缩影,但具有与普适性知识同样的价值,起着乡土文化规范和知识熏陶的作用。

第三,村民立足区域情境不断构建本土知识的框架。知识首先是经过验证了的理性信息。村民在生活实践中不断积累经验,同时借助于经验不断完善和丰富他们的社会生活。作为一种独特的具有乡土特征的符号信息,地方性知识的功能是显而易见的。地方性知识作为当地人认识和实践的主客观结果,不仅是人对周遭事物的客观反映,也是对客观事物认知的主观建构。事实上,地方性知识的呈现是村民认识过程和结果中自然流露的经验体系,其认识的结果是村民在情境的生活感受、体验和信念等。因此,村庄所共享和信守的知识体系具有明确的方向性,借助情境才能彰显知识的状态,才能理解村民应用地方性知识处理此地事件的过程。知识形态生成与辩护的情境往往是互为关联的,这种水乳交融般的关联集中反映了村民共同的生活方式与

---

① 蒙本曼:《壮族地方性知识的建构》,硕士学位论文,广西大学,2005年。
② 冯友兰:《中国哲学简史》,北京大学出版社1996年版,第2页。

智慧。所以，在认识论方面，地方性知识延展了地方属性下村庄历史发展中知识地方性生成的轨迹。在此意义上，地方性知识为村民个体之间建立了强有力的、具有普遍意义的生活倾向，扩展了基于乡土生活的行动基础，发挥着本土知识维系乡土社会生活的普遍秩序。

二 本体论视角的村庄地方性知识

人类学视域中，地方性知识往往产生于各民族赖以繁衍生息的生活地域中，民族的精神世界、生活生产方式、价值观念等，都是构成民族内在精神诉求的知识论基础。微观层面，地方性知识与民族生存息息相关，是族群所确定的一种可描述性的"存在"，其知识本身的规定性为族群提供了必要的行动指向。比如，族群长期基于社会实践所形成的道德规约，具有明显的教化意义，约束、引领着个体追求向善的生产生活。本质上看，知识与人的实践有着必然联系。人之存在的历史性、情境性以及对生存知识的关涉都属于本体存在的范畴，知识的本体论认识以人的存在本质为出发点。从生成的特定境况看，地方性知识守护着民族社会发展的道德教化和人文追求，发挥着独特的知识意蕴。

第一，纵观情境与实践的关系，地方性知识不仅以知识应用和解决实践问题为导向，更是一种价值的存在，即它以文本的形式成为与当地日常生活紧密相关的体系，是作为存在者的村民所建构的乡土生活的事实。作为实际或潜在的文化资源的集合体，地方性知识有其运行的特定层级方式。这是因为，"人被宣称为应当是不断探究他自身的存在物——一个在他生存的每时每刻都必须查问和审视他的生存状况的存在物"[1]。海德格尔的存在学说指出，存在者要以领悟存在者的存在为前提。也就是说，人成为一个"有责任的"（responsible）存在物，还需走向行动与实践，为文化传统的全部未来留下值得过的生活印记。人的生存始终寻求价值导引，价值是塑造现代人的理想人格的精神基础。村民在他们所创造的世界中直观生活本身。真正意义上的生活需要一种文化精神来判断，判断存在与非存在、真实与虚妄、善与恶的界限，并以此批判和审辩有价值的生活方式。

第二，地方性知识的存在受制于具体的情境，存在于由特定情境和传

---

[1] [德]恩斯特·卡西尔：《人论》，甘阳译，上海译文出版社1985年版，第11页。

统共同塑造的个体和群体身上,其结果具有文化的多样性。重视知识的地方性特征,就是尊重文化多样性。地方性以"此在"的形式存在,此在以其一贯的生存特质而处于存在者的优先地位。对"此在"乡土生活现象的揭示,就成为村庄中地方性知识得以澄明和解释的前提。因而,地方性知识文本(text)已远不是符号本身,而是一部关于当地村民"以行动描写和揭示着的文化志"。

第三,地方性知识是立体文化之渊源,对地方性知识文本的阐释就是解读乡土文化。格尔茨曾精辟地指出:"一个民族的文化就是多种文本的综合体,而这些文本自身又是另外一些文本的综合,人类学家则需倾尽全力去确切地解读文本的本质。"[1] 这就需要将地方性知识的事实在被揭示状态下显现"此在"的存在者,所深描的地方性知识的事实可理解为正在揭示着的真实。地方性知识从作为主体存在者的情境建构中而来,带有文本的本质和价值。因地方性知识展现了与当地情境相一致的实践智慧的结晶,它不是超自然存在的实体,而为当地人所拥有,如同行为模式那样有一定的含义、媒介以及结果。

第四,地方性知识存在于特定情境之中,从情境中可以窥见村民对地方性知识的无意识模式。地方性知识的重要性在于它具有情境性的实践智慧,为当地人提供了关于乡土情境及与当地人之间相互关联所积累的普遍而又独特的知识源泉。村民对地方性知识心照不宣的应用,说明它就存在于当地人的心灵之中,有着自身知识体系的存在,并与特定的地方情境水乳相融。可以说,地方性知识的价值从当地人对特定客观实际的反应开始,其产生的过程伴随着村民的主体理解、情感、态度和价值观念等多方面的个性化要素,最终形成关于知识价值的意义。从本体论上讲,地方性知识提供了基于情境的知识源泉,它接近乡土社会生活的存在。进而言之,村民与此在情境互构的基本生活状态和方式,如同描写该情境中村民日常生活的文化志那样清晰可见。

三 价值论视角的村庄地方性知识

从以上论述可知,地方性知识不断构建着村民与自然、村民与村民以

---

[1] Glifford Geertz, *The Interpretation of Cultures*, New York: Basic Books, 1973, p.452.

及村民与社会之间和谐相存的行为规范，并逐渐转化为当地乡土社会运行的一种文化资本。布尔迪厄（Bourdieu，又译布迪厄）认为，"许多实践从现象上看存在着极大的差异，但是在客观上，这些实践都是以一种能够促进已有资本再生产的方式组织起来的，尽管人们并没有刻意地按照这个目的来设计和编排这些实践。这是因为，这些实践都是以惯习为原则，而惯习又总是倾向于通过在彼此殊异的诸多实践领域中为某种再生产方式提供客观上相互协调，各具整体特色的策略来再生产它自己的生产条件"[①]。地方性知识就文化资本而言，对村民及其子女的个体教养、德性、人性等多个层面产生模塑，使他们获得乡土内部成员和现代社会公民的双重资格。道德教化、人文教育的延伸，强化了乡土的集体记忆和文化依恋与归属，因而更容易建立以个体、群体之间的信任、互惠、合作和规范为主要表征的村庄关系网络，加固地方传统的约定俗成。村民集体在乡土实践中制定、生成的社会性规范，产生了典型的乡土价值。

首先，地方性知识有其内在的文化倾向，它用道德规范意义完成乡土文化使命。村民的当地实践从生活中提取新的思想品质，更多地赋予现实生活的道德感，这些义务不是纯粹意义上的约束和强制，而是积极的思想和意志的表现，属于生活的范畴，维系着当地共同的观念和准则，并创生了鲜明的乡土文化认知取向。当以"文化持有者的内部视界"审视地方性知识的社会意义时，它具有与普遍性知识同等重要的位置。也就是说，文化要素生发出来的观念和行事准则，往往使人的行动卷入经验知识教化的进程中，"个人生活史的主轴是对社会所遗留下来的传统模式和准则的顺应。每一个人，从他诞生的那刻起，他所面临的那些风俗便塑造了他的经验和行为"[②]。村民的生活行动，附着乡土文化以及与外在社会互动的影响，以此不断调适现代化生活的演进，但又赓续了乡土生活以及由此确立的知识地方性的规范。

其次，地方性知识根植于当地共有的乡土日常生活情境，这种生活同样具有行动的特质。汉娜·阿伦特（Hannah Arendt）在关于人的条件论述

---

① ［法］皮埃尔·布尔迪厄：《国家精英：名牌大学与群体精神》，杨亚平译，商务印书馆2020年版，第477页。
② ［美］鲁思·本尼迪克特：《文化模式》，张燕、傅铿译，浙江人民出版社1987年版，第2页。

地方性知识贡献取向

中，提出"Vita Activa"的内涵，即人的"积极的生活"有三种最基本的活动：劳动、工作和行动。"人"的基本活动模式是行动，将行动置于人之存在的核心位置。行动是人性的基本形式，是人类活动中至高无上的内容。如果生命中缺少行动的要素，"简直是死寂一片；它不再是一种人类生活，因为此时人不再生活于人与人之间"①。劳动作为人类活动，是人的生命成长所必需的条件，行动塑造了人的多样性。生活的多样性是人之行动得以产生的基本条件。在此，"行动"使村民展示自身的同时，又使行动本身得以保持和记忆。尽管劳动和工作各有独特的作用，但只有行动才能揭示行动者的存在。只有在行动中，村民得以向他人展示乡土生活。正因为有了行动，地方性知识创生了以村庄为空间的公共领域。村民个体和群体共同维护着当地生活的场域，而且与行动构成彼此交织、互相依赖的文化系统。村庄运行系统的内部，行动对于维护乡土生活的公共领域而言，是一个必需的条件，公共领域对于维护村民的行动本身也是必要的前提。村庄作为公共领域，是村民进行文化行动的场所，行动借助于日常交流和实践行为而产生地方性知识，并延续乡土文化的印记。概言之，行动使地方性知识的乡土价值得以顺畅地实现。

再次，价值论视域下，地方性知识以相互黏连在一起的知识集合或符号链而传递。地方性知识尘封于乡村记忆中，扎根于文化传统；在空间上，它与乡土现实生活密不可分，兼具稳定与发展相统一的特征。乡村振兴背景下，地方性知识若冲破地方性的边界，则具有向普遍性知识转变的潜能，这就展现出动态、开放的性质，但同时会受到文化境况的修改与调适。人类学意义上的地方性知识不具有永恒性或不变性，这是由文化变迁的内在机理决定的，知识地位会因地域而发生弱化与强化。因而，地方性知识在模式上是可重构的，知识边界能够扩张或回缩，原来的普遍性知识也有可能重新生成地方性知识的内核和特征，甚至连知识存在的边界也不能驻守而成为村民集体记忆中的文化传统。总的来看，地方性知识保证乡土社会生活实践在一个有意义的、明确规划了的框架中进行，这种内含特定情境的安排，成为此地村民认可的权威，助推了乡村社会生活的存续与发展。地方性知识存在于乡土生产、实践意义的普遍要求之中，它在村民

---

① [美]汉娜·阿伦特：《人的条件》，竺乾威等译，上海人民出版社1999年版，第179页。

认识和改造世界的历程中有着不可替代的优势。

第三节 情境中地方性知识的日常运作机理

地方性知识不是由其本身的信息所决定，而在于知识主体与情境相遇产生的相互关系上。机理是指地方性知识在结构分层基础上的运行路径，它强调知识体系与当地人之间的动态关系。情境使地方性知识可被理解，也只有卷入村民的生活世界，才能认识本土知识运行的社会性模式，其内在的运行机制从深层次塑造了乡土生活的精神特质，这恰恰是村民须臾不可抛弃的文化之根。

一 日常生活：地方性知识的生产基础

首先，日常生活（everyday life）视域中，地方性知识的运作与特定情境联系紧密。我们可以把日常生活界定为"个人再生产自身时，使社会再生产得以实现的要素的集合"[1]。乡土文化社会的结构特征，客观决定了村民的日常生活既要完成生活的演进，又要在一种文化的向量中打造乡土生活世界。生活是有组织的社会行为，而这种相互关系使其日常生活的地方性更加明显，"要发现人们认为他们是谁，他们认为他们做什么，他们认为他们做那件事有什么目的，就需要对他们在其中上演他们的生活的意义框架获得一种有用的熟识"[2]。地方性知识包含着情境中的真实——所有这些真实不是情境的附属物，而被表征为经过生活本真的还原——在确定的情境次序中被给予生活的意义。由日常生活带出的乡土文化，不仅是村庄的符号，而且也是乡村振兴中乡土社会生活发展的文化基因。同时，村庄中以乡土文化为核心的空间，构成了日常生活不可缺少的内在基础。日常生活是实在的生活世界，是村民生存于其间的世界，也是按照文化样态建构出来的生活世界，因而被村民及其子女所习得。进而言之，村庄文化通过村民日常生活的行动而培育，日常生活反过来成为地方性知识的生产基础。

---

[1] ［匈］阿格妮丝·赫勒：《日常生活》，衣俊卿译，重庆出版社1990年版，第3页。
[2] ［美］克利福德·格尔茨：《烛幽之光——哲学问题的人类学省思》，甘会斌译，上海人民出版社2013年版，第13页。

其次，村庄构建出来的地方性知识是村民生活意愿共享的观念和行为。地方性知识不仅是知识工具，更是一种日常生活的价值系统，它使日常生活组成一个模式的集合，在行为上趋向于一个凝聚的体系，具有明显的意向性。历经特定情境的判断和选择，村民在可供选择的方案里做出适切的行动，最终赋予日常生活显著的文化意义。地方性知识的系统提供了评判个体和群体行为的范畴。"任何社群的成员活动于其中的日常世界，他们被视为理所当然的社会活动领域，不是由没有质的规定性的无法分辨的任何人，而是由属于具体阶级、有明确特征和恰当标签的某些人居住的"[①]，这就意味着村民在日常生活中创造和积累处理当地实践的智慧，并在当地应用这些智慧，而且村庄中的人们都会自然地践行实践智慧的既定安排。

最后，日常生活塑造的不仅是村庄文化，更是一个富有知识地方性意蕴的行动空间。村庄中的社会生产生活，在有意义的结构中运行。这种带有文化特质的意义结构源于村民的日常行动，包括村民个体以及同伴成员之间的交往与互动，因而，地方性知识在日常生活的延承传统和习俗中浮现出历史性。所有地方性知识的内容借助于日常生活赋予意义，日常生活世界是由前辈、同辈、同伴以至子女后继者共同生活于村庄而创造的相互交往的意义世界。任何一种有意义的生活，由知识地方性所表征。"生活不是指低等动物式的生存，而主要是人类的全部种族经验。它不仅包括物质方面——社会生产水平和家庭经济条件，也包括非物质方面——习惯、制度、信仰、胜利和失败、休闲和工作。"[②] 村庄中的意义世界从村民面对周遭环境，以及更加广阔的社会生活中逐渐展开，牵涉彼此的行动、各种文化客体，包括全部生活于村庄中具备的经验，它们都以现存的方式被展演出来，成为可靠的日常生活的行动框架。如此而言，地方性知识的表述从日常生活的意义解读中变得可以理解，村庄也就成了一个富有知识地方性意蕴的行动空间。

二 生活情境：地方性知识的运作空间

首先，地方性知识的运作促使村民的文化行动趋同一致，进一步显现

---

① [美]克利福德·格尔茨：《文化的解释》，韩莉译，译林出版社1999年版，第428页。
② [美]杜威：《民主主义与教育》，王承绪译，人民教育出版社2005年版，第6页。

了地方情境。不论文化的集合表达还是整合机制，村庄充满了人们的地方想象。同时，以文化再生产为取向，村庄强调当地文化体系的日常展演，这种展演并不是封闭于村庄本身的日常生活的呈现，它强调国家中的村庄和村庄中的家国天下，形构成村民日常生活的生活情境。村庄属于日常生活为主的基于地缘基础上的共同体，是一个乡土文化的集合表述。它在时间上、空间上历时地、共时地展示了村民的日常。当然村庄地方性知识的运作是一种彼此分享意义、表达自我认知以及知识符号体系建构的过程。因此，村庄自然形成了村庄的秩序，村民之间的互动恰恰维护了村庄的整合机制，物质的、非物质的结构成型的主体性文化，促使地方性知识不断重构，从而完成文化的再生产，塑造了村庄稳定的秩序。这是由村民创造和利用情境资源的过程决定的，村民共同完成文化的践行，并积累地方性知识的经验，实质上已经将村庄的秩序建构了起来。

其次，地方性知识是村庄延续与发展的稳定器，构成乡土传统结构生产和再生产的重要资源。地方性知识映射出村民生存的实践智慧，维系着村庄文化血脉的延续，并借以开拓未来全新的生活。生活情境为地方性知识提供了外部环境。同时，村民居住和生活的村庄，带有鲜明的日常生活的文化特征，而个体的行为价值观依赖于村庄文化的整体影响。处在生活情境中的地方性知识不是僵化地成为一种知识的表征，而是经由村民主体在社会实践中不断地应用与完善，以一种动态的内在运行机制连接起知识经验与生产生活。

最后，乡村振兴推动村庄发展的过程中，地方性知识与普适性知识之间的互动更加频繁，显现出融合性的知识边界。这实质是文化的变迁与整合。他们生存的社会意义由文化所约束，规范着村民的行为，形成村庄相应的文化模式。"文化模式就是历史地创立的有意义的系统，据此我们将形式、秩序、意义、方向赋予我们的生活。"[①] 所有的生活，是以文化模式纳入其中的，包括当地的实践智慧以及村民常规性的乡土行为方式，最终演变为深厚的文化要义。各种文化要素通过交流行动来实现其意义，将知识实践普遍化并规范、整合到一起，嵌入村庄社会结构的经验空隙中，发挥着地方性知识的习得和规范作用。

---

① [美]克利福德·格尔茨：《文化的解释》，韩莉译，译林出版社1999年版，第65页。

三　文化场域：地方性知识的生成机理

（一）作为文化场域的村庄

村庄作为一个社会存在，是一个相对独立的亚场域。随着文旅、农旅的融合推进，村庄的开放性不断加强，其现代化程度也更加明显。然而，村庄的乡土气息仍然存有，因而可被称为一个独特的文化场域。场域（field）是法国社会学家布尔迪厄提出的社会学概念。社会结构高度分化的情境下，自然凸显出一个个"社会小世界"，构成整个社会世界的不同单元。场域是文化生产和再生产的实存空间，是文化因素在相对独立的社会空间中积累、作用的结果。按照这种逻辑，村庄自然属于文化场域，村庄因有自身的惯习而形成内化的文化结构，制约着人们的思想与行动。进而言之，地方性知识存在的社会事实，要基于"时空场域"（time-space field）去解读。而场域由惯习（habitus）所塑造，惯习反过来加固了村庄作为文化场域的形成。

准确地说，"惯习"是"生存策略的原则，能使行动者应付各种未被预见、变动不居的情境……（就是）各种既持久存在而又可变更的性情倾向的一套系统，它通过将过去的各种经验结合在一起的方式，每时每刻都作为各种知觉、评判和选择的母体发挥其作用，从而有可能完成无限复杂多样的任务"[1]。每一个村庄，对于村民而言，意味着一种可靠的、经过当地验证的生存策略，属于村庄中的"社会事实"。村庄中的活动、思维和感情方式，由村民验证、积累，但它又外在于个人并制约着个人以其村庄的文化规则行事，因而体现为一种惯习的动力机制。村庄场域中独特的惯习，实质是地方性知识的情境力量所创生的文化场域。毫无疑问，地方性知识孕育在由村民生活体系维续的文化场域中，是与周遭情境互构而生成的具有时间谱系和空间记忆的文化表达。

（二）地方性知识的场域功能

"场域—惯习"有助于更深入地认识地方性知识基于特定情境的创造性。乡村社会发展正在经历新时代的转型，但村庄凝聚着深厚的乡土情

---

[1] ［法］皮埃尔·布迪厄、［美］华康德：《实践与反思——反思社会学导引》，李猛、李康译，中央编译出版社1998年版，第19页。

第四章 地方性知识的创制：乡土生活世界的视角

感，因为土地仍然是村民难以割舍的乡愁；土地是村民代代生存的家园和心灵寄托。有了土地，村民也就有了乡土情感的寄居地。乡村生命力的存在依赖于土地，而土地是乡土文化场域成形的物质基础。村庄中生活的村民围绕土地精耕细作，也就产生了生活的场域。场域结构（生态空间、物质、制度、文化等）的框架中，村民的实践活动是形成地方性知识的源头。历史的、变动的村庄场域，其惯习也是动态的、开放的。每个场域都有其特殊性，都具有"自身的逻辑、规则和常规"，自然也有其地方性知识运行的逻辑。场域理论说明了地方性知识形成的曲折性，经由村民与具体生存场域的互动与融合，从而累积本土知识经验，最终"如鱼得水"般地建构本土的知识规范。

地方性知识经由村庄情境所通行的意义结构而表现出当地人的日常生活情调，当地知识体系产生的惯习之于此地的意义，全部完成于场域之中。一些事件、行为、制度或者是带有显著地方性知识的信息可被人理解，是因为场域生发了地方情调的惯习，将村民的生存空间与知识资源产生在更广泛的情境中连接了起来。如果要对地方性知识存在的社会亚场域有一个客观全面的认识，就应从考察场域的文化性入手，同时还要了解场域中地方性知识的独特性，以揭示文化场域与地方性知识之间共存的、具有"合拍性"的内在运行逻辑。这里，场域是村民行动主体与地方性知识涵括的客体之间自然建构的文化空间，地方性知识的规范性经由场域内部生活组织制度来进一步得到确认。

（三）地方性知识的惯习与场域的关联

其一，事实上，村民生存的情境与地方性知识之间的相互依存，通过惯习与场域二者建立的回返性关联显现出来。情境是地方性知识生成的重要条件，它由群体创造，但并非是纯粹的自然空间，而是当地社会生活制度规约下村民生存与环境等因素的有序组合。惯习位于村庄文化系统的组织层面，能动地协调着村民的生产生活，起到弥合个体场域交往的矛盾，发挥着协调村庄内部有意义的生活规范、填补了外在社会组织分配的基本职能。

其二，村庄场域中，村民作为行动主体，创造和使用地方性知识，同时塑就了他们自身的惯习，只有在场域框架下，地方性知识的生成更容易被理解。"惯习和场域之间的关联有两种作用方式。一方面，这是一种制约关系：场域形塑着惯习，惯习成了某个场域固有的必然属性在个体身上的产物。另一方面，这又是一种知识的关系，或者说是认知建构的关系。惯习有助于把场域建构成一个充满意义的世界，一个被赋予了感觉和价值，值得你去投入、去尽力的世界。"① 在此，村庄是有意义的场域，因为村庄完成了地方性知识的生产，村民个体身上拥有地方性知识所释放的惯习所产生的知识力。

四 村庄制度：地方性知识的规范演绎

地方性知识透射出本土知识的规范性，以共同遵守的标准为支撑，形成和睦相处、相互合作的生活局面。这种依靠本土知识规范的力量，围绕村民的日常生活展开，并发挥着本土知识的效力。可以说，地方性知识的规范以村民的美好生活为根本目的。

（一）地方性知识与村庄制度的运行

村民基于历史与现实的日常生活创造，源于对当地情境的适应，结果产生了特有的知识体系。在他者视野的观照下，地方性知识规范着当地的生活组织，以此发挥本土知识的文化自觉性。正因为这种自觉性，地方性知识既要按照现实情境塑造村民的社会生活，又要按照社会生活来塑造当下的现实情境，以此为村庄社会发展赋能。当情境中的经验知识演变为制度属性时，地方性知识的文化自觉就会得到培植。

日常生产生活自然有其积淀的文化底蕴，而制度作为一种规则体系，往往贯穿于村庄的现代化道路进程中，同时潜移默化地导引着村民的实践行动。在乡土世界里，制度逐渐形成一种社会资源，被村民所享有。正是如此，地方性知识基于制度的必要性，由村庄里物质的、制度的、精神的各个区域层面综合而生成相互交织的行动"网络"，维续着村庄中各种制度的运行。概言之，村庄自然是由时空向度中各种文化因子互动建构的产物，呈现了村民生活实践的格调、一种鲜明的精神气质以及内隐于生活之中的世界观。乡村振兴背景下，从历史上遗留下来的存在于当地生活领域的文化模式，并非固定于一个时空片段中，而是历经村民行动性地调适，

---

① [法]皮埃尔·布迪厄、[美]华康德：《实践与反思——反思社会学导引》，李猛、李康译，中央编译出版社1998年版，第172页。

实现了乡土情境及其制度运行的再构建,这也决定了地方性知识活化活用的必然结果。

(二)地方性知识的社会化再生产

地方性知识作为知识范畴上的工具,但又具有乡土文化的特质,承载着村民日常生活表达和社会互动的想象与象征的信息。

第一,从表征分析,地方性知识具有本土意义的知识体系。作为情境中形成的实践经验的结晶,立足于本土小范围内更容易达到地方性的理解。西吉县村庄里,经过长期的社会生活实践,村民生产、共享、传递和创新了具有本土实践智慧的知识体系,帮助村民解决本土实践问题。换言之,地方性知识与当地社会生活联系得如此紧密,有效地帮助他们认识和处理了许多实践难题。

第二,从中观分析,地方性知识形成于乡土社会实践。它不是凭空产生的,而是村民基于社会生产生活创造、积累、应用与传承的知识体系,是人们适应自然和社会环境而生成的实践结果,并与其情境相互动,获得了当地较为稳妥的知识效力。它所承载的与当地情境吻合的经验,实质是村民积极探索和验证得出的情境性产物,既是一种静态的知识体系,还表现为知识传承与创新的动态特质,它显示于日常生活世界之中,构筑了知识情境性演进的文化轨迹,透显出地方性知识的社会化再生产。

第三,从深层次分析,地方性知识立足于当地特定的生活情境,成为村民进行社会交往所支持的知识取向,从根本上起到了个体生活系统构建的中介作用。社会个体所共同拥有的信仰及情感的总体称之为"集体意识",它使人们联结在一起,使社会秩序得以确立,并维持着共同体的认同情感,形成集体认同基础之上的社会聚合体。这些行动的文化体系,表演着他们的文化图式,同时含有静态和动态的文化特质。静态的文化意味着地方性知识以共识性的文化略图快照出来,构成传统生活方式;动态的文化显示出在变动的地方性实践中激发知识应用的张力,维续乡土社会再生产的平衡秩序。大多数时候,对于他者的认识而言,地方性知识将倏然而过,但都被人类学的深描与阐述所认清。

(三)理解地方性知识建构的乡土生活

如前所述,地方性知识首要的特征便是它的境遇性,即基于特定历史、地域、文化创造出实践的知识体系,是一种与自然、社会、社区互动

地方性知识贡献取向

的实践智慧。它来源于生存情境，有着能动适应于情境的禀赋。毫无疑问，情境是一种特殊的存在。哲学视野中把存在（being）理解为一种显现（appearance）的根基。地方性知识存在的情境性是理解知识智慧力量的根本。理解是人类学对文化的回应，"理解是地方性、生存性的，指的是它受制于具体的情境，包含在代代相传的解释性实践的实际传统中，并且也存在于由特定情境和传统所塑造的人的身上。理解因此不是一个对世界的概念化，而是对如何与世界打交道的述行性领会"[①]。乡土情境下，村民与周边的环境互动生成地方特征的文化现象或知识体系，逐渐成为日常生活中的传统。日常生活既有统一的形式，也存在生活形式地方化的众多个案，从众多个案中找寻地方性的例子，发现文化意蕴中的自己，这是一种难得的文化成就或者说是文化视野。概言之，地方性知识的情境性理解，核心在于理解他们创造的地方化的实践智慧。

地方性知识体系规范了村民该做和不该做的事情并提供理由；在形式上，它是各种生活方式的表述和解释，但实质上建构了日常生活的社会性话语、规范和制度。"地方性知识是作为一个整体融入当地人的生产生活、社会活动中的"[②]，发挥着处理地方语境中人与社会之间和谐的关系。作为一个知识框架，地方性知识形成了一个聚焦在特定场域中的有序整体，是众多本土化的知识观念的组合。这种组合自然而然地触及村民生活的意义世界，即致力于他们的物质创造与精神成长，通过增强情境的实践能力以达到如其所是的幸福生活。可见，地方性知识的内在逻辑围绕当地成员的社会实践行动而展开，借助情境的教化生发出教育的特征和功能，其地方性知识的建构与应用也给予当地青少年本真的文化烙印和认知图式。

地方性知识的细节描述指向此地知识经验的事实。它对当地生活与发展有其不可替代的作用。作为当地文化知识的体系，地方性知识为推动乡土社会发展起到了不可或缺的作用。"知识与人的本质、价值和个人的发展、成就有本质联系，对人的本质构成、价值追求、人的发展和

---

① Rouse, J., *Knowledge and Power: Toward a Political Philosophy of Science*, Ithaca: Cornell University Press, 1987, p.63.
② 安富海：《地方性知识与民族地区地方课程开发研究——以甘南藏族为例》，中国社会科学出版社2016年版，第107页。

成就具有决定性意义。"[1] 在此意义上，深描和解释的民族志应用无法穷尽情境表达日常社会生活，"作为在近距离研读中的熟练操作，可以在一种文化形式的全部剧目的任何地方开始阅读，并在任何一个其他的地方结束阅读……甚至可以比较来自不同文化的形式，从而在相互对比中确定它们各自的特征。但无论在哪个层次上的操作，也无论它多么错综复杂，指导原则是同样的：社会，如同生活，也包含了其自身的解释。一个人只能学习如何得以接近它们"[2]。接近本身是一种阐释，阐释就是基于生活的深描，它能够把各种地方性知识的素材组合起来做出"解释"，进而对地方性知识的认识论、本体论、价值论意蕴作出适切的表述。为此，地方性的实践意蕴从地方性知识本身的体悟中引导出来，彰显了乡土生活世界的文化本真。

第四节　作为"原本"的乡土地方性知识

"原本"的地方性知识即村民创造的知识本原（本体），是村民在此情此景中对所处自然、社会、人文环境的切身体悟，是基于实践行动并与情境相互映照、磨合适应过程中生成的地方性元知识。大多数村民生活在当地，一辈子生活在自身文化的内部。可以看到，地方性知识的事实和价值裹挟于特定情境，从而合理地形成生活世界的意义。若超越地方事实与价值分离的鸿沟，那种与情境息息相关的乡土文化精神被凸显了出来。"原本"的地方性知识塑造了地方情调、塑就了村民创造新生活的精神气质。

一　地方性知识承载着乡土文化精神

与普遍性知识的去境遇不同，地方性知识根植于人们的生活世界，其意义不是内在于文本之中待发现的事实，而是特定情境中群体实践活动所建构的文化事项。因而，村庄的发展受惠于地方性知识。村庄的全部活力

---

[1] 郝文武：《知核力：知识的两大本性及其相互影响的复杂层面和关系》，《北京师范大学学报》（社会科学版）2015年第5期。

[2] ［美］克利福德·格尔茨：《文化的解释》，韩莉译，译林出版社1999年版，第534页。

地方性知识贡献取向

源于每一位村民的实践行动,在这里,村民创造了地方性知识,完成个体、家庭的发展,同时也推动了村庄的现代化发展。发展意味着生存活力的激发,村民凭借地方性的文化旨趣再生产自己,向着乡村的振兴和美好生活的实现生产出个体发展的全面性。显然,全面性是指人创造社会生活的整全性,而不是将生活割裂成片段。

村庄的发展离不开党和政府擘画的中国特色社会主义乡村振兴的道路,离不开村庄与社会的互动,城乡融合发展之路、共同富裕之路、质量兴农之路、乡村绿色发展之路、乡村文化兴盛之路、乡村善治之路以及中国特色减贫之路,延续发展了农耕文明,创新了地方性知识,也活跃了乡土文化。不可否认,村庄是建立在地域认同基础上以文化共同体形式而存在的社会组织。社会学意义上的村庄共同体是自然的、地域特色显著的、成员彼此熟悉并且在日常生活中互动往来的一个实体,它是成员之间交流互动的文化媒介和情感纽带。村民之间彼此分享文化,并以文化为基础维持这个共同体。中华民族共同体是一个大概念,村落共同体是一个小概念的表述,但它以共享性的文化来凝聚共同体的归属感。地方性知识作为日常生活世界中不可分割的一部分,在代代相传的既定事实的框架中形成。从知识框架中可以看出,地方性知识充盈着乡土生活的思维、实践和伦理道德的逻辑。思维的逻辑以实践为目的探求特定的规律,通过实践活动努力提高成员认识和改造生存情境的能力。在实践当中,既有不违背特定规律、追求道德理想的行为规则的知识,也有弘扬民族德性的善。真善美的追求与乡土社会实践相统一,始终是人之为人的终极目标。在地方性知识的体验和直观行为本身中、在事实行为中,地方性知识的意义"被给予"。这些事实本身就是一种文化传统,只有在村民常识性的社会生活、看似固定但又开放的生活世界中方可理解它。

正因为地方性知识是情境中村民展开文化认知、生活定位与抉择的结果,同样彰显着色彩斑斓的知识魅力。可以看到,它蕴藏着与环境、社会,以及乡土社会生活相呼应的生存智慧,是对纯粹的文化事实存在的一种可靠描画。于此,地方性知识承载着乡土文化精神。第一,地方性知识延续了村民的生活基础,群体创造的社会环境、生活智慧和精神成为村民共享的宝贵财富。第二,地方性知识内含宝贵的文化资源,即一种朴素的乡土教育资源。第三,地方性知识代表了村民的实践智慧。第四,地方性知识增强了村民之间的团结与交往,所凝聚的文化精神成为村民团结一致、奋力追求美好生活的精神象征。

对于乡村青少年来说,地方性知识延续了传统文化,为他们接受学科知识建立了知识基础,为认识和把握外部世界提供了必要的关联,并影响着他们的记忆、想象、思维等智力因素和情感、信念、世界观、兴趣等非智力因素。青少年在习得地方性知识的过程中,形塑了一种典型的乡土文化品格,并渐进地开启本土知识经验的养成,赋予个体难得的精神气质。英国人类学家格雷戈里·贝特森(Gregory Bateson)指出精神气质是构成群体与个体欲望和需要的一个决定性因素,"精神气质是一个情感态度系统,它决定了一个社群对生活情境所能提供的各种满足与不满足所赋予的价值"[1],它与地方格调相得益彰。乡土生活的典型精神、行动的主流风格以及文化特质都规整到生活世界的范畴,构建了村民基于情境的本能和情感的标准化系统,这对乡土生活世界的发展和乡村青少年的个体成长具有不可替代的教育价值。

二 地方性知识建造了生活结构模式

当地各民族共同创造的社会生活中,地方性知识提供了一种乡土生活方式,且在这种情境中是盛行的,既体现了农耕文明的传承创新,又表征了一种现代化的乡村生活样态。

(一)"常识"存在的地方性知识

多数情况下,地方性知识指涉土著或少数民族创造的文化体系,作为少数民族本土的知识观念与行为,因赋予民族性而称之为民族地方性知识,指在一个特定的文化或亚文化中普遍存在的一组观念和智慧。因而,地方性知识往往与主流知识相对立,不被纳入普遍的知识体系。在此逻辑下,科学知识分为核心知识和外围知识,外围知识也称边沿知识,核心知识是科学共同体普遍确认的真实性知识,占有知识的一小部分。外围知识是核心知识以外由共同体成员创造的所有知识。二者的主要区别是公众的认可与否,核心知识属于"公共知识成果",而外围知识则属于"地方性

---

[1] [英]格雷戈里·贝特森:《纳文——围绕一个新几内亚部落的一项仪式所展开的民族志实验》,李霞译,商务印书馆2008年版,第182页。

知识成果"①。地方性知识体系属于"外围知识",它是一种本土的知识生产资源,被格尔茨称之为"常识",是具有自然性和实践性的"常识"。各种生活方式是特定情境中秩序化、系统化了的互动关系的展现,最终形成人与人、人与情境之间相互作用的网络,而"常识"或明或隐地存居于人们的日常生活。

对西吉县四个村庄的人类学聚焦发现,地方性知识是此地的"常识",它给予乡土社会村民从事社会生活的知识能量。地方性知识处于特定情境并不断地得到验证与丰富,在乡土实践循环中得到进一步确认,是村庄共同的知识资源。作为情境中的"常识",其作用的发挥不能以核心知识的要旨来评判。没有特定情境的地方性知识是不真实的,也就不存在地方性知识的循环利用、创造和管理。"现代社会生活是一件很复杂的事务,其中包含了许多技术知识的'回滤'过程:非专业人士以这样和那样的形式对技术知识加以再征用,不断地将其运用于他们日常活动的过程之中。"② 然而,四个村庄并不是受限于地方性知识的框架体系,乡村振兴战略进一步激活了地方性知识的实践力量,因而,地方性知识逐渐过渡为现代化的本土知识体系,在与特定情境互动的过程中推动了乡村社会发展。此外,地方性知识的生成不是静止的单向性的存在,而是一个基于实践生活被创造和建构的体系。世代相传的生活世界里,地方性知识对接此情此景乡土社会生活流动的秩序,对于生活于当地的人而言,是一种无须言说的"常识"。

(二) 当地文化生活的主体相间

地方性知识不仅仅是为了存在而发生,有关地方性知识的事件具有一定的意义。它的普遍意义看似仅限于情境内的实践,但却洋溢着知识的价值,这种价值不是纯粹主观性的偏好,而是有着特定情境并在其中隐含着他们所需社会生活条件的客观要求。格尔茨阐释的"巴厘斗鸡",是建构出来的、以当地人视角建构的文化理解。在"深度游戏"中,文化就是一种文本的集合,解读这些文本自身的集合离不开文本拥有者的窥视。斗鸡是一个实实在在的文本,只不过它的特点在于"对巴厘经验的一次巴厘式

---

① [美] 史蒂芬·科尔:《科学的制造——在自然界与社会之间》,林建成、王毅译,上海人民出版社2001年版,第285页。
② [英] 安东尼·吉登斯:《现代性的后果》,田禾译,译林出版社2022年版,第18页。

读解"。由此可以得出,"对有意义的对象的解释总被认为依赖于对社会情境的在先理解,意义只有在这些情境中才起作用……如果将其描述为对特定社会性文化的理解,并通过社会和文化中把握它,我们也许就会发现它更加贴近"①。

村民的社会生活实践行动,由地方性的象征符号系统所呈现的文化客体与当地情境形成一个主体相间的文化世界。不论主位研究还是客位研究视角如何转换,对于地方性知识的持有者而言,村民沉浸于日常生活、共同享有其中的意义世界,而对各种属于乡土文化的客体似乎浑然不觉,因为乡土生活场域中形成的惯习,村民认为理所应当地被每个人所践行。地方性知识正是以当地人创造的符号为媒介,构建了乡村生活的文化世界,它塑造的是地方世界的要素;反过来说,这些要素生存于其间,筹划了完整的村庄场域中主体间的文化世界,重构了作为地方人文化享有的意义世界。

(三) 地方性经验建造起日常生活模式

地方性知识作为特定地域人的经验结果而存在,并且依据这些经验实在建造起生活的模式。村民生存于其中,都有接受和习得地方性知识的自觉,而这种获得知识的自觉过程实质是一种自在的教育,是乡土社会生活必备的知识基础。教育人类学视野中,地方性知识是一种自在教育的结果,是"在此"的、并且是如此"在此"的内容,这些内容构成一系列关于文化细节组成的复合体,引导村民实现行为方式和精神气质的培育。精神气质延续着时空中的文化细节,形成地方情境的循环系统,共同维持着当地和谐自然的乡土生活。

西吉县县域环境提供了地方性知识融通的可能性,城乡文化交融,乡村的振兴使人们延续了地方传统与城市文化互融的新生活。生存于乡村的儿童,地方性的知识经验和思维机制,早已在童年时期确定了下来。童年时期的生活经验一经沉淀,便深深地扎根于他们的内心深处、扎根于他们经验日常生活的潜意识。可以说,个体潜意识中已存在的地方性知识,是接收和吸纳其他知识形态的"原型"质料。至此,由特定生活积淀而成的

---

① [美] 约瑟夫·劳斯:《知识与权力——走向科学的政治哲学》,盛晓明,等译,北京大学出版社2004年版,第48页。

文化体系，存在于儿童的心理结构中，他们接受特定文化的影响与塑造，地方性知识自然也就成为定向于他们心理结构的原材料。

三 地方性知识创制的乡土生活世界

通过考察村庄地方事件的生成与情境，发现地方性知识与村民的生活水乳交融，它不再囿于抽象规则的理论验证，而是指涉地方文化行为所属的意义世界，融当地人、地方生活、地方实践于一体，从而消弭了普适与地方、事实与意义的对立。地方性知识基于情境的实用主义立场，显现了乡村日常生活的原初现象。

首先，田野作业得出，地方性知识意味着村民创造了围绕村庄而展开共享的生活世界的事实。知识普适性和地方性的探讨容易将认识层次的知识论引入相对的境地，即知识本性的普遍性和地方性存在争议。从前面的论述可知，知识在本性上都具有地方性，而形式上存在普适性知识和地方性知识。基于本性与形式的考查，发现地方性知识的价值透过当地人与其特有情境互动的内在机理而被彰显出来。这种地方事实的回归，确立了当地人有意识的行动所产生的知识本体论的结果。对于村民而言，地方性知识是一种原初性的存在世界，也就是说一切生活形式所组成的意义世界如其所是地被呈现。村民的行为、思维等本来就是这样被情境所形塑，是一种前工具性的生活存有，它反映了特定情境的经验逻辑。

其次，地方性知识不仅与日常生活模式相关联，还具有知识地方性的深刻意蕴，符合当地人编织文化意义之网的惯习。当地村民的每一日常行动被构建起内在的持续性，发挥着作为本土性知识的支撑基础、先验条件和文化形式的生活网构，持续性地为村民生活世界注入活力，丰富着生活世界的内涵、拓展了生活世界的边界。生活世界是经由享有和创造生活的村民与村庄实在的生活所建构的意义世界。因而，它不是空洞的抽象物，也不是没有声息的纯粹客体。生活在四个村庄的村民有其本身的生活世界，生活世界负载着乡土生活的意向，对村民自身产生了行为、意识和思想方面的塑造。可以看出，地方性知识随时随地对年轻一代产生教育影响，成长是少年儿童生命成长的自然之力，释放出一种自我规定的成长潜能。

最后，地方性知识通过村庄中的人和事所表征着的文化信息，可简约为日常生活世界的存在。"存在"不是特定情境中可数的或不可数的、熟悉抑或陌生之物简单的聚拢，更不是表象加在这些地方性事实总和之上的一个单纯的想象框架。对于乡村少年而言，在接受学校普适性知识之前，便已经有了经过不断认识和拥有的日常生活经验，而这些经验以地方性知识的名义存在，是附着在他们知识结构中稳定的个体化的知识体系。进入学校之前，地方性知识已存在于乡村少年的观念和行为之中，成为教育生活世界的前有世界。"人类学，或者说至少某一些人类学，日益倾向于关注个人和团体凭借以活出他们生活方式的'意义结构'，并且能够凭借其能动性（agency）对意义结构加以形塑、沟通、灌输、分享、转变和复制的'象征与象征体系'，尤为其关注之重点。"①村民生活在文化之中，乡村少年生活在此在的文化之中，生发出乡土文化本身的教养功能。"教育过程就是由这种使社会反应进入个体心灵的过程构成的，它使个体以多少有些抽象的方式接受共同体的文化媒介"②，教养旨在完善人性，成就他们赖以生活的"意义结构"。

总之，地方性知识创制了村民的日常生活世界，预示着地方性的知识体系成就了当地村民原本明见性的乡土生活领域。这些简单抑或复杂的地方性知识的结晶都有与情境相匹配的能动性，并且通过与其相连的地方观念，围绕知识的价值而被深描和阐释，其规范功能整合了村庄的人文社会生活。"个体在其最初活动时起，就意识到他自身是为某些他自己无法左右的事物所决定和限制的。这个制约着他的力量就是风俗习惯。它注视着人的一举一动，不容他有片刻的自主。它不仅统辖着人类的行为，甚或还统摄着人类的情感和想象，统摄着人类的信仰和选择"③，地方性知识的惯习维系着当地生活的时空氛围，同时先入为主、根深蒂固地影响着青少年。乡村儿童的文化认知成熟于有组织秩序的乡土地方性知识——经过整合而形成村庄享有的地方性文化，这对于儿童个体发展而言，具有更为广阔的教育意义。

---

① [美]克利福德·格尔茨：《地方知识——阐释人类学论文集》，杨德睿译，商务印书馆2014年版，第210页。
② [美]乔治·赫伯特·米德：《心灵、自我与社会》，霍桂桓译，华夏出版社1999年版，第285页。
③ [德]恩斯特·卡西尔：《人文科学的逻辑》，沉晖等译，中国人民大学出版社2004年版，第36页。

第五章　围墙分割的地方性知识：疏离与回归

> 对于任何事物——一首诗、一个人、一部历史、一项仪式、一种制度、一个社会——一种好的解释总会把我们带入它所解释的事物的本质深处。①
>
> ——［美］克利福德·格尔茨：《文化的解释》

作为特定情境中村民实践行动的产物，地方性知识融于乡土社会生活，维系着日常生活世界的运转。这种本土知识体系对于乡村儿童的个性塑造具有不可多得的价值。透过情境之行动而塑就的乡土生活，其知识地方性的文本创造与习得，实质是一种自在自然的教育过程，本土知识体系在代代传承中实现着生活的教化意义。人之为人离不开国民教育，这受融入主流社会目标的支配。对于乡村少年而言，个体成长需要经历的教育应有接续的通道。走进当地乡村学校，学生的教育生活世界与地方性知识的牵连就会愈加直观。因此，有必要通过展现学校教育场域所包含的地方生活，提供关于教育民族志的记述，使学校教育和地方性知识体系之间生发新颖且有其修正余地的理解。这虽是地方性知识时空角度的转换，但"通过连续性的叙事和共时的效果，民族志作者可以尝试在一个单一文本中来表现多重的、随机相互联系的场所，对每个场所进行民族志式的探索，而这些场所又通过发生于其中的行动的预期和非预期的结果而相互连接在一起"②。于此，乡村学校教育

---

① ［美］克利福德·格尔茨：《文化的解释》，韩莉译，译林出版社1999年版，第23页。
② ［美］詹姆斯·克利福德、乔治·E. 马库斯编：《写文化——民族志的诗学与政治学》，高丙中等译，商务印书馆2006年版，第215页。

场域中的地方性知识考察，从根本上说是一种教育人类学的视野。

第一节　地方性知识的情境性辩护

地方性知识与主流知识往往是相对的，难以将之固定在一种可供理解、可供考察的情境里，它不被自然地列入乡村学校教育的知识体系。因此，地方性知识的正确性备受质疑，不具备推广的可能性。然而，地方性知识的生成与辩护不能脱离特定情境，其合理性根源在于它是适合于乡土生存与发展的经验知识，是地方人文社会发展必备的知识体系。

一　地方性知识负载当地本土智慧

普遍主义的知识观主张知识具有不为时间、地点而转移的品性，知识的普适性适用于任何自然、地域和空间环境，而地方性知识不能脱离于情境及其知识主体。西吉县村庄中的地方性知识确证了本土实践智慧的价值。尽管地方性知识的生成离不开各民族共同生活的境遇，但它是参与社会生产生活不可缺少的智力源泉，不仅反映了村民处理特定情境的实践行为、思想、技术和技能等显性特征，还呈现出人们参与社会劳作的集体记忆，记载着乡土社会发展的人文历史轨迹。进而言之，地方性知识有一整套认知系统，其知识本体涵盖多个层面，能够因地制宜地处理当地的社会生活。格尔茨认为，地方性知识自有当地人的想象；劳斯主张普适性知识是在地方性知识基础上被加以整理而成的共识性实践智慧，这就意味着理解地方性知识的意蕴，不能以"地方性"而圈定知识的局限性，应把"地方性"置于所有知识生产和辩护的情境里。

普适性知识是人们认识和创造世界所共享的实践结晶，而地方性知识负载着当地特定情境所生成的实践智慧。因此，地方性知识的合理性应当立足于西吉县特定的实践情境，地方性知识中有些文化事项的共享，说明人们共同面对着当地相同的实践情境。当地社会生活离不开本土地方知识的体系。乡村日常生活世界显示了地方性知识的自然运作，而日常生活将本土化的实践智慧统筹起来。少年儿童更早地明证和接受了地方性知识的教化，并享有和延传着地方性知识。

二 地方性知识内含民间教育元素

日常生活世界的基本主题是作为显现和"现象"的世界。在此,当把地方性知识的分析转向"本质还原",并抛开地方性知识的事实而关注其本质结构的普遍规定时,作为当地村民生活的工具属性的地方性知识,就会彰显出民间教育的元素。教育与生活是融通于一体的,地方性知识内含的民间乡土教育资源发挥着人之教化与生命成长的显著功能。

(一)乡土生活中个体的道德教化

田野考察中发现,村民的只言片语反映出本土知识的教化及其对个体的道德感染力。当地本土价值观重视人之行为的教化,着力把爱国与爱教的观念相结合起来。"教化是生活的形式,其支柱乃是精神之修养和思想的能力。"[1] 劝诫行善是当地各民族道德建设的根本,即把真善美作为行动的指南。村民们倡导和平与正义,把团结作为个体践行的责任和义务。

自然,地方性知识内含包容的精神,讲究用最美的品性感化人,教导人与人之间的理解与对话。包容被认为是良好的品性,它具有明显的德性特质。包容也有利于化解各种矛盾,形成和谐融洽的生活场面。当地村民坚守道德义务,将之视为一种理性的规范,践行一种道德义务,将人与人之间的关系和社会道德的约定,看作乡土生活方式中重要的内容,鼓励人们扬善止恶,争做新时代的"好人"。地方性知识对社会、自然以及人自身的认识都有统一的规范和明确的指导,要求村民秉承道德信条、弘扬伦理道德,自觉遵行善的规则,生活中养成克制忍耐、反躬自省、一心向善的良好行为。

地方性知识渗透对人生的反思,反思的对象是人生,是一种道德知识的体现,其行为重在净化人的心灵,协调人际关系、规范道德言行和改善社会风尚。如此一来,地方性知识已经超出了形而上学的语境,为人们提供行动的框架,依靠这个框架给予村庄秩序更为清晰的知识地方性——将其情感的、道德的以及其有意义的形式统统聚合起来,达到感染与教化。互帮互助的精神是需要弘扬的传统美德。一碗土豆做成的洋芋面或者是烩

---

[1] [德]卡尔·雅斯贝斯:《时代的精神状况》,王德峰译,上海译文出版社2013年版,第134页。

菜之类的食物，村民们一起分享，团结友爱的乡土生活氛围也是社会主义核心价值观深入民族生活的例证，所倡导的是中华民族大家庭唇齿相依、休戚与共的精神追求。

(二) 乡土生活对个体良善生活的规引

地方性知识彰显的德性追求，对于当地社会发展产生了积极作用，有助于当地精神文明建设与和谐社会的构建。我们应该批判和修正生活，倡导德性的生活，借助道德规约对行为和生活进行有规范的引导。情感交流和道德规范往往以直接的形式表现出来，融入生活并再现生活。德行的高尚在于付诸行动。地方性知识倡导美德，积极践行善义。善是有益于社会和人之幸福的行为。个体的行为是群体道德素质的反映，道德反映了人的行为准则。社会秩序的安定，民族之间的相互交往时刻离不开道德的纽带。道德知识的深度与广度通过善而显现出来，展现了德性的素养。X村一位70岁的老人指着墙上贴的挂图说："人不能缺少美德，美德就像花那样鲜嫩娇艳，像圆月一般高尚完满，跟大海一样慷慨大方，如时光那样坚毅勤勉。这是人品和胸怀，我们要有美德。"(XC-M27) 这是一种乡土生活的惯习，也是一种文化自觉，涉及一种生活准则和世界观的融合，最终塑造了和谐的乡土秩序。

地方性知识内含的道德教育是当地村民代代总结出的修养和人格的追求，它扎根于乡土社会实践，用简洁明了的语言表达良善的根本道理。道德属于良善意志的践行，是一种行为本身的规范或者律令。规范不是纯粹的人之主观意识的活动，而要付诸行动。理性的真正使命促使人产生一种良善的意志并有实践其意志的愿望，从而实现个人的社会责任。依据善的行动，构建个体的实践理性。当地村民举行的各种节日活动发挥着德育作用，善事宴会蕴含德性的内涵，济贫施舍的行为培育着德性，自发地通过美德的遵守来践行善。诸如此类的文化事象的良善象征，使本土德性实践渐次成为丰盈乡村青少年从自然人迈向道德人的必由之路。

(三) 乡村生活中的公民品格教育

道德践行是幸福生活必需的条件。公平公正的生活领域，容纳个体多样性的同时，个体行为需要与正义的规范相吻合。乡村和谐的社会建设离不开青少年积极主动的公共生活参与。只有参与公共生活，才能谋求公共福祉。现代性情境下，各种传统价值观逐渐出现衰落之势，马克斯·韦伯称之为"意义丧失"或者是"除魅"（disenchantment）；尤尔根·哈贝马斯（Jürgen Habermas）认为这是对传统的遗忘，而"现代性的核心意义，就在于一种与传统断裂的现时代和走向当代的不连续时间"①。个人生存的过程中，个体本有文化传统的约束相应地减弱了。当个人成为价值理念的裁定者时，共有的精神世界失去了一致的步调。社会生活需要道德的约束和支配，需要唤起个人自我意识的觉醒。

田野研究发现，地方性知识内隐的道德规范成为当地村民的生活信念，蕴含着公民教育的旨趣。村民关切道德规范的践行，教导子女用村庄中盛行的道德规范来约束行为。当地村民倡导参与社区公共生活，把公共利益放在首位，不推崇个人狭隘的利益观，而践行着公共的善，并讲究理智的能力和道德追求，一定程度上强化了乡土生活的社会责任感。"从传统身份、等级制约的社会摆脱出来的现代自我不仅不是历史的进步，而且这种没有任何社会规定性的自我是当代道德危机最深刻的根源所在。"②与之相反，村民参与社会事务时，言行中将向善与社会和谐结合起来，将个体追求的善视为共同体的善，丰富着社会规定性的自我。个人的社会生活积极地融入共同体的善，自觉构成共同体善的有机组成部分。村民的观念中，重视维护当地乡土社会生活的公共利益，通过个体的道德完善，推进乡村发展的善治。

地方性知识蕴含着丰富的教育价值，逐步增强着当地村民的社会生活能力和实践水平。回到地方情境，当面向乡土生活本身时，村民的德性涵养强调身体与灵魂的康健。这种自然的教育形式践行的是一种"灵魂转向"的教育，乡土生活的道德涵育具有人之成人的教化之理。公共道德、公共理性是当今社会所需的教育资源。社会结构转型期，自由主义的公民身份得到推崇，"自由主义公民身份以个人利益为出发点，以维护个人的权利为核心。它坚持个人是第一位，个人权利和利益神圣不可侵犯"③，这种消极的道德取向，引发各种社会问题。当地村民讲究施舍扶贫、养成坚韧不拔的品格，展现出亲、爱、公和善的教育理念，他们在实际生活中和

---

① ［德］尤尔根·哈贝马斯：《后民族结构》，曹卫东译，上海人民出版社2002年版，第178页。
② ［英］A. 麦金太尔：《德性之后》，龚群等译，中国社会科学出版社1995年版，第41页。
③ 冯建军：《基于积极公民培养的参与式公民教育》，《中国教育学刊》2016年第2期。

睦相处、情同手足。诸如此类的地方性知识的旨趣，维持着村民之间平等、和谐的交往实践。他们超越利己主义，维续公共生活的利益，提升了乡村生活的公共精神。

三 乡村学校教育现代化与地方性知识

从前文论述可知，地方性知识对当地青少年的教化是客观存在的。当从乡村学校教育现代化的视域来审视地方性知识时，二者之间还存在关联性的假设。

首先，乡村学校教育现代化与地方性知识存在何种关联，值得进一步探究。民间传统实践智慧不仅可以维护知识的多样性，还是乡村学生学习普适性知识不可或缺的文化基础。教育现代化的实现是我国教育发展的一个目标，离不开普适性知识的传授与应用，普适性知识的学习旨在帮助学生顺利融入主流社会。地方性知识一般具有与其生成环境相关的事实条件的约束，与当地人所处的人文、社会、地理和环境等局域性条件密切相关。尊重地方性知识就是珍视文化的差异性。乡村学校教育现代化是否也应该重视知识的地方性，从而观照乡村少年已有的文化经验？

其次，地方性知识是教育目的实现过程中建构新知识的基本材料，过滤地方性知识的多样性而追寻以主流知识为主的单向度的学校教育现代化，会对乡村青少年的成长造成何种影响？融汇不同知识成果，并使学生形成多元知识素养理应是教育现代化的重要任务。学校教育应当维持地方性知识与普遍性知识并存的和谐场域，使之互相吸取知识精华，形成各民族学生相互交流的学习共同体，塑造现代乡村学校教育的文化品格。乡村学校教育场域中，地方性知识的接纳和融合一定程度上关系着现代化教育的发展，以地方性知识为文化基础的教育实践，是推进乡村教育现代化的客观要求。

最后，乡村学校教育需要重视地方性知识的多样性，使教育兼顾地方文化，这是地方性知识与乡村学校教育现代化之间的一个隐性假设。乡村学校教育需要针对特定情境中的地方性知识，筛选、吸收和改造地方性知识蕴含的实践智慧，促进知识融通，为实现乡村教育现代化打下多元化的知识基础。乡村学校教育理应饱含本土知识的人文情怀，将地方实践智慧转换为育人的资源，并纳入当地的情境性知识，考量地方性知识之于当地学校教育发展的活力。这不是用地方性知识替代国家主流知识教育，而是将地方性知识作为学校教育内含的文化材料，既满足乡村学生的知识需求，又帮助学生用自己熟知的经验世界撑起更为广阔的教育生活世界。

第二节　乡村学校教育地方性知识的考察

特定的乡土情境，学校教育自然会进入研究者的视野。当地学校教育能够为乡村学生成长带来哪些实质性的发展？笔者与当地学生交流的过程中，他们谈的不仅是当地的地方性知识，还涉及理想的学校教育生活。既然地方性知识与学校教育共存于乡土生活情境之中，二者之间存在怎样的联系？为了探讨二者之间深层的关系，笔者走访了村民、教师和学生。访谈过程中，笔者注重受访者主体性的表达，以求全面理解地方性知识背后的育人价值。同时，为了避免过多的研究偏见，从学校教育事实出发，将教育置于与情境特征相契合的状态中加以考察学校教育与村民日常生活之间的互动。

一　当地村民眼中的乡村学校教育

乡村教育的显性发展，村民是亲历者，他们目睹教育的发展，如同他们是乡村历史与地方性知识的构建者那样清晰可见。倾听他们的声音，就是赋予每个村民讲述乡村教育发展的权利，用他们的语言呈现真实的乡村教育。在此，村民的口述史可以帮助分析学校教育与村庄变化的历史脉络和那些不被看重的细节，而细节恰恰是对教育社会问题的镜照。借助于口述，旨在让村民以乡村教育亲历者的身份传达教育声音。倾听村民的教育心声，形成对当地教育发展的认识，以此验证乡村学校教育与地方性知识的关联。

（一）村民的教育记忆与认知

作为共存于村庄的乡村学校，发挥着重要的教育力量。西吉县四个村庄中，笔者与不同年龄段的村民进行了访谈，他们的口述史资料就是一项关于当地学校教育的集体记忆，可以发现以往不为宏观教育研究所关注的所谓"沉默的大多数"，村民对教育都有自己的记忆和认知，既反映了村民的教育需求，又反映了乡村学校教育的发展规律。教育记忆是村民成员对当地教育历史的共同记忆,是在成员互动交往中形成的普遍感念和标准叙事,而非个体化的旧梦重温。简言之,教育记忆是村庄中教育发展的共同认知,是当地教育智慧的重要来源。教育的故事实则是让村民依据记忆与现实讲述自己对教育的认知。办好人民满意的教育需要倾听民众的声音,因此,这里的集体记忆是一种来自基层教育声音的赋权、是一项关于乡村教育的叙事。

第一,村民们普遍重视学校教育。学生的学业成绩水平受到各种因素的影响。人们普遍认为乡村教育发展缓慢,学生的学习成绩低下,而城市学校教育资源充足,学生的智力发展水平较高。在此,乡村教育存在一种刻板印象,学生的学业成绩不良是由于乡土环境造成的,或者说乡村学校教育的弱点在于家长普遍不重视学校教育,将问题产生的根本原因归结于师资配备不均衡等。但是,与村民们访谈时发现,学校教育仍然是他们非常重视的大事。"如果学生成绩差,考不上学,那就要寻找出路,经商是比较好的选择。我们这里毕竟经商的还是少数,大多数还得靠天吃饭。"(XC-F28;"靠天吃饭"指的是当地靠种地维持生活。)乡村学校教育中,一部分学生通过教育顺利融入城市生活,而一部分没有达成升学愿望并留在村庄的学生,要通过知识技能解决贫困的生活,创造富裕的生活,推动和促进乡村经济社会发展。经商只是学业失利后的一种生活的选择。村民们认可子女走出"大山"就是走上富裕的生活道路,这是最好的人生选择。

X村村民叙述了自己的记忆:"我今年40多岁了,没念过书。那时候村子里念书的人很少,女的早早嫁人了,男的念到三、四年级就不念了,回家干家务的占大多数,再后来就有做生意的、干其他事情的,担起养家糊口的任务。反正是都不愿意念书。现在国家政策好了,村子里好几个娃娃在县上念,考上大学了。我家的孩子一个在县上职中念书,一个考高中没考上,花了插班费,高二念了一学期不念了,打工去了,连毕业证都没拿上。念不到学生的前头,不爱念。"(XC-M29)

S村村民说:"现在党的政策太好了,学生管吃管住,免费学习,有的娃娃考得成绩不理想。每次月考都不稳定,成绩一阵高一阵低,我也没办法,就凭老师管教。书念不到前(面)去,不给我说,回来给他妈说他不爱(喜欢)念(读书),学不懂。他肯定考不上大学。前几天班主任打电

话说娃娃不好好念，上课睡觉，有时候晚自习都不上，让好好开导一下。"（SC-M30）

P村一村民告诉笔者："我家儿子今年结婚了，在闽宁镇当特岗老师，现在好着哩。初中、高中时念得差得很，上小学上得很迟。那时候家里没人放羊，我让娃娃帮着放羊。高中文化课差得很，样样不及格。幸亏音乐好，最后上了音乐学校，我看（不然）考不上（普通大学）。可娃娃音乐好，唱得好，那时在山上放羊漫花儿，吼着唱，还真用上了。和他们一起的同学那一年很多没考上，补习了两三年，两个回民娃娃考上学了，现在乡镇上上班的、派出所上班的。"（PC-M31）

现在，村民们都希望自己的子女在学校完成学业，学校教育被视为乡村少年成才最为直接的路径。在他们眼里，学校教育不仅能够增长知识和才干，还是融入城市生活的重要通道，从乡村走出去，很大程度上依靠教育。"我没念成书，是很后悔的。那时家里条件差，让我兄弟上学了，他已经走上工作岗位了，收入很好。我念到初中就不念了，帮家里干活。"①（PC-M32）他们过去没有进入学校或未完成学校教育，原因是复杂多样的。当学校教育作为村民集体记忆的对象而发生时，这种叙事不仅能够反映出村民生活事件的历史，还可再现从过去延续到时下的教育事实，而这种事实需要理解性地反观。当寻找乡村教育如何增进家庭幸福感、成就乡村少年美好的生活时，应该从情境化的乡村教育入手而获致一种理解，"理解记忆的时候，不应该仅仅参照个体行动者的心理特征，还应该把它看作是制度再生产——再重复的特征所不断继承下来的东西"②。村民的教育记忆也说明以下几种现象：一是实施义务教育以前，村庄的少年不愿去学校读书的主要原因是由于生活条件的影响，学生的辍学时有发生；二是国家实施"两免一补"等公益性教育政策实施以来，家长普遍重视学校教育，自觉将学生送到学校学习科学文化知识，有极小部分的家长不愿意把学生送到学校入学，这是在强制性免费义务教育政策驱使下做出的选择。整体来看，家长期望孩子们考出优异的成绩、考上大学，走出乡村，实现

---

① 来自于P村村民的访谈，他经营从县城到P村及周边村庄的出租车业务，他的孩子在当地读小学。
② ［英］安东尼·吉登斯：《社会的构成》，李康、李猛译，生活·读书·新知三联书店1998年版，第382页。

第五章 围墙分割的地方性知识：疏离与回归

个体成长。据村民回忆，以前学生不愿上学还与家庭贫困有关，交不起学费致使一部分学生辍学，不得不以家庭劳力的身份承担起缓解家庭经济压力的责任。村庄中有一部分学生考上了县城高中、职中、大学，继续完成了自己的学业。国家扶贫资助政策的大力实施和社会捐助力度的大力推进，基本消除了乡村学生"上不起学"的现象。笔者走访多户村民，当问及学生的学习情况时，村民们反映孩子对学习内容并不是很感兴趣，学习成绩差的重要原因是学习兴趣不高，但是村民对学校教育有着很大的期望，希望孩子通过教育走出乡村，达到脱贫致富、光宗耀祖的根本目的。

第二，村民们认为学校教育应该关注地方文化。村民的集体记忆往往能够反映他们对学校教育的认识。"念成书的（学生）我们村子里有几个，部分不喜欢念书的都打工去了。学生娃娃都念不好书，说是不爱念，缺乏兴趣。"（XC-M33；X 村老人 MZH 的访谈）[①] S 村上小学四年级的两位学生向笔者谈了他们家的一些情况，"我两个姐姐念到初三都不念了，一个二十岁就结婚了。一个开化妆品店。我姐经常说让我好好念书，只要考到县上学校就给我奖励。我还是不爱学习……学校里太无聊了，课外活动就那么转上一圈。念不进去书，对学的课程不感兴趣。我爸说如果我念不下去了就到寺里学念经去"。（XX-F01，2016 年 8 月 12 日笔者与 X 村小学生 MJ 的访谈。）

B 村一位老人谈了他的看法，"我对现在的教育有点看法，一个是学校老师换得勤，教得好的过一段时间都去县城里了；第二个方面，乡村小学应该有点特色，我不是否定教育，一些传统文化知识还是很有教育意义的，娃娃不仅爱学，还能传承优秀的文化。知识嘛，没有能学完的。现在，学生在学校不爱念书，考不上学变成'小混混'了。乡村的一些好做法也都忘记了。"（BC-M34）P 村一位村民也谈了自己的看法："说起学校教育，谁都能说出个一二三来，学生娃娃学习差，学校老师的教是一个问题，学生不好好念书也是一个大问题。学生还是要管得严一些……宣传党的民族政策、教育政策，强调学习科学文化知识的重要性。还有一个就是

[①] 回族老人 MZH 是当地有威望的文化人，在该村调研时，三位村民推荐笔者拜访他，作为关键报道人。

品德问题，不偷盗、听善言、做好事，表里如一，做一个干干净净、堂堂正正的人。这是村民重视的，能够教育人做一些好人好事。"（PC-M35）

综合来看，村民们普遍重视学校教育培育子女成人的价值，他们都希望通过学校教育使孩子成才，最终走出乡村，在城市寻得体面的工作。从村民和乡村青少年的谈话中得知，当地学生对学科知识的学习普遍缺乏动力，但也有个别学业成绩优秀的学生，成为村民讲述教育成就的范例。另外，学生熟知的本土文化，其所具有的教育价值，学校教育过程中并未以合理的形式得以体现和整合。

（二）村民认为学校教育应关注学生所处的乡土文化

第一，村民的教育话语围绕当地学校教育展开，提供了一条乡村教育通向现代化的宏观路径。其中，学生学业成绩的提高、学校教育质量的提升以及学校教育中乡土文化的回应等牵动着村民对教育的认识。村民关心子女通过学校教育的培养，考出优异的成绩，实现从乡村走向大城市的梦想。当然，村民的教育困惑根源于子女如何走出乡土，他们认为城乡教育存在显著的差距。笔者基于村庄中的人和事的直接观察，准确理解村民的真实表达的基础上，概括出他们对乡村学校教育的观点。

第二，理解当地村民对教育事件的描述离不开他们的集体记忆。乡土集体记忆来源于乡村社会生活，它是村民个体、集体交往或集体认同的关键符号，是对村民所处特定的历史、环境、文化与教育的一种叙事。个体记忆是集体记忆的微观化叙事，个体记忆的整合可以全面反映出集体倾向。因而，基于生活文本、行为场景以及群体对话组成的认知结构，理解当地村民的教育需求，不仅可以再现教育实践问题，还可以为问题的解决提供依据。村民集体记忆中关于学校教育的事件，作为经历残存，印刻在他们的记忆深处。

第三，村民们认为，乡村学校教育应当体现当地文化，使学生不忘记本土优良文化传统的继承与创新。当笔者谈及本土地方性知识时，村民们对乡土传统文化持有积极态度。村民认为，学校教育质量不高，也有学生自身的原因。但就学校教育而言，唤起学生的学习兴趣是最为关键的要素。乡村学校教育地处乡土世界，它被农耕文明所涵养。"学校作为一个机构不仅在组织上与它所处的村落相分离，而且在教育内容上也同乡村生活相脱离"①，因而，当学校教育难以兼顾学生已有的日常生活世界及经验时，学生会产生一种难以关联自身经验的断裂，而往往以厌学情绪表现出来。这就意味着，"学校教育与其所处的社区及其文化行为相互依存，相互作用，只有将学校教育置于社区的政治、经济与文化背景之中，通过人类学的参与观察和民族志方法，从更宽广的生活文化情境来审视，才能得到较为客观的理解"②。在此意义上，村民的教育观点或者是教育话语，折射出乡村学校教育尚未形成对学生已有地方知识经验的关照，学生学习主流知识文化的兴趣受到一定的影响，说明乡土学校教育试图通过普适性知识的学习，帮助学生走出乡土世界而脱嵌于乡土情境中早已深入他们心灵世界的前有经验。

第四，全部主流知识的学习与考试，其背后的逻辑依然是何以打开乡村少年未来全新的生活？尊重学生对本地周遭事物的先前感知，让他们的日常生活世界通过学校教育得以接续和整合，有可能激发学生个体原初性的生活感知力，这是学生生命成长及其知识获致必要的假设。乡村学校教育不仅要体现学生日常生活世界的差异性，还要从个体成长的历程出发，通过学校教育对本有心智经验的关联，激发他们自我成长的文化自觉，再塑一种难以忘却的乡土情怀，为乡村振兴贡献自己的才智。换言之，乡村学校教育要创新性地赓续文化传统，培养国家和乡村视野兼具的乡村少年。

二 当地教师眼中的乡村学校教育

学校教育肩负着为党育人、为国育才的历史使命。在多元统一的中华民族大家庭中，国家和民族的发展方向决定了每个人成才的方向。乡土是最为广阔和现实的生存境遇，即使是城乡一体化建设，也难以完全割裂乡土文化之根。村庄地方性知识展现的是乡土世界里人们创造的文化图景，那些具有原生态的、自然纯真的地方性知识与中华民族传统文化有着相互交融的地方。或许我们会想到地方性知识内容存在一些细微的文化偏差，

---

① 李书磊：《村落中的"国家"——文化变迁中的乡村学校》，浙江人民出版社1999年版，第118页。

② 李红婷：《无根的社区 悬置的学校——大金村教育人类学考察》，博士学位论文，中央民族大学，2010年。

但是教育的感染与熏陶会使其发生净化和文化特质上的改良，从而逼近文化传统的特殊内涵，在提升文化内在特质的基础上发挥地方性知识的教育价值。基于此，笔者调查了乡村的六所学校，试图从"化俗成民"的视角确证地方性知识塑造和培养人的功能以及乡土传统知识本身作为教育载体的可能性，阐明乡村学校教育地方性知识缺失的多种局限。乡村学校田野作业主要信息来源见表5—1。

表5—1　　　　　　乡村学校田野作业信息来源表

村庄名称	调查学校	信息获取主要方式
P村	P小学	1. 观察校园教育教学文化情境；
	P中学	2. 访谈教师（包括学校管理层教师）、学生（回、汉各族学生）；
S村	S小学	3. 走进课堂听课、观课；
B村	B小学	4. 观察学生的教育生活世界；
X村	X小学	5. 查阅学校纸质文本档案。
	X中学	

（一）教师普遍重视学生的学业成绩，忽视文化养成教育

在P中学的年级组办公室，笔者访谈了杨老师，访谈内容如下：

访谈录节选　　　　　　地点：P中学　　　　访谈对象：杨老师

问（研究者）：杨老师您好！请谈谈您对当前基础教育的一些认识。

答（杨老师）：好的。教育是个老大难问题，教师压力还是挺大的。我在这个学校教书快二十年了，感觉生源一年不如一年了。九年级马上中考了，现在教学的主要内容是讲试卷，做练习题。学生的心思不在学习上，学习差的学生，学校要求上高职，有些学生非得要上高中。学生上了高中如果底子薄还是考不上大学。有几个学生告诉我，他们的父母说非要上高中，实在是难。

问：学生学习差的原因主要在哪里呢？

答：学生底子差，多数学生不大重视学习，目标不清。班里有几

个学生，整体学习成绩差，怎么讲都学不会。现在的学生不敢批评，惩罚一下学生，家长会找老师的麻烦，所以不敢多批评。

问：学校教育有没有地方课程、校本课程，重视第二课堂吗？

答：哪有时间搞这些，教育主要是抓课本知识，重点抓考试需要的知识。现在县上也举行各种统考，成绩考得太差是说不过去的。

在 X 中学，笔者也参加了学校中层领导会议。这次会议主要传达义务教育均衡达标验收事宜和近期急需整改的重点任务。X 中学校长认为，当前学校学生成绩低的主要原因在于教师没有做到认真教书育人，用校长自己的话说是"不作为"，校长也开诚布公地谈到自己并没有引导学校形成一股追求优质教育的冲劲。"小学没有培养出合格的小学生，中学也没有培养出合格的中学生，整个学段学生的学习是断开的"①，而教师认为学生底子薄是学业成绩不良的直接原因。学校教育仍然存在教与学的深层次矛盾，学生不愿意学、教师如何教得更好是学校教育中的棘手问题。还有一组矛盾是，如果教师对学生管得严，就会加剧紧张的师生关系。大多数情况下，科任教师监管学生的目标在于使学生考出高成绩。根本上看，大部分学生缺乏学习的兴趣，而学校教育始终是以学科知识为中心的，尚未兼顾学生的文化养成和习得。如果学生的学习投入没有足够的动力，学生"知识人"的身份就会完全取代个体的成长与文化陶冶。

（二）学校开足开齐了国家课程，缺少地方课程和校本课程

六所乡村学校中，按照国家教育规划开足开齐了国家课程。学校教育一贯围绕学科课程进行教学，始终以考试课程的成绩为根本，很少落实地方课程和校本课程，因而反映乡土文化特色的课程缺乏开发和实施力度。教师们认为，校本课程不是考试课程，不应该纳入学校教育。P 中学教师告诉笔者，"除学科课程之外的任何内容不仅会增加教师负担，还会影响学生学习成绩，本来我们这些学校学生成绩很差，再占用更多时间的话会造成学生成绩更差。一是学生不喜欢学习，二是家长不重视，没有学习积极性，有一部分家长忙农活、忙生意，家庭教育弱，各阶段的学习全交给老师，教师工作任务本身繁忙，备课、讲课、批作业、辅导等等。如果再开展第二课堂，研

---

① 来自 2016 年 7 月 5 日 X 中学校长的讲话。

究校本地方教材，会影响学生的学习。"（PJ-F01）笔者在与数位教师访谈中发现，教师对本土知识经验的教育价值持认可态度，但教师都不赞成以地方性知识为素材的校本、地方课程的开发，主要原因是增加了学生的学业负担，没有充裕的时间开展具有地方特色的综合实践课程。在此情况下，乡村学校教育的开展尚未完全贴近学生已有的经验世界。

（三）问题浮现：主流知识与地方性知识的割裂

本书将田野点定位在西吉县的四个村庄，每个村庄开办了学校。如果按照民族教育的定义看，村庄中的学校属于民族教育的范畴。在回族聚居区独立设置了以中小学为代表的国民教育，兼顾当地各民族人才培养而设的学校教育，属于民族地区的学校教育。显然，县域中的民族教育是以民族地区为主要区域，各民族学生共处相同的情境，共处相同的教育场域，共同交流学习，夯实民族团结，铸牢中华民族共同体意识，实现了共同体人才培养的根本任务。

走进村落，自然、纯朴的乡土气息扑面而来。个体成长的进程中，学校教育与地方性知识资源之间的割裂，往往又使个体陷入回归乡土的两难境地。随着现代教育高度制度化和城市化的发展，乡村学生被地方性知识"浸染"的生命成长，从历时性角度看，被乡村到城市递演的教育线索分割成不同的生命历程，这种个体碎片化的成长秩序并未很好地搭建学生历时性发展的经验、智识、情感、技能的累积。当下，乡村教育忽视了学生在乡土情境变迁中无意识地发展自身的那些经验世界，是需要反思的教育实践难题。下面是笔者与一位学生的访谈：

  T（研究者）：可不可以谈谈你的学习情况？

  M（学生MB）：我的学习有一些困难，我愿意学习，但成绩一直提不高，所以现在对学习失去了兴趣，因此也不愿意学习了，顺其自然。

  T：你如何看待本土的生活生产，你如何看待乡土文化？

  M：我了解一部分，喜欢花儿，但没那个条件。有一些乡土文化知识可以用到学习中，比如文学方面的。

  T：你是怎样安排自己的课余时间的？

  M：一般是玩，聊天说话。有时也写写作业的，讲一些乡间的故事。

T：上课时老师会引入一些民间生活故事吗？

M：有时会讲一些，我们很感兴趣。毕竟这些内容在以后的生活中会用到。

T：现在学习的知识和你的生活联系紧密吗？

M：不是太紧密，但也有一些关系。考试升学得考这些。

T：你通过哪些方式了解本土的经验知识？

M：我通过家长的讲述、课外书籍等途径了解乡土文化。我生在这里，对家乡的文化很了解，习惯了吧。

在乡村生活世界里，常见的印象是村庄和学校的共在，共同构成学生个体成长的重要场所。现代学校教育注重传授普适的、为考试而准备的知识，"学校教育中以升学、逃离本土社会、进入社会的主流作为强势价值渲染"[1]，而地方性知识在学校范围内难觅踪迹，成为一种被遗忘的乡土知识资源。村庄中各民族共同情境中生成的地方性知识，具有贴近乡土生活的实践品质。生态意识、生活情趣、技术技能等展现出地方性知识的内涵，民间朴素的道德规范、思想意识、文化修养等具有教育意蕴，是涵育个体成长的原初性材料。"乡村社会外出人员逐渐缺少乡村生活体验。学校教育在时间上的无限延伸使学生与乡村家庭生活隔离"[2]，因而，乡村少年一旦走出乡土，他们内心深处逐渐淡化了乡土情结，难以再回归故里，失去用自己的才智助力乡村振兴的激情。

特定情境赋予人们特定的生活方式，人们的思想行为也离不开乡村生活的教化。"我们所感知到的我们周围的对象——城市、村庄、田野和森林，无不带有人工雕琢的痕迹。人不仅仅在衣服和外貌、外在形式和情感方式方面是历史的产物，甚至人的视听方式也是与几千年来社会生活的发展过程分不开的"[3]，按照此种逻辑，我们发现，乡土社会是基于土地耕作

---

[1] 刘铁芳：《乡村的终结与乡村教育的文化缺失》，《书屋》2006年第10期。

[2] 于影丽：《社会转型期乡村文化传承与发展研究——B村教育人类学考察》，博士学位论文，西北师范大学，2009年。

[3] ［德］阿克塞尔·霍耐特：《权力的批判——批判社会理论反思的几个阶段》，童建挺译，上海世纪出版集团2012年版，第5页。

的乡土生活培植的文化社会，乡民的生活围绕富有地方性的文化而展开，看似在地域上有所限制的生活实践，却因为地域间时有时无的封闭与人与人间的接触，反过来固化了地方性的生活程式。正是生活的地方性，孕育出对乡村社会发展弥足珍贵的地方性知识，它与当地人的生活保持高度的关联。

当地青少年的生命成长既有乡土情境的陶冶，又有以学科知识为升学工具的学习实践。换言之，学生个体在此时此地的身心完善完全指向主流知识的学习，而未将他们对已有生活世界的切身感受置于知识探究的过程。可以说，乡村青少年的日常生活世界在学校教育中是缺席的，学校场域中知识的学习与村庄场域中个体生命的成长，在时间线索中是分离或者说是一种断裂的状态。学生在乡土情境中获致的自然养育及其经验世界，并未融合于学校教育生活世界，导致他们缺乏足够的学习兴趣。

三 当地学生的学校教育生活世界

乡村教育生根于乡土场域，是乡村未来发展的坚实基础。村庄在组织结构上具有完整性，村里都有学校，乡镇学校与村庄毗邻。事实上，四个村庄共同构成一个经济和文化意义上的共同体，折射出县域社会发展的客观特征。学校教育存在于村庄之中，构建出村民生活的意义之网与国家主流教育之间互动依存的关系。一定意义上，对乡村来说，学校教育应该是一双合脚的、舒适的、结实的布鞋，穿上可以自如地行走，甚至奔跑；学校教育绝不应该成为昂贵的装饰——标志身份的文凭，游走名利场的入场券[①]，这就意味着乡村教育不仅要立足国民性，还要根植于乡土文化的适切性，让乡村少年顺畅自如地行走在乡间大地。

（一）学校教育的文化活力

1. 学校教育场景之一：多元校园文化的缺失

经过近两周的现场观察，笔者发现 P 中学整天的教育生活以考试为中心，缺乏多元化的校园生活，校园文化不乏单调乏味。P 中学的作息时间紧凑紧张，按照春、秋季作息时间，学生的学习生活一直持续到晚上九点二十分。

[①] 刘云杉：《村庄与教育——黔西南一个民族混居村庄的田野研究》，载翁乃群《村落视野下的农村教育——以西南四村为例》，社会科学文献出版社 2009 年版，第 332 页。

一部分学生十点后离开教室就寝，早晨六点学生已经起床了。学生的学习行为和学习态度是不同的，大致分为积极正向和消极负向两种。一小部分学生认真地背诵语文和英语科目中的内容。绝大部分学生匆匆忙忙，但是没有认真地背诵课文，他们按照父母的意愿被迫到校学习。笔者对学习态度持消极负向的部分学生进行了访谈。普遍存在的问题是对学习的意义并不是很清楚，他们认为自己学习成绩差、信心受挫，失去将知识学通学懂的信心，因而把学习任务当作老师和家长的意愿来被动完成。一天天过去，旧知识没学懂，新知识的学习也落下了。学校没有开展相关的社团、实践课程等方式丰富校园文化，学生只是在单调的校园文化中围绕各科课程学习，整天学习缺乏实践，部分学生对学习产生了厌倦的情绪。[1]

2. 学校教育场景之二：课堂教学忽视学生已有的知识经验

B 小学完成国家课程教学之外，同样缺乏对学生已有知识经验的观照。语文、数学、美术、音乐等课程以课本知识为核心，目的是完成国家规定的教育任务。笔者听了一节四年级的美术课，内容为《生活中的线条》。该课的教学目的是观察平行、弯曲的线条并运用线条进行作画，表达静动之感。学生已有的生活经验与课堂教学之间是相互脱离的，授课时可以引用学生日常生活中随处可见的线条，帮助学生在生活中寻找答案。当课程教学与学生日常生活中的人文景观建立联系时，不仅可以拓展学生对自身所处文化的创新意识，还可以为学生认知新世界搭建知识的"脚手架"。学生熟知自己在乡土生活中遇见的各种线条，因而学生创造一幅既贴近生活，又具有创造性的绘画作品还是可行的。

然而，在实际教学过程中，学生只按照课本内容进行作画，学生已有的生活经验与课堂教学相互脱离，因而在学生互评、展评等环节中并未真正做到以学生为中心的教学。《品德与生活》课也可围绕教学目标设置学生熟知的生活素材，但实际课堂中，教师围绕课本内容作了知识的灌输，没有达到真正的教学效果，学校教育与学生的日常生活世界毫无关联，教学没有真正激发学生基于生活但又高于生活的认知兴趣。[2]

---

[1] 资料来源于笔者 2016 年 5 月 23 日在 P 中学撰写的田野笔记。
[2] 资料来源于笔者 2016 年 6 月 26 日在 X 小学撰写的田野笔记。

（二）乡村学校教育缺乏学生的个体经验

推进城乡教育差距、夯实义务教育均衡发展，城乡教育一体化是既是关键，又是重要的手段，而教学质量和学生的自我成长是基础。其中，最为核心的是任务是通过立德树人帮助学生德智体美劳全面发展，提升学校办学活力。教育属于文化生产的范畴，"教育，在本质上是一种人的再生产。就是说，人被父母'生产'下来，只是'第一次生产'，这次生产只是产生了一个有无限发展可能性但又只是生物意义上的人的躯壳。教育的意义或者伟大就在于将这个生物意义上的躯壳注入社会精神文化"[①]。因而，学生的成长不应忽略个体成长的精神文化的养成，这种文化是多方面的，鲜活的地方文化对学生成长的求知欲和文化感染力最为深刻。

县域内乡村学校教育普遍缺乏对日常生活的观照。P中学的课程表中虽设置了综合实践课，但是有名无实。综合实践课常常作为学生学习考试课程的课堂而被挤占。九年级学生的两个晚自习被安排为学科课程的巩固与学习。学生从早到晚围绕主流知识的学习。主流知识作为考试的内容，任课教师认为只有熟练掌握了这部分知识，才能考出好成绩。这本无可厚非，但其中忽略了日常生活的世界，他们日常生活中习得的由地方性知识建构的既有世界往往被学校教育暂时性地割裂出去。

可以看出，学习生活时间紧张，仅围绕考试科目内容及其制度安排而运转，教师、家长和学生自己都认识到了课程学习的重要性。只有努力学习、提高成绩才能走出村庄，这是一条简明的逻辑。笔者随堂听了部分授课，教师以课程知识为主，通过试题演练、"识记背"等方式让学生掌握考试所考的内容，知识学习与考试内容达到完全的契合。但是，缺乏学生个体的经验、完全以主流知识占据的乡村学校教育并没有大幅度提高学生的成绩。相反，导致了一部分学生厌学，他们缺乏足够的学习动力，造成学业成绩不良的结果。当然，不同的课堂有不同的教学风格、教学内容和教学效果，而学生对所学课程及知识的掌握参差不齐，多数学生明显感到学习是一件非常费力的事情，出现不认真听讲和不主动学习的普遍现象。如此，乡村教育似乎陷入教学质量低下的不良循环，乡村学校被贴上了

---

① 檀传宝：《合乎道德的教育与真正幸福的追寻——当代中国教育的伦理思考》，《课程·教材·教法》2015年第8期。

"教学质量差"的标签。

教师认为，掌握课程知识，完成考试规定内容的学习意味着完成了教学任务。教学效果最终通过考试成绩来表明。从期末成绩来看，学生对课程知识掌握的结果没有令教师们感到满意。如表5—2所示，七年级两个班的考试成绩差异并不显著，但是学习困难的学生还是居多，没有达到课程规定的教学目标和教学要求。

表5—2　　2016年7月P中学七年级两个班的期末成绩表（分）

姓名	语文		数学		英语		政治		历史		生物	
班级	七（三）	七（四）	七（三）	七（四）	七（三）	七（四）	七（三）	七（四）	七（三）	七（四）	七（三）	七（四）
考试人数	54人	48人	55人	48人	55人	48人	55人	48人	55人	48人	54人	47人
总分	3605	3003	3447.5	3089	3194	2807	4451	3489	3207	2828	3319	2928
均分	66.76	62.56	62.68	64.35	58.07	58.48	80.93	72.69	58.31	58.92	61.46	62.30
最高分	97	92	117	110	108	103	100	98	89	89	90	95
最低分	6	6	16	12	10	20	51	43	29	20	11	15

乡村学校制定了相关考试制度，学校在加强考试管理方面也采取了相应的措施。比如，其中一所学校提到：

> 教师要按水平考试的要求紧扣教材命题，着重考查学生"双基"达标情况和分析解决实际问题的能力，针对教学实际，防止出"偏、怪、难"题。统一评分标准，统一试卷，并以年级为单位将考试成绩上报教导处。对不及格的学生进行补偿教育后，要给予再次测评的机会，并在此基础上登记成绩。要让学生看到进一步努力学习的价值，鼓起继续学习的勇气。

一般而言，学校的考试制度围绕县级教育部门出台的考试政策执行。2016年，该县相继出台了《西吉县教育教学质量考核办法》等一系列办法。其中，初中阶段、小学阶段教学质量学年度综合评分排全县倒数一、

地方性知识贡献取向

二名者,全县通报。学校当年不得评先,学校主要负责人不得评优,不得提拔或调动。单科教学成绩排全县倒数 1—5 名者(总分平均分与倒数第 6 名差距在 2 分以内或及格率达到全县平均水平及以上的除外),科任教师当年不得评优和晋级并考虑作为组织人事调整对象。由此我们可以看到,乡村学校教育改革的核心任务仍然是达到高质量的教育教学,并促进学生个体的全面发展,将适应社会需要作为教育质量提升的根本标准。以质量为核心的教育发展观,不仅要注重教育内涵的发展,还要鼓励学校办出特色、办出水平,出名师,育英才,该县相应地提出了"质量是教育的生命,追求质量、发展质量、提高质量是学校教育的永恒主题"的教育口号。学校教育重视学校课程学习和考试工作,并以此作为提高质量的核心。该县 2016—2017 学年第一学期进行了九年级的教育质量监测,采取"统一命题、印卷、组织、阅卷"的方式,专门做出了监测成绩汇报。其中原因分析中提出五点:[①]

> 一是学校管理层面存在责任缺失、质量意识不强现象。二是常规教学方面存在问题较多,备课不扎实,应付检查者多。三是教师层面存在观念落后、责任心不强等问题。四是学科层面存在学科课程发展不平衡、落实不到位的现象。从本次统测年级的成绩来看,语文成绩相对较高且学校之间差距小,数学、英语成绩整体偏低。只抓语文数学等所谓的"主科",地理、生物等课程教学不重视,校本课程及综合实践活动一片空白,人为地造成了薄弱学科,给学生的成长带来了缺憾。五是县域教育基础薄弱,学生七年级或更早时期就未能完成学业,无法按照学科序列和教学进度完成学习任务,学校和教师也未能补齐短板,致使学生长期学习困难,丧失信心,也给教师正常教学带来挑战。

以上教学质量检测分析报告简明清晰,围绕整个县域教育质量提升过程中出现的症结展开,薄弱学科给学生个体成长带来了缺憾,"主科"思维的教育没有丰富学生的教育生活世界,学生长期性的学习兴趣的丧失,

---

① 摘自该县 2016 年九年级教学质量监测分析报告。

带给学生的是一种隐性的伤痛。我们看到了乡村教育正在面临的多重内在的张力。笔者也访谈了部分学生，结果可归纳为三方面。其一，乡村学生较为熟悉的文化生活没有纳入地方课程、校本课程，尚未建立起学生知识学习进阶的梯度；其二，学生对主流知识学习存在较大困难，致使他们失去对学校生活的兴趣；其三，学生缺乏彼此学习交流，学习好的学生更喜欢相互交流，学习困难的学生更喜欢彼此间的互动；其四，高质量学校教育的期望源自家庭以及社会各界，学习困难的学生受到外界升学的压力和自我成长举步维艰的内在消耗，难以成为"小镇做题家"的失落加重了生命成长的内耗。从上述学生的教育生活和相关制度实施来看，学生围绕学科课程学习和考试，而学生的学习成绩并不理想，引起科任教师和学校层面的教学焦虑。学生学习的过程和结果之间的张力集聚，传导给不同的教育期望者，但最终又回到"学习"，"'习'即是在经历中获得能力与知识，它并非静态、封闭的，它置身具体情境之中，又在人的主动实践中体现出来"①，而乡村少年的学习将学科知识圈定起来，去除了他们身在乡土情境的经历，学习兴趣的丧失又难以激发他们探究新知的主动实践。

乡村学生的教育生活至少有两点需要加以阐明。一是学生的教育生活因缺乏知识地方性而显得单调乏味；二是学生的学习成绩差、学习兴趣不浓厚，缺乏多彩教育生活世界对学生生命成长的滋养。因而，也就印证了教师对教育的直观研判："学生一届不如一届"，这种判断说明乡村教育确实存在着逐步加剧的教育焦虑。每个自然人向理性和道德之人的成长，必然受到家庭和社区情境的影响，这种潜移默化的影响实质是自然的教育，自然的教育最终使自然人成为社区或民族的一员。对于生于斯长于斯的乡村少年而言，当已有的知识经验尚未与学校教育知识体系建立关联时，他们往往出现学习的困难。在此意义上，"任何学校文化都无法剥夺学生上学前所获得的语言与文化，要提高少数民族的学业成就，必须改变这种大一统的学校教育模式，以便在制度上保证各种文化获得合理的传承"②。在此意义上，学校教育应将融入学生生活实际的个体经验作为知识体系的一环，封闭静止的主流知识的训练难以使教育成为学生通向广阔生活世界的

---

① 刘云杉：《拔尖的陷阱》，《高等教育研究》2021年第11期。
② 冯增俊：《教育人类学》，江苏教育出版社1991年版，第59页。

可能窗口。理解和尊重当地积累和实施教化的本土文化知识，使学校教育与学生的文化背景与日常生活世界建立联系，就是让他们感知和体验学校教育对他们生命成长渐次丰盈的生活意义，使教育通过人才培养更好地服务当地社会和经济需求。

（三）学生学业成绩与地方性知识的关键张力

缺乏地方性知识经验的教育是普遍造成学习动力和学业成就降低的原因吗？乡村学校作为乡土文化传承和创新的场域，并非以包容的姿态纳入地方性知识。单一性的学校教育生活以单纯的学科知识增进的为目的，"技能的获得、知识的占有，教养的成就，都不是目的。它们是生长的标志和继续生长的手段"[①]，学生成长于教育生活世界之中并迈向社会化是教育的最终目的，而乡土学校教育竭力地帮助学生走出村庄，远离故土的"落后"。在这种逻辑中，乡村学校教育偏离了乡村学生成人成才的基本规律，成为远离乡土的代理机构。学校教育一旦缺失乡土文化的滋养，学生接受的教育就会缺失地方性知识。可以看出，学校教育与本土文化之间确定的联系尚未建立，村庄的人文活力与当地学校育人的互动力度不够，学生个体成长的教育生活世界历程缺少他们本有的地方性知识。

提高学生的学习成绩是基础教育的关键，这是学校、家庭、社会联动才能得以高效完成的实践。教育绝不是时空搭建的排满学校教学科目的表格，它要帮助学生获取知识，以实践的方式创造生活，创造社会的向善秩序。学习是一项个体主动性较强的实践，教师反映学生的学习积极性不高，学校做了课堂教学改革方面的一些工作，帮助学生乐学、爱学，但学习效果不佳。家庭的支持也是重要的条件，家校合作是重要的环节。部分教师同意借助于微信平台、地方文化作为第二课堂的内容提升学生学习兴趣的做法，但学校教育实践并没有采纳。随着义务教育的实施，2016年当地学生入学率达到98%以上。大部分家长重视学生的学习成绩，但是学生的学业成绩普遍低下。部分学校学习教育发达省区的课堂变革模式，采取诸如"导学练"等教学方式，但学生对学校教育生活缺乏足够的兴趣。"学校教育的目的在于通过组织保证生长的各种力量，以保证教育得以继续进行。使人们乐于从生活本身学习，并乐于把

---

① 赵祥麟、王承绪编译：《杜威教育论著选》，华东师范大学出版社1981年版，第249页。

生活条件造成一种境界，使人人在生活过程中学习，这就是学校教育最好的产物。"① 每个人的生活由周遭的文化所浸润，所以学生的成长与他的生活不可分割，人之未来发展的多种可能性也是由此处经验生活带入并开创崭新的层面。可以说，人的发展是有机体与环境释放的能量之间平衡互动的结果，如此，也就建构起了人的生活史，即一种人在此在世界之中不断被结构化的能动意义的结构，而人在这种结构中无疑彰显的是行动者的生活姿态。乡土生活自然是乡村少年从生活本身学习的资源。巩固脱贫攻坚成果与乡村振兴有效衔接的时代背景下，无疑要重视地方智慧的能动价值，那些情感的、文化的、技术的，甚至是嵌入记忆符号的习俗，通过年长者传递给年轻一代，发挥着启迪心智成熟的关键作用。这种属于儿童生长的情境性力量，启兴了儿童基于生活过程的学习动力，其基本过程存在着人之发展基于乡土世界赓续的生活理想的图像化，唤醒的是儿童奔向未来的潜能。

实质上，乡村学校教育本真的内涵和功能蕴含着丰富的地方文化元素。学校是以培养德智体美劳全面发展为目的机构。德是我国传统文化中极力推崇的；智通常指知识的获得和应用的能力和水平；体指身体的健康，通过体育锻炼、健身知识，养成健康的体魄；美则指人的审美意识和对美的追求，审美能力、鉴赏能力以及审美情趣；劳指实践劳动，目的在丰富学生的实践能力，养成良好的劳动观念和劳动习惯。学生"五育"养成的目的在于实现自我完善。当现代教育嵌入村庄时，村民对学校教育有着高期望值，而其教育逻辑的背后还存有潜在的生活过程的缺失，这是打通乡村教育症结的一个通道。地方性知识和普适性知识彼此之间依然存在互嵌的可能性，因为理性的思考无法脱离日常经验。普适性知识具有脱离知识生产情境的自主性，构成了与学生带至学校教育场域中的日常生活知识的对比。需要说明的是，普适性知识成为课程基础的"正式知识"的独特性，与人们在自己生活中获得的日常性、地方性、实践性知识之间的差异，并不意味着它具有任何绝对的优越性。相反，"它只在某些特定目的上具有突出优势，如严谨批判、阐释、探索备选方案、假设未来情形等课程目标。没有正式知识或理论知识，这样的目标将不可能实现。同样，也

---

① ［美］约翰·杜威：《民主主义与教育》，王承绪译，人民教育出版社1990年版，第55页。

有许多事情是正式知识无法做不到的"[1]。学校与村落相互动产生的文化氛围、各民族师生交往所形成的心灵交流与成长过程中的相互砥砺，将超越单线式的知识教学。

由以上论述可知，普适性知识帮助学生融入城市生活，在肯定和坚守这一教育信念的同时，还应思考"唯知识决定论"对学生文化养成的反作用力，那种忽视乡土社会人文因素的教育值得进一步反思。学校教育与地方性知识交互机制的建立，无疑有利于激活乡村学校教育发展的文化生机。

第三节 乡村学校地方性知识疏离的教育人类学省思

探讨地方性知识的学校教育境况，需要把原本加于知识地方性之上的诸多设定统统放到一边，将知识设定暂时搁置起来，描述并面向地方性知识的事实本身。知识本质上，格尔茨反对以实证主义划定文化现象的做法，参与地方性的具体事务是把握地方象征符号的根本方式。一切地方观念、行为、情感等都可纳入地方性情境，但要根植地方世界才能达到文化理解。笔者通过学校现场的观察和体验，目的在于找寻地方性知识的学校教育困境。

一 乡村学校地方性知识疏离的表征

知识为人类社会发展提供了能力与技能、道德与伦理、思维与行为。乡村学校教育中，村民赖以生活的地方性知识付之阙如，地方性知识的疏离割裂了学校教育与当地乡土社会之间的关联。

（一）普适性知识与地方性知识之间的断裂

乡村青少年拥有与当地情境相适应的生活方式、价值观以及稳定的性情倾向。可以说，乡土文化环境是哺育他们成长的精神家园。地方性知识是培植性情的知识花圃，他们的健康成长离不开具体的乡土场域。学生拥

---

[1] ［英］迈克尔·扬：《把知识带回来：教育社会学从社会建构主义到社会实在论的转向》，朱旭东、文雯、许甜等译，教育科学出版社2019年版，第241页。

有自己本真的生活及意义,已有生活背景因情境而表现出复杂多样的特征。乡村社会中,国家主流知识和地方性知识的兼容是一个重要的教育实践问题。面对升学的压力,如何在现代国民教育体系中寻找地方性知识的一席之地,对于乡村教育发展无疑具有开拓性的意义。调研发现,地方性知识与国家主流知识之间的界限是明显分离的,学校教育未将地方性知识资源纳入学校教育空间。

学校教育只注重传授主流知识,不兼顾地方性知识,造成学生一时难以适应主流知识,而当这种不适应得不到及时矫正时,就会出现不理想的学生学业成绩。学生放弃学习,出现厌学、辍学等普遍现象。如果没有建构起对教育生活世界的认同,难以激发学生对学校教育的兴趣。"我对学习有困难,不愿意学习,但不得不学。"(PX-M02)学生对知识不感兴趣的原因是多层次的,但直接的原因是学生个体的经验世界尚未成为学习新知识的联结点,而课堂教学并没有将学生的特点、生活的地方情境考虑在内,学生的兴趣、学生相应的努力、学生的生活经验与普适性知识的学习协调不够。如果考虑到学生的兴趣,一定会提高他们学习的主动性实践。

地方性知识是世界的基础,世界通过地方性知识而呈现。安居于日常生活世界之中的地方性知识与普适性知识是截然不同的两种知识形态。学校教育生活以普适性知识为主,目的在于让学生掌握实用性知识,形成特定教育目的指引下的生活世界。乡村学生的日常生活通常被排除于学校教育生活之外。如此,普适性知识与地方性知识无形中成为一种知识学习的对立状态。

从村民的生活视角看,学校教育并非仅仅是助推社会流动的工具。然而,乡村学校教育总是自觉或不自觉地偏好科学技术知识的传授,"以学科为中心就会忽视了学生心理水平、学习兴趣、社会生活以及跨学科的综合性知识学习,使学生难以获得主体意识、行为能力、情感态度的综合发展"[1]。"乡村地域文化中原本就潜藏着丰富的教育资源。传统的乡村教育体系中包含着以书本知识为核心的外来文化与民间故事为基本内容的民俗地域文化的有机结合,外来文化的横向渗透与民俗地域文化的纵向传承相结合,学校正规教育与自然野趣之习染相结合,专门训练与口耳相授相结

---

[1] 李定仁、蔡国英主编:《中国西北少数民族教育》,宁夏人民出版社1996年版,第64页。

合，知识的启蒙与乡村情感的孕育相结合。"① 这种自然协调的教育，是培养青少年的适切性教育方式。人们在追求美好教育生活的过程中，往往把乡村教育看作摆脱乡土生活的手段，学校教育中普适性知识和地方性知识处于同一场域中的对立状态，也说明乡村教育试图以单纯的考试与升学帮助乡村少年摆脱知识地方性的生活空间。这就意味着，"基于教育知识或学校知识的共同文化与学生们在家庭、同辈群体及社区中获取并带入学校的分化文化之间的'断裂'"②，因而学校教育脱离了地方性知识的滋养，不利于学生个体知识的增进与身心的完善。

（二）学校教育场域学生生活世界的分离

关注学校教育中真实的教学过程是发现和解决教育问题的突破口，这是教育人类学的研究起点。一要把自然情境下学校教育中地方性知识的境况陈述出来；二要以搜集的定性材料为主陈述教育事实；三要基于学校教育整体的交往情境阐述事实背后的逻辑。

首先，即便是在人类学中，本土知识与科学知识都应被看作为历史实践中尤其是在特定社会环境中产生与发展起来的经验信息。曾经的学校是学习规矩、接受古代圣贤思想熏陶的地方，更是走向美好生活行动的第一步。学校教育往往以科学知识为传道授业的主要内容。教育与人的生活紧密相连，教育既是目的又是手段。在此，教育实践理应成为折射日常生活的镜子。但事实上，"在现代乡村社会，学校作为一个机构不仅在组织上与它所处的村落相分离，而且在教育内容上也同乡村生活相脱离"③。多年来，加强普惠性教育事业的同时，国民教育实施的目的被深化，教育体现了主流意识形态。与此同时，本土文化作为乡土生活必不可少的实践基础，遗失在人们的记忆当中。从教育作为人之未来谋生的手段和工具来看，学校课程应当组织和安排与村庄生活息息相关的内容，以此关注乡村学生的日常生活世界。

---

① 刘铁芳：《乡土的逃离与回归——乡村教育的人文重建》，福建教育出版社 2008 年版，第 199 页。

② [英] 迈克尔·扬：《把知识带回来：教育社会学从社会建构主义到社会实在论的转向》，朱旭东、文雯、许甜等译，教育科学出版社 2019 年版，第 204 页。

③ 于影丽：《社会转型期乡村文化传承与发展研究——B 村教育人类学考察》，博士学位论文，西北师范大学，2009 年。

第五章 围墙分割的地方性知识：疏离与回归

其次，脱离地方性知识的学校教育，失去关注学生内心世界涌动的文化气息和生命活力的可能。生活世界"是由人所建构的、实践的周围世界，这个周围世界作为许多周围世界中的一个处在历史及其传统的视域之中"①，它是一个直观、现实的，并且能够被感知的周围世界。人存在的意义离不开生活世界。日常生活世界包揽着人类经验所不可回避的真实，其中的知识信息和实践行动构成生活世界最为牢固的文化之根。接下来，需要研究清楚日常生活世界和教育生活世界的关系。任何一种生活，一定是借助于人之主动实践的操作环境而建构起来，最终达成个体的自我更新和身心不断健全的过程。基于此，乡村学生日常生活的构建和教育生活世界的确立是两个本质特征的存在。日常生活对于学生而言是成长道路上自行敞开的经验世界，教育生活世界是师生共同展开和推进的学习知识的世界。在本质上，二者是彼此有别但又相互关联。日常生活根扎于地方性知识，教育生活世界通过日常生活而呈现学生个体的认知情趣。但是，当地学校教育忽视了以地方性知识为背景的生活世界，单一的主流知识传授增加了他们学习的巨大压力。他们学习科学知识是教育生活中的全部。教育生活中，教师也很少顾及学生的日常生活。人不可能生活在真空中，人具有自我意识之前就已预先置身于他的世界中了，而这个世界是一个历史和文化的世界，包括文化背景、传统观念、行为方式和风俗习惯等地方情境的浸润。同理，学生进入学校之前早已存在他们的前有世界，疏离学生日常生活的教育常常使他们感到厌倦和不适应。

最后，乡村学校教育实践中，提高教学质量固然重要，但需要建立在学生个体全面发展基础上的知识与文化相互映照的视域中，聚焦生命丰盈、关注学生生活，搭建教育与学生生活的心灵遭遇与体验。"我们学校学生学习兴趣不高，大都不喜欢学习。生态移民工程实施后，部分村民搬迁，学生数量有所减少，但减少的数量不多，从整个学校的情况看，学生学习积极性没有发挥出来"，"今年的中考成绩全市倒数第二，与第一名平均分差 20 分左右。为什么呢？我们得思考基础教育发展，教育的出路在哪里？"（PJ-F02，2016 年 6 月 3 日笔者与 Z 老师的访谈）Z 老师是校教务主任，他坦陈乡村学校教育的真实困境和教师们的焦虑。可以看出，知识

---

① 倪梁康：《胡塞尔现象学概念通释》，生活·读书·新知三联书店1999年版，第273页。

的量化普遍存在，把教学看成为知识单方面的传输过程，情感、兴趣、文化、习俗、价值观等地方情境塑造的因素完全被排除在个体成人之外，而学生只是知识填充的"工具"。简言之，学校教育中知识的传授与学生已有的生活实践相互分离。

生命成长是知识、德性、能力共同完善的过程，它寓于教育生活世界，而不是单纯的学习知识的世界。知识探求本身充满境遇性和可能性，富含情感和意志的支撑。B 小学的一位学生告诉笔者："学习学不进去时，暗示自己要努力学习，就有了鼓足勇气的信心。"（BX-F03）教育生活世界与生命境界的提升是融为一体的。每个人的生活都将受到自身文化的影响，在此基础上才能塑造人的行为和经验。当然，乡土教育不是让学生轻松、毫无进取精神地过不值得过的教育生活，而是践行主流价值的同时，还要延续乡土文化情结，让学生自身的生活世界融化在教育生活世界之中。

（三）村庄与乡村学校之间缺乏互动

乡村学校教育作为学生进入广阔社会生活的育人机构，是以培养国家现代化建设所需的人才为目的。对于村庄中生活的人们来说，主流知识传授是一种外铄型的知识教化。普适性的主流知识所关涉的是超越个体、超越群体差别化的认识实践。长期以来，乡土生活自然形成了囿于乡土社会的经验知识，这些知识的习得属于基于特定情境的、对乡民实施的内生性的知识教化。但是，人们势必将国家主流知识看作是具有功利性的个体向上流动的工具。因此，对于青少年而言，学校教育成为摆脱乡土的跳板。"教育帮助人换取制度内认可的概念、价值与技巧，进而获取文凭，获取进入制度内生活的入场券。教育与个人的亲在性生活隔离了，教育在个人生活中徒具工具性价值"[①]，这种工具性价值迫使人们追逐背离教育本身的事物，而放弃了个体基于经验世界的身心整全。

地方性知识的缺失完全割裂了村庄与教育的关联。乡村学校教育对于村庄来说，是一种牵连村庄发展的必然和自觉的实践。若要走出村庄、走向外部世界，国民教育诚然是必需的通行证。这样，学校教育演化为学生迈向主流社会的准备性工具。在此，学生厌学情绪的产生主要源于村庄与

[①] 刘云杉：《学校生活社会学》，南京师范大学出版社 2001 年版，第 382 页。

乡村学校之间互动性的缺乏，导致的后果是继续生活在村庄的青少年，在他们身上表现出知识形态的游离，容易出现既不能很好地融入主流社会，也不能回归乡村社会的窘迫和两难境地。这就意味着，乡村学校教育在努力建构主流知识倾向的个体成长的逻辑中，加剧了乡村少年自我身份认同与再建构的迷失。其一，学校教育激励学生接受主流知识的教化，并帮助他们走向社会化，"进入学校的知识是对较大范围的知识进行选择的结果，反映的是社会中主流的观点和信仰"[1]。主流知识是实现新时代教育任务最基础的内容体系。强调地方性知识并不是否定主流知识实现个体成人普遍的社会意义。其二，学校教育又将与乡村社会生活息息相关的地方性知识从知识框架中剥离出去，导致教育与乡村社会发展的脱离。当学校教育排斥地方性知识而造成知识形态的不兼容时，学生的学习失去了自身已有的知识支架，他们容易陷入知识冲突的困境，而缺乏地方性知识的学校教育，学生深受知识阻隔的困扰，产生了知识输入的情感阻力。

地方性知识是学生内在生活的一部分，常常被转化为一种习性和知识的倾向性。围绕"考什么就学什么"的考试选拔扭曲了教育的本真。如此而言，学校教育生活是完全疏异于日常生活的生活世界。同属村庄中的两种知识形态，学校教育传递主流的知识，是现代性的符号和代言；在被现代性所裹挟的乡村学校生活世界里，科学知识的理性不断重塑着学生的日常生活。接受主流知识可以帮助学生离开村庄，从根本上消除民族地区的贫困现象，这是一条看似符合逻辑的路线。但在具体教学中因地方性知识教育的缺失，将那种隐藏得更深的教育成人的逻辑路线被遮蔽，教育帮助学生进入制度内的荣耀并未顺利实现，抹杀了学生扎根于本土建设乡村的信心和勇气。

二 乡村学校地方性知识疏离的原因析解

第一，普适性知识的工具价值崇拜。当前，对于青少年而言，获得知识的主要场域在学校。学校作为国家主流知识传授的场所，肩负着知识育人、知识成人的目的。学生通过学科学、学知识、学文化获得科学知识，

---

[1] [美] 迈克尔·W. 阿普尔：《意识形态与课程》，黄忠敬译，华东师范大学出版社2001年版，第8页。

从而培养"有知识、有道德、有文化、有纪律"的"四有"新人。知识如同浩渺的海洋,没有穷尽的边界。因而,知识的筛选性传授成为掌握知识的有效方式,最能代表主流社会进程的知识,成为人之社会化的必备知识。但是,随着学校教育社会化程度的提升,教育的功利化日益凸显。科学知识的掌握成为学生迈向"知识阶层"的重要依据。学校升学率的指标、学生成绩的横纵向比较等潜在因素促使普适性知识处于学校教育的绝对地位。学校之间考试成绩的比较、家长之间学习成绩的攀比加速了学校教育知识工具性的追逐,催生了诸如"学好数理化,走遍天下都不怕"等普遍认可的观念。普适性知识将人们从形而上学的精神困惑里拉回到客观世界的奥妙之中,在解放思想、促进社会文明进步的同时,又渐渐成为人之成长的牢笼。一切向科学知识看齐的行动带来了人文精神的危机,使人变成"单向度"的人,包括人性异化和价值思想的扭曲。彻头彻尾的科学知识工具价值的崇拜束缚着学校教育人文情怀的释放,学生深陷知识工具倾向的桎梏而迷失人文价值的追寻,遮蔽了学生成长的意义世界。科学知识绝对地位的消解、学生意义世界的敞开,需要学校教育不间断地培育人文情怀。

第二,乡村学校教育艰难地追求高升学率。田野调查发现,一方面,乡村学校教育最大限度地帮助学生以最大容量填装升学考试必备的知识内容;另一方面,乡村学校教育采取措施减轻学生的课业负担,力图缓解和消除学生的厌学情绪。乡村教育既要以乡土知识充实乡村学校教育,又要以实用知识改善乡村学生成长的基本路径。地方化的乡土教育及乡土教育需要的乡土知识谱系被现行教育体制屏蔽,乡村教育脱离当地农村经济需要、又排斥乡土教育,导致大批挤不上城市"独木桥"的农民子女出现厌学现象。[①] 唯科学知识马首是瞻的学校教育,反过来促使教师和家长合力增加学生的课业负担。尽管他们在观念中做出适度的调整,然而科学知识绝对的地位及由此产生的相关制度,使减轻学业负担成为教育运行的一种口号。这是因为,教师希望学生考出高分数,家长期望孩子成为考满分的"好孩子"。在此,乡村教育依赖逃离乡土来定格学生成才的根本取向仍然

---

① 温铁军、邱建生:《"三农问题重中之重"与我国教育体制的适应性调整》,《民族教育研究》2010年第1期。

存在，一定程度上转嫁为教育成功与否的判断。这种取向由"学业成绩差只能当农民"的因果关系延伸出扭曲的乡村教育，也就意味着教育不是培养农民，而是依据成绩的高低筛选出最差的学生成为农民。如果达不到高考录取线，在村民眼里，就意味着只能成为农民或者进入技校，难以通过教育获取职业体系中具有身份象征的"好"职业。可以说，乡村教育试图挖空本地的人力资本，这种以适应非本地化就业需求为旨归的乡村教育，是逃离乡土的教育，因而也打破了通过乡村教育来实现人力资源供需平衡的理想状态。概言之，乡村教育的"好孩子"不是为适应本地乡村建设需要而培养的，乡村教育不是以培养适应乡村生产生活体系的劳动力为目的，而是推动人力资源由乡村流向城市节节攀升的"助跑器"，这种城市人力资源"蓄水池"的工具性教育，筛选出了更多厌学的乡村学生。学校教育理应基于学生成长的时间线索合理增长学生的知识，避免急于求成的知识灌输，维续学生成长的事实世界和意义世界的相互映衬，这关系到乡村青少年的健康发展。P 中学教务主任谈道："现在的升学压力很大，一切教学按照试卷要求进行。一定要抓好教科书上的内容，因为这是考试的内容，我们就是要盯住升学率这个指标。"（PJ-F03）P 中学八年级班主任 L 老师说："乡村学校学生底子薄，多数学生不愿意念书，整天混日子。有些家长的意思是初中学完考不上学就回家务农、做生意或者外出打工。老师抓得紧，学生的成绩一直提不上去。个别学生抓得紧了还适得其反，师生关系紧张不说，还怕学生思想出现不同的问题。"（PJ-F04）掌握知识是迈向广阔天地的一种方式和手段，知识是自然人走向理性与道德人的必备。但是，当这种倾向难以超越它本身存在的局限性时，科学知识的唯工具性压制了学生学习的足够动力，他们厌倦了以考试为单一取向的学习生活。在此情况下，学校教育不会主动选择与考试无关的课程，"传授国家规定考试的学习内容，有利于提高升学率，其他的内容不作为考试内容，会影响到学生学习"。（PJ-F05，2017 年 6 月 10 日笔者与 M 老师的访谈）课堂教学中知识的传授分为知识认知和知识意义，单一的知识认知只是对作为符号知识的记忆，而知识意义帮助学生通过知识探寻来促进人的发展。乡村学校教育的意义就是培养学生探寻知识意义的能力，这种能力的获致离不开学生本有生活世界的感知与体悟。课堂教学仅仅把客观性知识作为学习和认知的内容，阻滞了学生实践创造力的发挥。认知的偏向、经验与知识应用的情境被分开，遮蔽了学生追求知识的热情，造成了乡村学校片面追求升学率，无法通过激发学生兴趣提升科学普及率的困境。

第三，单一的主流知识使教育生活显得单调封闭。学校教育一旦无法体现地方性知识的价值，容易形成育人的单一性知识倾向。笔者访谈了一名中学生，她说："我学习有困难，我愿意学习，因为我想考一个好高中实现梦想。但是，我似乎根本不是读书的料，我用心了，成绩一直上不去。我们当地的生产生活我比较了解，多数学生喜欢花儿、舞蹈等。我想当地的有些事物，是我们所经历的。学校的知识学习与我的生活联系不紧密，学校学习的知识主要是升学使用的，考上学，才能走出大山。父母有时也会说一些我们这个地方流传的故事，像手工艺、歌曲等，对我们自身的生活还是有很大作用的。但是，我还是想走到外面看看。"（SX-M04）

学校教育如果没有规范化、固定化的知识作为教学基础，教育将处在无序的状态。这一过程中，主流知识传授自然作为一种实践活动而呈现。与此同时，主流知识被技术化、工具化的力量所占据，因而缺失了教育的文化属性。在此，学校教育的主流知识倾向更加明显。学校教育将学科知识视为谋求未来生活唯一的准备性工具，因而课程的学习仅仅囿于考试所需的知识学习。乡村学校教育的目的在于使青少年获得现代科学技术知识，帮助他们顺利进入现代主流社会；学校教育还要保持和延续地方性知识，进而关注学生生活意义世界的充实。通过他们本有日常生活世界的体现，帮助学生将生活经验和学科知识牵连起来，获得多元知识的重组，彰显学生的意义世界，从而激发学习的内在兴趣，目的在于使学生凭借多元知识的掌握，创造出适合他们融入主流社会更多的机会。同时，乡村教育还要培养在地化的人力资源，助力乡村建设，而不是单纯向城市输送劳动力。

三 乡村学校地方性知识缺失的反思论证

任何一种知识都是特定情境下建构的论证以本土知识为基础的知识形态。普适性知识也是根植于地方性知识的有根据、有条件的产物。知识是处于完善、修正的积累过程，其推广和应用离不开地方实践。地方性知识的学校教育缺失不利于学生学业成绩提升和身心健康的发展。如何基于地方情境在学校教育中纳入地方性知识，需要借助教育筛选功能的正确解读。在此，教育人类学反思旨在从乡村教育显示的教育资料库中打开多元知识素养培育乡村青少年的实践窗口。

(一) 乡村学校教育本然的实践追求

地方性知识是日常生活的重要组成部分，对青少年发挥着内隐的教育作用。当学生走进学校时，地方性知识建构起来的日常生活世界应与学校教育一起成就学生的发展，但事实上地方性知识在学校教育中处于缺失状态，对于未进入主流社会的学生来说，一定程度上影响了他们的成长。

第一，追求地方性知识的教育意义。我们讨论乡村教育时，往往围绕民族地区贫困、人们的思想观念落后、教育经费投入不足等原因展开。当从乡村教育发展的情境和社会人文角度重新审视时，内隐于乡村学校教育实践的问题不仅仅限于此。教育人类学认为，人之为人的特性就在于其本性的丰富性、微妙性和多样性，因为人的发展应是丰富多彩的事实与意义世界的统整。村民创造的本土知识维系和延续着乡村社会发展，而地方性知识的缺位削弱了青少年成长的知识根基，造成乡土文化序列的断裂，容易出现青少年既不能融入主流社会，也不能很好地回归乡土生活的现象。日常生活世界由地方性知识构建，是意义世界的表述。以日常生活世界为基础的教育，给予学生真切地获得知识的感悟，架构起他们知识探究的内在通道。如果说日常生活是以鲜活的经验为主的世界，科学的世界则是经过理智活动而形成的概念化世界。科学世界的探究需以直观的生活世界为基础。

激活地方性知识中蕴含的教育意义有利于地方性文化的延承与创新，也有利于开创现代乡村社会生活。学生拥有特定情境下经过实践证明了的本土文化智慧。学校教育理应引导他们将这些智慧资源与现代社会发展结合起来，寻求乡村社会发展的适切性道路。地方性知识展现的文化信息渐渐远离乡村生活的情况下，内含地方性知识的学校教育使教育与生活、学校与社会相互联系，以适当的形式将地方性知识纳入学校教育的主张不仅具有可能性而且还很有必要。[1] 的确，民族文化、乡村伦理、价值观念等代表着民间文化智慧，蕴含着丰富的乡土文化传统与生存智慧，它是基于乡村并在乡村社会中潜移默化形成的地方资源，是主流知识之外不可多得的本土知识，发挥着本土实践教化育人的作用，是学校与村庄、教育与日

---

[1] 安富海：《地方性知识的教育意蕴》，《社会科学战线》2014年第2期。

地方性知识贡献取向

常生活相连的必要媒介。

第二，追求丰富的教育生活世界。乡村学校本应与乡村社会生活情境互为一体，推进乡村社会的持续发展。乡村教育最终以学生的自我完善为目的，而自我完善离不开地方性知识的背景。学校教育以学校围墙为界，造成普适性知识与地方性知识之间的隔膜，缺乏地方性知识的学校教育，就会失去体验地方性知识价值的机会，导致他们学习普适性知识的自信心降低。学生普遍觉得普适性知识偏难，与自己的生活经验联系不紧密。他们常常处在普适性知识和地方性知识间隔的学习困惑中，一时难以适应以考试升学为特征的学校教育。

知识学习的过程存在许多变量，学生已有的知识经验和文化认知结构是一个重要的变量，最有效的教学是根据学生已有的知识现状建构学生新的知识认知结构，来自知识经验的学习直接影响着学生的深度学习。"很多时候，我们忽略了在教学中利用和依靠少数民族学生认知结构中已有的知识经验，教科书和学习资源中充斥着主流社会和城市文化的内容。少数民族学生学习过程中所遇到的困难是主流社会、城市里的人难以想象的。而他们的生活和经验中，有丰富的来自他们自己的文化、生态环境、生活方式的内容，这是他们学习新知识的基础！"[①] 唤醒学生知识经验的存量不但能够激发学生的学习兴趣，还是高效学习的一个重要途径。循此逻辑，乡村学生的学习基础是乡土优秀文化传统和经过不断实践的生活经验智慧，这些都应成为他们学习课程的资源和素材。

第三，乡村学校教育应该追求与乡土社会生活同构的学校教育。乡村学校教育处在传统与现代的夹缝中培养民族人才，其工具性愈发明显。人的日常生活世界中，教育和被教育的时间不断增加。教育实践中诸多问题的出现，是教育在时间和空间两个维度延伸的结果。不同学生接受教育，根本目的在于获得完备性知识。而教育人类学视野中的教育，肩负着文化传承的责任。近年来，人们将目光齐聚在学校教育层面，因为相对于其他教育形式而言，学校教育是有目的、有系统性的教育实践，学习能够把文化、知识重新进行结构化整理，丰富学生的知识储备。当下，教育实践中多以数字标准化的量化方式度量学生个体的成长水平，使教育的工具性进

[①] 万明钢：《文化和生活经验才是学习的起点》，《中国民族教育》2016 年第 1 期。

一步凸显，削弱了教育生活的丰富性。作为文化和知识传递的机构，学校教育应与地方性知识构成相互补充的机制，平衡和调适学生对探究新知识的适应性。为此，乡村学校教育肩负着普适性知识和地方性知识的共同整合，培养既能扎根乡土、又能融入广阔社会发展潮流的人才。

（二）乡村学校教育离不开地方性知识的育人载体

教育是改造生活、获取良好生活品质的重要途径。乡村生活隐含着丰富的教育资源，能够为改善乡村现状贡献知识力量。生活应当是教育的基础，乡村学校教育本来是现代教育整体中的一部分，是改造乡村生活的中心场域，其根本在于立足于乡土社会，培育接地气的乡土文化精神。当下，乡村学校不经意地忽略了学生的日常生活，将地方性知识从知识形态中驱逐出去。当学校教育的知识学习脱离学生拥有的特定生活情境时，地方性知识往往被中断。对他们而言，学校知识教育显现出抽象化、复杂化的特征。

追求科学知识的认识论视野中，学生往往通过课程知识建立教育生活的基础。作为认识主体的学生，如果身处在缺失具体生活经验的空间里被动接受学科知识，他们的生存境域以及所承载的地方性知识的价值就会从教育生活中分离出去，其学习实践与周围的自然界、自我与他人的关系处于分裂状态。"教育从来就是某个共同体、社会或民族借以向下一代传递它认为有利于团体生存和发展必不可少或至关重要的文化传统的一种社会过程。"[①] 学校课程作为官方知识，是主流意识和价值观念的体现。当科学技术在现代社会日益表现为制度化和意识形态化的普适性效能时，科学世界往往替代了人的生活世界，抽空了人之生存的人文维度，技术理性、工具理性成为人之发展唯一的可支配性力量，教育作为生活而存在的特征不复存在。通过田野考察，笔者发现，学生个体已有的本土知识经验所构成的日常生活世界处于缺失状态，教育只是作为学生迈向社会的工具而存在。

乡土韵味、桑梓情愫的乡土文化印记应是乡村学校教育的文化根脉。教育的根本是文化价值的导引，需要一种积极的文化精神的引领，养育人之丰富的灵性。乡村学校教育理应组成一幅永不褪去生机的图画，将乡村青少年最为鲜活的生命体验释放出来，夯实乡村社会发展的文化基础。"在历史传统与现代文化珠联璧合中铸造现代乡村教育。乡村文化精神仍

---

① 庄孔韶主编：《人类学通论》，山西教育出版社2004年版，第339页。

然是现代教育亟须的价值。现代文明的发展，使教育承载着文化传承与人性塑造的伟大使命，但文化生态系统的多样性与人本身的复杂性却导致了教育难解的困境与尴尬。"[1] 地方性知识作为乡村民族文化符号，蕴含着浓厚的乡土气息。乡村学校教育要自觉塑造多元知识整合的理性道路，使教育生活中的知识传授与学生个体的地方经验世界相互关照，心灵世界受到乡土文化内在精神的滋养与陶冶。

（三）地方性知识是现代乡村学校教育不可缺少的知识体系

第一，学校教育中地方性知识的回归是将乡村生活表征置于现代化教育之中做出的反思性结果。普适性知识是现代学校教育的知识载体，而地方性知识则是乡土社会的知识载体。两种知识存在于乡土社会中，知识之间的冲突显然不利于社会发展，对青少年健康成长也是不利的。"在非西方社会的现代化转型过程中，任何地方性知识会陷入一种困境。"[2] 一方面，地方性知识是乡土文化之根，滋养着当地人生命的成长。另一方面，乡村教育仍然是当下教育体制不可缺少的重要部分，曾经是中国教育走向现代化之路的缩影。乡村社会与现代化教育之间应达到契合性的超越，从而激活地方性知识中孕育的深层次的知识价值，这不仅能够拓展现代教育本身的知识视域，建构开放包容的知识传授体系，还能够为乡村社会发展提供必要的知识支持。

第二，回归地方性知识是现代学校教育不可缺少的内容。"从基层上看去，中国社会是乡土性的"[3]，乡村教育要重新认识乡土文化的根基，因为地方性知识的独特内蕴是从乡土中萌生出来的。基层社会的乡土性更加明显。"在国家化、现代化、全球化的冲击之下，'乡土本色'以及与之相联的地方性知识逐渐从村落社区的文化背景中退隐，地方性知识失去乡土文化的滋润，必然衰萎，乃至枯竭"[4]，而地方性知识的危机，实质是普适性知识促进人类文明进步过程中唯工具价值崇拜产生的文化危机。

---

[1] 吴晓蓉：《教育，在仪式中进行——摩梭人成年礼的教育人类学分析》，西南师范大学出版社2003年版，第6页。
[2] 蔡仲：《地方性知识之困境——"范式"的规训与惩罚》，《哲学动态》2013年第1期。
[3] 费孝通：《乡土中国·生育制度》，北京大学出版社1998年版，第6页。
[4] 张济洲：《文化视野下的村落、学校与国家：一个地方社区基础教育变迁的历史人类学考察》，教育科学出版社2011年版，第127页。

第五章　围墙分割的地方性知识：疏离与回归

第三，要将学校教育与当地社会生活联系起来，将地方性知识以科学合理的形式纳入学校教育。教学生活兼具科学性与生活性。田野考察发现，学校教育与学生的生活现实形成一种疏离的状态。访谈中，有学生告诉笔者，"只有了解本地的知识、历史、风土人情，才能发挥乡土生活的优势，发扬乡土精神"。（SX-F05）乡村学校教育扎根于乡土社会，具有滋养和留存乡土知识的情怀与灵性。地方性知识不是剥离乡村教育现代化的要素，它受乡土文化传统的浸透，具有知识情感、知识心理以及知识文化等巨大的能量。"人"首先是由所属的社会文化界定的，"人"的概念受制于不同的社会文化。纯粹知识工具的学校教育是脱离生活根基的教育。对学生而言，"普适性知识给他们生活带来的帮助是极其有限的，甚至可以说，一元化的普适性知识学习在某种程度上影响了他们的生活质量"[1]。之所以强调学校教育的独特性，并不是让学生将其生活世界仅局限于乡村，而是通过观照他们的生活境遇、人文社会的改善，让他们实现个体完满的成长，让他们既有顺利融入主流社会的机会，同时对享有高一级教育的学生而言，又有进一步改变和创造乡村生活的可能和信心。因而，教育不能漠视和隐匿地方性知识的价值，锻造乡村教育自身生存的人文情怀须臾离不开地方性知识的合理附加。

第四，学校教育应以宽容的姿态将地方性知识纳入学校知识体系。漠视学生文化养成对人之成长的基础性作用，割断了知识教学与学生相遇的文化媒介。培育掌握知识工具的现代人固然重要，但缺乏对内在生活意义世界理解的教育仍需要创新。不同知识融通的实现方式离不开学校教育的参与，因此，"我们需要的不只是地方知识，我们更需要一种方式来把各式各样的地方知识转变为它们彼此间的相互评注：以来自一种地方知识的启明，照亮另一种地方知识隐翳掉的部分"[2]。地方性知识负载的文化信息具有丰富的生活特质。地方性知识的资源禀赋，唤醒的是学生成长过程中的人文性，进而发挥地方性知识联结国家教育与乡土生活的纽带，使学校教育重拾教育的本土文化基础，联通地方文化与主流知识的通道。

---

[1]　安富海：《地方性知识与民族地区地方课程开发研究——以甘南藏族为例》，中国社会科学出版社2015年版，第191页。
[2]　[美]克利福德·格尔茨：《地方知识——阐释人类学论文集》，杨德睿译，商务印书馆2014年版，第270页。

第四节　乡村学校教育与地方性知识论证的实践关系

教育人类学秉持的研究范式，其独特性不仅在于那种身临其境般的叙事技巧，还在于它基于教育事件而构建解决教育问题的步骤上。观察、访谈、深描等民族志证据，都为定义一个鲜明的教育主题而努力。不论在地方性知识存在的场所还是学校中，教育人类学线索将各种相互关联的视角并置起来，但从未脱离广阔教育世界的探索。这种探索既关注乡村社会与学校发展，又关怀青少年的健康成长。地方性知识建立在服从国家教育方针、法规政策基础上的教育回归。内含地方性知识的学校教育使学生的学习活动与日常生活世界相连；使教育传授主流知识的同时，关注学生对自身周遭生命内涵的感知。教育的生活化、学校文化的地方性将增进学生个体知识经验的教育分量，从而迈向人之发展渐进丰盈的生命整合。

一　扩容乡村学校教育知识增量

乡村学生生活在当地文化传统织就的场域中，积淀在学生内心深处的知识地方性，与当地学校教育构成潜在的互通机理。笔者深入学校、乡村、家庭，通过与当地人深入接触，采用民族志的描述方式来探究地方性知识与学校教育之间的依存关系。"民族志的描述方式有四个特点：它是解释性的；他所解释的是社会性会话流（the flow of social discourse）；所涉及的解释在于将这种会话'所说过的'从即将逝去的时间中解救出来，并以可供阅读的术语固定下来；最后，它是微观的。"大量关于地方性知识的内容、结构以及与学校教育关系的梳理上，田野工作是必然的方式，借助访谈、观察、调查等方式才能表现问题。因而，"从事民族志好似试图阅读（在'建构起一种读法'的意义上）一部手稿——陌生的、字迹消退的，以及充满省略、前后不一致、令人生疑的校正和带有倾向性的评点的——只不过这部手稿不是以约定俗成的语音拼写符号书就，而是用模式化行为的倏然而过的例子写成的"[①]。正是在模式化的地方社会生活中，发

[①] ［美］克利福德·格尔茨：《文化的解释》，韩莉，译林出版社1999年版，第12、27页。

现地方性知识源于特定的文化传统。文化不是静态的，有着自身演变的历史模式，是有情境的产物。

（一）地方性知识凝结着地方实践智慧

地方性知识的存在是乡村本土化的知识领域，这是非实证科学主义观念所能呈现的世界。一个多彩的世界中，情感、道德、生活生产，以至于观念、信仰等是不可缺少的部分。地方性知识根植于当地生活形式之中，是一种习惯、一种制度、一种生活实践，归根结底它是一种乡土文化现象。理解地方性知识，就要走进村民的生活，认清它的结构分层。在认识论层面，地方性知识分层及其在特定情境中的现象，都不是细碎事件，而是不可分割的意义整体。这些事件形成一种稳定的深层结构，它们是村民创造力的体现，并保持着与当地文化空间均衡、相匹配的整体运作模式。在本体论层面，地方性知识表现出地方的思想和行动，诸如地方性知识分层中展现的各种符号言说，通过符号传递一种知识的信息。这些符号具有普遍性的符码，构成符号之间相互连接、相互整合的序列。这实质是地方性知识的意义群，它是经验方式的显现，没有科学经验表现的知识抽象性，通常难以用衡量科学知识自身的研究标准和尺度来证实。在价值论层面，地方性知识拥有自身独特的符号系统和知识构架，是村民根据特定环境生成的经历和延承的传统。作为乡土特性表达的知识性工具，它使乡土生活更加真实，彰显出乡土生活忠实的印记，凝结着地方实践智慧，自然地融入地方生活之中。

（二）地方性知识直通学生的意义世界

地方性知识展现出个体与其生活世界相互建构的最原初领域，即村民与赖以存在的地域性事物相互动而创生乡土生活的意义世界。这是由经验认识到本土知识所赋予生活体验的过程。"每一现在体验都具有一个体验边缘域"[1]，对知识文本展示的存在世界与人的共存意义的阐释，是对情境的理解，具有明显的实践倾向。存在意义的阐明，是存在者被揭示其意义的一个前提。依此可知，情境不可仅仅理解为存在者的类属与聚合，而是指存在者生存在情境间的一种境况，为地方性知识的界限和尺度奠定了一般的可能性。

---

[1] ［德］胡塞尔：《纯粹现象学通论》，李幼蒸译，商务印书馆1996年版，第207页。

地方性知识贡献取向

地方性知识依存于日常实践，是对村民生存世界和自身生活历程的解释。就其本质而言，地方性知识不是顺从情境的静观，而是群体与情境共存塑造生活世界而生成的交往方式。特定情境的出现使地方性知识生成一个情境，乡土社会生活才如其本然地显现，村民此在的生活展开才成为可能。另外，情境又是当地的情境，是乡土社会生活自然生成的世界，对少年儿童的成长起着潜在的教育影响。在与少年儿童交流的过程中，他们乐意给笔者讲述一些乡村会生活，以及民间故事、民谣等。这就是说，地方性知识成为他们成长的自然之源，这些知识经验的印记刻在他们的生活世界之中，难以简单地通过学校教育而覆盖。

"现象学描述的目的不是去拓展与生活体验这个实实在在的现实割裂的抽象理论，而是力图从日常存在中去深入挖掘、探寻具体意义。"[①] 乡村学生身处学校教育，但他们的意识世界自在地呈现关于自身生活印记的本土知识，这些知识同样在生活世界里具有可靠、合法的存在空间，维系着他们生活的根本行为与观念。如果学校教育任意分离这些知识的存在，那么就破坏了学生整合的意义世界。教育生活世界本是知识与文化双重存在的成长场域，主流知识是实证主义的化身，一切知识都需要经得起实证，知识存在唯一的合法标准在于它的可检验性，那么不符合这一标准的内容将不能称之为知识。但是，学校教育活动一定是与人的生活场域相联系的实践，个体教育生活的建立需要以文化环境为基础，进而促进个体教育精神的积极建构，达成日常生活常态下的自觉养成。

教育生活与现实日常生活紧密关联在一起。这是因为，"作为通过文化传承以促进人的发展为职能的活动，教育在本性上具有自己的文化品格和价值准则，其价值和功能在与社会和文化不断对话中，通过改造自身及其现实生活实现被解读、表达和重构"[②]。对普适性知识的过度崇拜和对地方性知识的片面理解，致使一元化知识观统领学校教育的知识体系，消解了学生本真的生活体验，从而形成知识运输流水线上学生"物化"的现象。人是寻求意义的生物，说明人会受到事实和意义的双重导引。科学知

[①] ［加］马克思·范梅南：《生活体验研究——人文科学视野中的教育学》，宋广文等译，教育科学出版社2003年版，第157页。
[②] 刘旭东、吴永胜：《教育的学术品格与教育实践》，《教育研究》2015年第9期。

识以客观事实为诠释基模表征事实世界，但当科学知识演化为纯粹的知识工具取向时，教育生活世界中的文化表征被分离开来，使知识与学生本有的生存世界的意义形成分裂状态，剥夺了学生筹划可能世界以获取意义世界的文化基础。为此，地方性知识直通学生的意义世界，无疑了打破一元化知识传递的桎梏。知识扩充形成的多元知识结构是学生意义世界的有机构成部分，知识与文化的糅合最终成为学生事实世界和意义世界共通的实践根基。

（三）地方性知识助推民族团结教育

地方性知识不是地方化呈现的过程，而是实践智慧的结晶，标识着情境中民族的精神气质，因而它不是囿于特定区域里孤立的地方化的实践艺术。解释的尝试不是将解释与校墙之外的地方性知识分割开来，而是将特定情境中人的所说、所做联系起来。

学校教育如何延伸知识传授的广度，关系到现代社会背景下乡村社会的发展，而现代化发展倒逼学校教育知识传授的增量。同时，多元知识的理解是夯筑各民族学生团结的坚实基础。西吉县大多数乡村中小学都是回汉同校的学校，这给民族之间的日常交往和互动带来了便利的条件。学校教育理应寻求地方性知识的教育空间，拓展开放的教育特质。国务院2005年出台的《关于加强我国非物质文化遗产保护工作的意见》中明确提出，"教育部门和各级各类学校要逐步将优秀的、体现民族精神与民间特色的非物质文化遗产内容编入有关教材，开展教学活动"，从而渗透地方文化色彩。"教育是传递生产生活经验、传承社会文化的社会活动。"[①] 有鉴于此，学校教育在完成国家规定的课程知识以外，还应当给予地方性知识适当的教育空间，构建学校教育多元文化特质，加深地方文化的相互了解，使学生在认知彼此文化的基础上实现民族团结教育。

二 乡村学校地方性知识的贡献取向

接受国民教育是个体步入现代化社会不可或缺的历程。教育的现代化旨在从"不成熟"的教育状态中解放出来。西吉县乡村学校地方性知识的疏离，需要重构知识生成与传授的融通场域，重构、组合不同知识形态。

---

① 袁振国主编：《当代教育学》，教育科学出版社2004年版，第4页。

换言之，乡村学校教育面临地方性知识的现代化融合，而地方性知识的贡献取向不仅是乡村传统文化延承的有效路径，还有利于基于教育生活空间的拓展来培养各类人才。

（一）科学认识地方性知识融入当地学校教育

现代化教育是对传统教育的继承和超越。但是，超越传统并不是遗弃传统的特质，而是汲取和开发传统的现代化特质。因此，需要加深地方性知识与乡村教育现代化之间边界的契合度。

首先，教育发展的常态应与民众的生活方式相联系。"教育即生活""学校即社会""从做中学"强调了教育的素材应当以生活为基础，学校就是社会生活教育的一个缩影，要与社会架起共通的支点。生活世界蕴含着独特的教育力量。"如果所沟通的知识不能组织到学生已有的经验中去，这种知识就变成纯粹言词，即纯粹感觉刺激，没有什么意义"[①]，学生吸收知识，但无法从自身经验中获得思维心智、经验活动和身体机能的联系，无法把既定的材料贮存到个人的意识之中，这只是一种机械地刺激学生包装知识的方式，容易造成学生接受知识过程中身心的二元分立。生活本身是一种教育实践，人的生活与教育是相辅相成的整体，生活中蕴含着深刻的教育内涵。事实上，教育的原点是人的生活，以生活为基础的教育体现了学校与社会相互结合的基点，它是完善人之生活的起点。

其次，乡村学校教育应充满美好的乡村生活情感，引导学生借助于丰富的地方性知识来培育热爱生活、创造生活的信心和勇气，而不是把教育仅仅看作是一种手段或者是达成特定目的暂时性工具。正如一位学生说的那样："各民族创造了各民族优秀的文化，乡村不是落后的代名词，乡村有乡村的乐趣，是我们成长的家园。学习学校课程是为自己的前途做打算，而乡村或许给予我们每个人前进的动力，我们忆苦思甜，激发人积极向上。"[②]（PX-F06）培植学生对乡村学校教育的情感，应从地方性知识入手。乡村教育应融入乡村生活的期待，借此刷新乡村教育新的知识秩序。学生学习动力与兴趣的提升，关键还在于科学融入地方性知识，使乡村学

---

① [美]约翰·杜威：《民主主义与教育》，王承绪译，人民教育出版社1990年版，第205页。
② 访谈资料来自笔者在P中学就"学习乡土地方知识是否与学习学校课程冲突"主题的探讨，是该校五年级学生的回答。

校教育转向多元知识的条件。教育人类学重视从真实的教育生活出发,强调文化和知识的多样性。地方性知识将为学校教育多元知识并存的格局打下基础,和而不同的知识景观使学校教育焕发文化的生机。

最后,乡村学校教育忽视地方性知识的存在及其价值,事实上分割了村庄与学校,逐渐缩小了地方性知识的境域。文化相对论主张,任何一种文化都有自身的特点,一切文化都有存在的价值,不能用普通、共同的标准去评判一种文化的优劣,而理解文化依赖于文化运行的具体逻辑和模式。依此而论,地方性知识须臾没有脱离一定的情境,没有脱离乡村少年成长的环境。学校教育应摒弃知识中心主义的偏见。"相对"不是走向极端的"相对",理解地方性知识并不是抛弃主流知识,而应将所有知识的理解置于知识地方性的视角,重新审视地方性知识的教育价值。

(二) 创设共通的知识通道观照学生生活世界

乡村学校教育的普适性知识倾向,主要以现代科技文化知识为学习内容,实现传承文化、传播现代文明的目的,培养德智体美全面发展的社会主义现代化建设者和接班人。但是,忽视地方性知识的学校没有学生熟悉的生活场景,完全失去了他们曾经熟悉的生产生活和技术技能等,因而无法从已有生活经验出发构建知识之间的联系。在此情况下,课堂往往被现代性知识所占据,充满了令学生感到生疏的知识,所学的知识一时无法与他们的生活情境相联系。地方性知识作为在社会生活文化中共同创造、确认和应用的传统知识体系,是乡土社会组织、制度、秩序运行的基础,被印刻在乡村学生的内心深处。乡村学生自我的世界里,自我经历的本真世界往往需要时间沉淀来完成与外在世界的联通。"在对自我的自身说明中,自我的本真的世界就会被认为是内在于其中的,而另一方面,当自我直接地经历到这个世界时,他就把自己视为是这个世界的外部现象中的一员,并在自己和外部世界之间做出区分。"[1] 当他们对学科知识一时难以贴近自身的现实生活产生困惑时,学校教育带给他们的是一种挫败感而不是成就感。知识学习建立在新旧经验交换和重组基础之上,单一的普适性知识传授忽视了学生成长的情境和地方性知识的转换。于此,创设知识融通共生

---

[1] [德] 埃德蒙德·胡塞尔:《生活世界现象学》,倪梁康、张廷国译,上海译文出版社2002年版,第164页。

的通道是现代乡村学校教育转型的客观选择。

毫无疑问,乡村青少年的教育生活被夹在地方性知识与学校主流知识形态之间,面临着知识形态的价值确认与整合。乡村学校不是独立的场所存在,它是青少年与乡村、社会互动的一个培养机构。当青少年试图将乡村背景中的地方性知识带进学校时,知识形态得不到有效整合的情况下,除了产生知识体系之间难以相融的间隙之外,学生已有的知识经验得不到观照,他们的内心充满了知识高效接受与理解的困惑。学校作为普遍性知识体系的机构,它的建立与发展和国家力量的延伸一脉相承,乡村教育的发展思路具有国家教育的工具属性,形成对乡土社会中的习俗和地方性知识体系的排斥,使得地方性知识从学校公共机构退缩到乡村中人与人交往的私人领域。与此同时,对于学校教育而言,单一的主流知识让乡村少年一时难以理解,造成学业成绩低下、学习效能感普遍降低,从而产生知识教学过程中的不适应者。

对于乡村学生而言,学校教育生活是他们面对的、在其间所行动的,也是参与其中的日常生活世界的一部分。换言之,学校教育是置于乡土社会的一个知识传授机构,教育的内在方式以国民化和现代化为终极旨趣。学校传授的主流知识,实质上受一元化普适性知识的主导。地方性知识脱离学校教育的结果,源于以纯粹普适性知识为中心的现代化学校教育所倡导的将乡村少年带出乡村,而其中扮演的重要工具是主流知识的传授。乡村学校的现代化并非脱离乡土社会而独立于现代化的实现,而要在地方性知识与现代公民教育之间建立有效连接,对地方性文化记忆进行分类、甄别、修正的基础上,强化以为国家主导、以各个民族团结为主轴的历史记忆教育。"正是国家制度塑造了一个民族的精神、品质、情趣和道德,并且有别于其他民族,从而可以激励人民对祖国的无限热爱。"[①] 同时,地方性知识也内含丰富的教育价值,要加强主流知识与地方性知识的融合,实现不同知识系统之间的兼容。

地方性知识对乡村少年的影响是深刻的。正如有的学生提到的,"我会讲一些我们当地的故事,我也很感兴趣。乡村的歌曲旋律也很优美"[②]。

---

① [法]让·雅克·卢梭:《爱弥儿》,彭正梅译,上海人民出版社2007年版,第221页。
② 来自P中学女学生ZXL的访谈。

(PX-F07) 地方性知识散发出的乡土人文精神，无时无刻不渗透在人们的生活方式里，成为乡村社会发展的精神动力和知识支撑。他们的生活中，时刻充满着地方经验的感知和享有，工具性的"知识课堂"需要向关怀学生生活世界的课堂转变，他们熟知的文化素材能够拓展他们的多元知识底蕴。学校教育可以结合社区和村落发展特点，挖掘、改造和完善地方性知识，形成与主流知识传授相互补充的内容体系，塑造普适性知识与地方性知识融通的教育环境。当主流知识攫取地方性知识存在空间时，需要审视地方性知识存在的境遇性，摈弃知识中心主义，关注乡村青少年的文化适应性。只有扎根寻求地方文化传统与主流文化境遇协调的环境，才能涵育多元知识融通的教育场域。

（三）多元化知识统摄乡村学校课程建设

传统观念上，地方性知识融入学校的合理性会受到质疑，教师、管理者普遍认为地方性知识不利于学校教育任务的达成，容易导致知识冲突，甚至会对国家意识形态产生不良影响。事实上，地方性知识的附加不会导致学校知识传授的冲突，地方性知识不仅是地方文化的聚焦，还是一种社会生活方式的展现。

首先，地方性知识是主流知识的补充，体现在它作为学生日常生活和教育生活世界相连的桥梁作用上。地方性知识承载着学生的生活经验知识，科学有机地融入地方性知识，使学校教育不再远离学生日常生活的文化、生态及其周遭环境，有利于激发他们探究和掌握主流知识的欲求。在此意义上，地方性知识还是学生学习主流知识的经验起点。普适性知识通常以分门别类的学科信息为知识载体，以书本、讲授为基本媒介，借助于课堂有计划地实现传递。当现代性的知识特质赋予学校教育时，学校教育课程的编制和实施就会以普遍性为标准选择知识，学校成为传承主流知识的机构，进而将地方性知识等不能用理性或实证主义等方法验证的知识排除在外，往往被贴上"非科学"的标签。

其次，从教育价值层面看，地方性知识是一种地方课程资源。课程作为学校实现人才培养目标而选择的教育内容及其进程安排，它与社会文化紧密相连，是价值认知和经验知识的组织系统。课程规划经过课程与社会文化的适应与选择，以知识价值为核心，通过课程媒介实现育人的目的。一元化课程以主流文化为主，这种课程以优势族群的文化、历史、风俗习惯、价值观为中心来进行设置，常常忽略了其他族群的需求。一种课程是社会文化框架下生活形式和意义的存在根据，作为传输知识和传播价值观的工具，课程不仅承载着知识，并为生活规划和实施设定了基本的范畴和运行规则。正是因为学校课程远离了乡村学生的生活世界，当他们对学校教育的知识传授难以适应时，产生远离知识以及疲于应付学校教育的行为。不可否认，地方性知识体现在学生的日常生活中，对他们稳定的个性倾向具有直接感染力。学生的行为、心理深受地方性知识的作用，进而影响着他们的学习态度。

再次，地方性知识融入课程教学需要坚持"双重眼界"，兼顾主流文化意识和乡村文化发展的实际需要。学生的日常生活世界和教育生活世界在彼此沟通中完成学生个体的知识增长。教师应不断深化课程与教学的认识，分工协作，以教师共同体的形式参与校本课程开发，开发以地方性知识为主的课程资源，编发相应的课程读物。"课程开发者应从当地的实际出发，最大限度地选取与学生的现实需要、生活经验与文化背景相契合的知识、经验，如当地的生产活动、农作物栽培、风土人情、特色旅游等均可作为丰富的课程资源。"① 课程实施方面，需要探寻地方性知识所蕴含的乡土精神，汲取乡村生产生活技能、伦理道德知识，将弘扬真善美等作为主流课程知识的补充。地方性知识作为学生的基础知识经验，可作为地方性课程创新不可缺少的内容，通过课程裁剪、扩充、改编和评价等具体可行的方法，将以地方性知识为素材的课程实施环节落地生根。

最后，承载多元知识的课程体系是动态的过程。"知识共享所能释放的多样性和创新既来源于知识的相互借用、跨越学科界限的实验，也来源于对旧有知识的重新诠释以及新知识的生成。"② 其一，乡村学校形成行动者的联动合力，夯实教育生活世界与地方性知识联系的文化地基。通过文化感染力提高学生的学习兴趣，以此关注学生特殊的生活及其实践智慧，培植学校教育的地方文化内蕴与教育情怀。其二，真正走向课程实施的行动，还需要可行的制度作为保障。通过组织学校、教师搜集地方性知识素

---

① 滕星：《教育人类学通论》，商务印书馆2017年版，第324页。
② 联合国教科文组织编：《一起重新构想我们的未来：为教育打造新的社会契约》，教育科学出版社2022年版，第13页。

材，编写富有特色的校本课程，可以加深学生对自己家乡的深切感受。其三，多元知识应当围绕教育整合而展开。学校教育应充分考虑当地的文化、学生的生活经验，使学校教育贴近学生的现实生活。乡村丰富的自然与人文资源蕴含着特定的学科文化，需要提取乡土知识素材，通过整理和归类形成一定的学科文化，增强学生对课程知识的认知。课程教学、地方课程的多样性兼顾了乡村学生的心理与教育需求，有利于他们对学校教育内容的理解和掌握。

（四）开创地方性知识为媒介的民族理解教育

每个学生是生活在具体情境中的个体。地方性知识有其情境性的生活价值系统，内隐着积极的教育资源，是一种文化背景，也是一种知识。对学生而言，学校教育应充分兼顾学生已有的地方性知识，借助于地方性知识的认知前提开创良好的民族理解教育。

首先，地方性知识与普适性知识的互动将会形成知识的民族性与现代性的融合。学生作为知识掌握和建构的主体，他们的知识储备是民族发展不竭的动力。除了普适性知识以外，知识的辅料中不能缺少学生自我成长的生活情境。地方性知识散发着地方人文精神，它会平衡普适与特殊之间的张力，知识融合的状态昭示着知识创新的全新方式。

其次，不同知识形态的互动达成知识的耦合运作，扩大各民族学生之间的交往沟通，达成知识互为依存的嵌合状态。不同文化背景的学生建立起的主流知识和地方性知识的依存关系，实现的是知识互动与分享。知识学习的过程是动态的，体现在知识容量存储和拓展方面。学生已有的经验知识是促进有效学习的基础，学生之间开展体验、实践、参与合作的学习方式，以此开启各民族学生的交往交流。基于此，乡村学校教育应专门开设综合实践活动课程，多引导学生感受和理解地方性知识，培养学生的学习乐趣。一要帮助学生感受民族生活的多姿多彩，营造快乐、熟知的文化氛围，激发他们求知的兴趣、增强他们学习的动力。二要定期组织实施地方性知识大讲堂，开展民族地方技术技能等实践课程，增进学生对本民族以外文化的了解。三要用熟悉巧妙的方式开展地方性知识的教育行动，让各族学生在交往交流中自觉践行民族团结教育。

最后，地方性知识达成多元知识融合的主体性建构，帮助学生在建构中体验知识学习的快乐，重构教育生活世界。寻求适切的地方性知识学习材料，以真实的学习情境激发学生知识和技能的双重拓展，是学校教育的实践主题。各民族学生只有在互动过程中才能构建富有生机的生活世界，塑造多元知识的个体成长路径，从而生成自我世界与教育生活世界融合的平台。各民族学生建构一种全体性赋予的生活世界，他们在生活世界中达成文化交往，将自己的情感融入生活世界，开创以地方性知识为媒介的民族理解教育。同时，普适性知识和地方性知识的共存会加深民族认同和国家认同。概言之，内含地方性知识的学校教育促进各民族学生相互理解，各族学生参与彼此的成长历程，形成一种知识融合共生的教育生态。于此，学校也就自然成为各民族学生充满生活情趣与知识建构的精神乐园，为铸牢中华民族共同体意识奠定共享教育生活的前提基础。

（五）搭建乡村学校与乡土社会的互通机制

地方性知识是现代学校教育不可缺少的知识力量。地方性知识具有教化的功能，它在乡土社会中起到了净化民俗的作用，逐步维续和改善着乡村生存状况。乡村教化离不开地方性知识的内源性对乡土社会秩序的建构。作为存在于乡土社会的日常生活智慧，地方性知识约束和塑造着群体的日常生活和行为。因此，挖掘其中隐含的文化意义和价值观念，能够扩展学校教育的知识内容，使学校教育和村庄相互贯通。在此意义上，"对本土性知识的发掘，可以让学校师生更热爱自己的家乡、本土文化和历史，形成对文化的认同、接纳和归属感，并将其有效传承下去"[1]。

找寻地方性知识与学校教育的关联，实质是对地方性知识做出文化意义上的研判。依存于村落的学校教育无法排斥地方性知识，关键是学生个体生命成长的知识文化离不开地方性知识。地方性知识的内在价值作为文化的本初意象为村民所共享，这些意象接近于群体创造的原初性生活模式。现代教育需要复归文化气息，唤醒地方性知识的教育价值，将之从现代性社会所遮蔽的丛林中揭示出来，以此作为教育人文品质构建的基础。进而言之，村庄的现代化转型需要教育支撑，学校教育的创造力要以村庄为支点，而地方性知识是牵连学校与村庄互动关系的通道。

地方性知识的学校教育贡献，不是现代教育的倒退，而是给予学校教育文化精神的回归。地方性知识的生长空间在村庄，重建传统文化的教育

---

[1] 滕星：《教育人类学通论》，商务印书馆2017年版，第323页。

根基，需要村庄沐浴在多元知识情境中，成就乡土社会的现代化。学校教育与乡土社会互通机制的建立，就是要发挥乡土社会中地方性文化的教育情怀。教育情怀的塑造，实质是要找回教育生活秩序建构的合理路径，使教育散发出乡土文化韵味，并润泽学生个体的整体性发展。学校教育若脱离地方性知识，会给学校教育带来困境，直接的一个结果是隔离学校教育与乡村建设。

地方性知识嵌入当地生活场域，形成地方文化的复合体，也是村庄维持区域社会分布与平衡的潜在型支持经验系统。青少年的日常生活世界围绕着地方性知识的运作而进一步聚集，他们的生命成长历程烙上了村庄本土知识的底色。与此同时，教育生活的场域也是青少年个体生活的精神场域。与之共处的学校教育应吸纳作为知识形式而存在的地方性知识，使教育内容和材料与个体生活的经验互动起来。多样知识的共存成为有界、连贯而又内聚的知识符号，以此使学校充满教育与文化互动的生机。乡村学校教育现代化是以乡土文化传统为根的现代化，学校发展应开创地方性知识与普遍性知识互补的路径，与乡土生活相互映衬，关心乡村青少年学生的教育需求，激发乡村学生的学习动力。

第六章　地方性知识观照的乡村学校教育发展理路

> 培养和提高一个人的教育敏感性和教育机制就是在迎接这样一种挑战——针对不同的个体实施不同的教育行动。智慧的教育者形成了一种对独特性的独特关注，他们关注孩子的独特性、情境的独特性和个人生活的独特性。[1]
>
> ——［加］马克斯·范梅南、李树英：《教育的情调》

地方性知识昭示了本土知识体系的情境性智慧，体现了当地各民族互动创造的地域性实践成果，其文化亲和力通过成员内部共同的传递与创新，实现塑造新人并助推乡土社会生活的存续与发展。内含地方性知识的学校教育，根本意义在于使教育充分观照学生成长的生活与心灵际遇，以学生经验与学校教育关联的意义结构，展示教育为人的可能图景，以此实现真实而自然的教育生活陶冶学生个体身心的目的。格尔茨所指的理论没有对与错，说明知识大熔炉的异彩纷呈，思考理论的对与错，就是审视一种新的社会生活。"学校教育现实只是教育图景之一，其自身不能说明学校教育结果，这种说明需要我们去解释学校教育的关系侧面"[2]，以地方性知识为附加的学校教育发展是教育理论知识的地方性建构，典型性在于为"境域"性的地方性知识辩护，而多元知识统合的特征能够更好地适应乡村教育的多样化需求，提升乡村学校办学特色。

---

[1] ［加］马克斯·范梅南、李树英：《教育的情调》，李树英译，教育科学出版社2019年版，第11页。

[2] David M. Smith, "Anthropology of Education and Educational Research: CAE Presidential Address", *Anthropology & Education Quarterly*, Vol. 23, No. 3, (Sep., 1992).

第一节　知识论再建构：整合普适性知识与地方性知识

地方性知识与主流知识是相互独立而又依存的变量，它们的共存使村落由传统逐渐迈向现代化。地方性知识与乡村情境相互观照，其互动模式顺利地解决了当地人的实践问题。一定意义上，乡村青少年借助地方性知识把握现存的生活世界，同时肩负着建设社会主义现代化的历史重任。不管是走出村落还是扎根于乡土社会的青少年，地方性知识对于他们的发展是不可替代的，是他们借此获得幸福生活的文化根基。作为两种不同的知识形态，知识融通是一种选择。

一　知识形态整合的时代意义

（一）知识重构关怀青少年前有世界

知识是作为人对客观事物的认识过程而存在。单一的自我意识的主体或者烙印在主体之上的客体都不具备产生知识的条件。学校教育中，知识的获得同样离不开学生主体与认识客体之间的互动，学生虽然脱离了生活的具体场景，但生命成长与知识增长之间还存在着连续性。知识传授的单调特征不利于学生的发展，因为学习过程在未达到学生与学习环境之间平衡的基础上，突兀地强迫他们完成知识的自我保存，容易引起学业失败。知识获得离不开学生对学校教育的互动与适应，也离不开建立在以原初生活世界为基础的崭新教育生活世界的再建构。

乡村自然充盈着本土地方性知识的内容，容易建构"人在其中"的生活世界。任何一种文化，都离不开日常生活世界中人与人、人与社会的互动。首先，文化意义在一系列流动的日常生活中展现出来，或者说它是构成日常生活的重要组成，进而通过人与人的互动而被生产、分配、再创造。在当地，代表地方意义的地方性的知识产物发端于人们的生活，所实现的是时空向度里的意义生产，传递出一种表意的实践。其次，文化意义是通过人与社会生活结构相关的传统、实践、行为等要素的互动而彰显一种生活的象征形式。可以说，地方性知识表征着学生亲历的前有世界，而地方性知识与普适性知识的互动重构，发展了他们对不同知识的积极情感、态度，形成知识联结、沟通与理解能力，达到充分关怀学生前有生活世界的目的。

(二) 知识重构培育乡村青少年的跨文化能力

普适性知识和地方性知识交互融合形成的知识结构是区别于二者新的"第三种知识"结构。个体的社会生活和生命体验及其在此基础上获得的地方性知识，促进了他们理解乡土自身、深化了自我记忆，借此在生活实践中构建属于主体性的文化自觉和身份认同。"如果个体仅仅从单一的文化与民族视角去观察、认识和参与社会，就等于拒绝了许多重要的人类经验。"① 学校教育融入地方性知识是知识重构的着力点，知识形态整合的载体不仅反映在学校整体环境方面，还要体现在不同体系的课程实践中。

面对复合型知识存在的情境，既要注重课程的普适性，又要在课程选择中凸显地方性。注重学生的文化背景、生活经验和认知特点，合理整合课程文化，构建具有地方特征的课程体系。国家、地方、学校三级课程管理政策的落实，就是要通过自觉开发适应本地区的地方课程、学校开发或选用适合本校特点的校本课程，融通普适性和地方性知识互渗的知识传授模式。缺少地方性知识的学校教育，拉大了学生知识学习的鸿沟，"学校系统通过它所有的机构，向它的受众施加一系列社会指令，所有因素会共同作用于那些在屈从指令的过程中遇到困难的学生，让他们感受到一种自己并不属于此地的隔阂感"②。譬如，花儿渗透到音乐教学中，学生能够切实体验到民族文化的魅力，增进对地方性知识体验，这不仅有利于增强学习兴趣，还培育了学生热爱家乡的情怀。地方性课程资源还可通过综合实践活动的方式呈现给学生，使育人的契合点与乡土地方性知识资源联系起来。教师的知识、经验、特长、技能等都要有地方情怀，教材组织、开发和选用时将本土知识与普适性知识紧密联系，打破了单一主流知识的传授结构，而知识重构有利于学生的交流与合作，通过各民族地方性知识的理解可以完善青少年的知识结构，同时培育学生的跨文化理解能力。

(三) 知识重构消解乡村青少年的边缘身份

长期以来，"教育被理解成为使个体获得自身所理解的幸福生活增进

---

① 桑国元：《文化人类学与课程研究——方法论的启示》，中国书籍出版社2013年版，第159页。

② ［法］迪迪埃·埃里蓬：《回归故里》，王献译，上海文化出版社2020年版，第120页。

第六章　地方性知识观照的乡村学校教育发展理路

条件的方式,因此教育即获取生存利益的职业技术教育"①,由此衍生的精英的科学知识和草根的地方性知识对立,再现了学校知识传递的分层现象。学校教育不仅要传递公民共有的价值和知识,还应该呈现地方性知识的差异性。学校教育知识传授的分离现象对乡村青少年的影响体现在使他们形成既不能顺利融入主流社会也不能回归乡土社会的边缘身份。教育不仅要使人把握生存智慧,还要形塑个体心智的健全。换言之,教育实践对个体成长的根本性价值,不能偏于一隅,应涵括人之发展整体上的才智、思想的机制,实现人的本性的充分发展。乡村学校教育有其特殊性,乡村教育不仅具有培养现代人才、强化国家意志和认同的功能,还应体现学生的文化生活。一体化和同质化的教育不利于学生发展,而地方性知识资源的教育观照将会产生培养人才的内在动力,使他们既有参与乡村日常劳作的热情和信心,也具有参与国家建设必备的知识与能力。"没有接受本民族文化教育的学生固然可能产生疏远感和无根感,但缺少主流文化教育的学生将会失去许多经济、政治和社会性问题。"②最本真的教育是贴近学生知识经验的教育。个体都有自身构建和追求美好生活的理想与行动规则,无法脱离时空情境下特定记忆和文化的控制,或者说是一种身在其中的文化秩序的影响。乡村青少年有他们的生活情态,他们在文化约定中长大,而这种约定恰恰由确定的时间和空间形塑,继而构建了他们的此在的身份。因此,地方性知识的纳入,将打破学校教育知识传授的局限性和非平衡性,乡土生活经验给予地方性知识合理的话语权,具有消解边缘人身份的重要价值。

总之,时空交替演进中村庄的发展,受乡村学校知识传授和村庄文化滋养的双重影响,而地方性知识离不开学校教育的涵育、创新与传承。"民族地区的学校教育的根在民族文化,所以学校与民族村落之关系十分密切"③,乡村学校教育与地方性知识相互生息,形成乡村社会发展不可替代的动力之源。因此,学校教育多元知识的整合还依存于学校教育在实践

---

① 吴元发:《教育哲学研究中"古典"失落的现实、原因与出路》,《教育发展研究》2015年第18期。

② Walter F., "Liberalism and Aims of Multicultural Education", *Journal of Philosophy of Education*, Vol. 29, No. 2, (Jul., 1995).

③ 王鉴主编:《中国少数民族教育政策体系研究》,民族出版社2011年版,第231页。

层面的细化。

二 知识形态整合的实践理路

地方性知识的贡献在于它力图完成"双重认识视野的渗透交融"[①]。格尔茨认为，文化研究不是寻找文化存在的规律，在于一种探求文化意义的阐释。他所指的地方性知识不只局限于特定情境下的知识系统，更为重要的是将它作为看待和认知文化的特定方式。作为认知方式的地方性知识，通过解读其文化意义而达到对"阐释"本身的再"阐释"。"阐释"的魅力不在于如何阐释，而是揭示地方性知识的意义。基于此种逻辑，地方性知识的教育实践不只是知识体系重构和作为学校教育批判性的话语，还是关于乡村学校教育发展的实践理念，不能将"科学"与"地方"对立起来认识学校教育。相反，接纳地方性知识是激发学校教育内在活力的地方性知识观。

（一）认知体系再建

第一，建构双重知识形态，改变单一的知识传授方式。知识增量迫使知识形态需要整合与创新，为了避免学校教育文化情怀的缺失，构建科学合理的学校知识传授体系显得十分必要。普适性知识与地方性知识之间的理想状态应是合中有分、分中有合，二者互动的结果不仅可以促进知识创新，还可通过教育选择完成地方性知识的教育改造，"教育改造是一种生活方式的改造，它不仅包括观念、思维、话语、价值的改造，还包括礼仪、规则、实践行为的改造"[②]。在此，主张地方性知识的观念并不是否定知识的普遍意义。我们不仅要把地方性知识作为知识体系中的组成部分，还要建构地方性知识观念，以一种包容的态度评价不同的知识类型，解释不同知识在处理人类生存实践难题时遇到的弱项，使知识互动成为加持人们生活幸福感的工具。不同知识的融合能够改变知识的单一，从而有利于乡村社会发展。普适性知识和地方性知识互相吸收养分，才能不断增强学生知识的储备力量，为他们的发展奠定多元的知识基础，从而兼顾学生当下的生活和未来的成长。

---

① ［美］克利福德·格尔茨：《文化的解释》，韩莉译，译林出版社1999年版，第37页。
② 周浩波：《教育哲学》，人民教育出版社2000年版，第115页。

第六章 地方性知识观照的乡村学校教育发展理路

第二,建构地方性知识,不会消融普适性知识的教育。民族地区自然、社会环境的特殊性决定了仅有普适性知识的传授并不能够帮助青少年全面认识世界和改造世界。"乡村学校不仅仅是读书识字,还承担着传承外来文化和影响乡村社区社会文化生活的功能"[1],它不是远离乡村社会生活的机构。若学校无法卷入乡村现实生活,一定程度上难以发挥开民智、振兴乡村社会的功能。特殊的情境更需要借助地方性知识来解决情境中的实践问题。这种辩证统一的关系为知识结构再构建建立了和谐的格局,这就意味着普适性知识和地方性知识依靠各自的知识张力与合力达成知识平衡的状态,培育了学生的综合知识素养与技术实践能力。

任何单一的知识形态是不可取的,如果没有普适性知识,地方性知识将是封闭的知识体系,而不能成为被知晓的知识;有了地方性知识,普适性知识还可以获得创新与发展。因此,知识互动对于知识容量的扩充具有积极意义。格尔茨从地方性知识视角指出人类认识要通过跨文化交流达到对彼此文化相互理解,处于边缘位置的地方性知识与主流普适性知识一样具有自身价值。理解地方性知识需要明确知识在多大范围内发挥独特的价值。现代性知识和地方性知识都是人类实践经验的结晶,同为人类文化不可缺失的部分。重新认知地方性知识不仅是对多元知识的尊重,更是一种民族情怀的体现,"地方性知识是保持文化多样性的重要资源,尊重当地人世代沿袭下来的地方性知识与社会生活是一种文化态度和研究方法,也是对'元规则'的根本关怀"[2]。概言之,地方性知识不但不会对主流知识造成威胁,还会增进各民族学生的相互了解。在此意义上,学校教育要帮助青少年培育这种情怀。

第三,建构转向培育乡土情怀的教育生活观。地方性知识塑造了生活世界,而教育生活世界的创生与丰富离不开学生的日常生活世界。学校教育活动不能脱离学生已有的知识经验,而应为学生提供一个知识框架和平台。学习普适性知识的同时,要把社会生活经验中得来的地方性知识融合起来,助力他们提升学业成就。乡村学校应面对生产生活的具体情境,不

---

[1] 梁淑美、司洪昌:《对陶行知乡村教育思想的评述与反思》,《国家教育行政学院学报》2009年第11期。

[2] 蒙本曼:《知识地方性与地方性知识》,中国社会科学出版社2016年版,第249页。

应将青少年已有的地方性知识经验排除在外，而应秉持合理归整地方性知识的乡土情怀，"要将儿童从僵硬的、教条的知识中解放出来，课程必须是学习者不断体验的、与自己的生活世界密切的'发明'或'建构'"①。乡村青少年自然有他们的经验世界，而学校教育就是要将儿童的经验带回来，与正在经历的普适性知识的学习融入一体，通过教与学的联合将儿童现在的经验与规范化学科所蕴含的丰富知识、技能等内容相互联结起来。即使是儿童直接的粗糙经验，通过课程选择和教学实践创造将其转化为知识财产，也能够通过学校教育生活而整合为他们内在富有组织体系的真理，增进学生对社会文化实践的深刻理解，使儿童的自我生命整全基于一种持续性的经验改造开启个体广阔而非狭隘的发展。实质上，学校教育的地方性知识是对乡土教育的重新认知和定位，"乡土教育一定要紧紧结合本乡本土的草根社会文化资源来优选教育内容，以寓教于乐为原则，以学生与群众喜闻乐见的形式来展开，还要注意与国家课程相衔接，使国家课程落地生根"②。因此，乡村教育培育乡土意识、草根情怀是知识传授转向的创新性选择。

（二）话语权利再造

话语权利再造的基础是对事物自身特殊实践的解释与表达，必须立足于具体的实践。地方性知识能够满足学生对本土文化知识的认知与需求，实现对乡土文化传统根源性认同的需要。普适性知识视野下的实践、技能等"规训"人的同时达到了特定的教育目的，单纯的普适性知识传授是一种合法化的权威，其隐性的特点是"能遵循固定的进度表，遵守抽象的规则，根据客观证据做出判断，并且听从不是由传统或宗教批准而是由技术上胜任而使之合法化的权威"③。教育依据知识、道德、伦理和技术技能的轴线，试图在人类自身的历史本体论中塑造向善的实践行为。当人类社会生存需要更多知识形态时，这种权威的打破不是否定普适性知识的价值，而是寻求破解学校教育知识传授体系局限与封闭的出路，使知识形态从单

---

① 刘云杉：《童子操刀：建构主义知识观下的批判性思维》，《北京大学教育评论》2021年第4期。

② 吴明海：《新丝路与民族教育发展战略的思考》，《民族高等教育研究》2015年第1期。

③ ［法］米歇尔·福柯：《规训与惩罚：监狱的诞生》，刘北成、杨远婴译，生活·读书·新知三联书店1999年版，第160页。

一转向多元化。在此意义上，给予地方性知识的话语权，就是要在学校教育中寻求新的知识对话工具，再造普适性与地方性知识共存的话语系统。

1. 促进民族理解教育的地方性知识话语

教育现代化直接的后果是地方性知识资源隐退于学校围墙之外。村庄中积聚的地方性知识与当地学校教育形成显性或隐性的隔离带，历经隔离带区域内外互动而产生一种张力或是知识边界的漂移。当这种张力不以知识间的平衡为导向时，形成知识权力的加剧。知识权力不会平白无故地形成，但其结果会引起学校教育知识体系的变化。民族理解教育作为教育理念，它切中了教育的症结所在，旨在培养各民族学生共通的民族情感，消解因文化背景不同而造成的信息隔离。学校教育传授知识、技能的同时，培育学生共通的价值追求极为重要。民族理解教育就是基于地方性知识的理解而达成理解，内隐着对教育公平、教育质量以及民族共同发展最美好的期待。不同地方性知识的认知与理解，培养学生在理解中获得知识、在尊重中完善自己、在合作中共享进步。

民族理解教育是在深入理解地方性知识的基础上增强学生对中华民族文化的认同，树立民族自信心。对于不同的地方性知识，要以一种宽容、积极的民族情怀看待并接纳。首先，通过理解教育使各民族学生从小养成关心民族，关心民族生存情境，了解民族生活、社会以及科技等的人文情怀。其次，民族理解教育使之建立良好的同伴关系。学校教育中各民族学生得以相遇，他们所共有的不仅仅是一个时间上的，而且也是空间上的接触，共创各民族学生一起成长的教育生活空间。当地学校与村庄的紧密联系，受益的是乡村青少年，最终达到的是一种民族理解教育。

2. 夯实民族团结教育的地方性知识话语

随着社会快速的发展，教育领域正在经历着前所未有的变革。学校教育存在的乡土气息渐渐被知识的现代性所取代。那些曾经唤醒人们生活情趣和知识认知的乡土内容逐渐消失。从教育的应然角度讲，学校教育具有消解不同文化冲突、加强不同知识对话的功能，以此来促进学生之间的相互理解。实质上，民族之间的理解与尊重应倡导学校教育的包容性、促进民族学生之间的互相发展为起点，这一起点的关键在于学校教育地方性知识附加的贡献取向，培养各民族学生在多元尊重、知识共享中践行民族认同和国家认同。古往今来，世界多民族国家之间的矛盾冲突由不同文化背景、不同知识形态的对抗产生，由此引起经济、利益和权力之间的集团性冲突。"理解知识必须理解文化基础和文化背景，消解知识的矛盾必须消解知识思想、文化和社会根源"①，只有夯实民族团结教育的知识根源，才能为民族和国家和谐与长治久安打下坚实基础。

更好地实现民族之间的理解，学校教育是十分重要的途径。学校教育不仅肩负着培养人才的责任，还发挥着民族交往、理解、沟通和凝聚民族力量的桥梁作用。加强民族团结，根本在于有效建立多元知识对话与互动的渠道和途径。哈贝马斯致力于构建行动的思想，他将行动区分为目的性、规范性、戏剧式和交往行动四种行动类型。② 其中，交往行动的关键是如何触及行动者的本体。行动应是一种言谈的行动，在文化形态与理解本身之间建立必要的联系，而理解要以预先理解的文化背景为起点。通过理解，以期达成行动上的一致，行动者各自行动的计划以行动者个人之间的共享媒介为相互理解的基础，应把文化包容性作为教育背景、知识包容性作为教育核心，在课程中渗透民族平等的价值取向，更大程度上开展地方性知识的接纳与理解。

作为媒介的地方性知识的相互理解，具有民族团结教育逻辑上的适洽性。生活世界是行动的目的，学生的主观世界、客观世界处在特定教育生活环境中，共同期望通过合作性的协商而形成相互理解。换言之，构建生活世界是以不同学生的文化传统、个性导向为依据，学生共在一个场域，并从各个地方知识的内在情境完成学习和理解知识的互动，将自我文化与他者文化的特殊性以及重叠共识得以敞开，普遍性与特殊性二者之间形成和谐的知识状态，是一种多元知识同时"在场"的统一而非对立，即"带着属己的经验不断相遇不同的灵魂，在不同文化、不同世代灵魂构筑的意义世界中洞悉世事、探究人性，进而培育、激发、修正和扩展他自己的理解"③，这既是精神成长，又是生命实践。学生共同行动所构建的教育生活世界不是分裂的个体经验世界，而是"一体共同"的属于"我们"的世

---

① 郝文武：《西方哲学知识伦理发展轨迹和基本特征》，《陕西师范大学学报》（哲学社会科学版）2016年第2期。
② ［德］尤尔根·哈贝马斯：《交往行动理论（第一卷）——行动的合理性和社会合理化》，洪佩郁、蔺青译，重庆出版社1994年版，第120—121页。
③ 刘云杉：《拔尖的陷阱》，《高等教育研究》2021年第11期。

界。这一世界是学生共同互为主体性的教育世界,它预先被给予在学校教育场域,并从各民族学生对生活世界的共同体验出发,构成互为主体的世界。其一,学生在互动中彼此分享内在的知识和传统;其二,学生协商互动并期望形成共享性的教育生活关系;其三,学生通过理解教育生活开展相互理解的行动。各民族学生在教育生活世界中扮演社会成员的资格,而以交往行动参与者的姿态围绕地方性知识开展交往行动,不仅可以获得一般化的社会行动能力,还可以使学生意向性地朝向共有的教育生活世界。

(三) 知识底蕴再塑

1. 注重主流文化与地方性文化共存

地方性知识观告诉我们,保持知识的多类型、文化的多样性至关重要,这是不断促进社会和谐、民族融洽的基础。体悟知识的地方性就是要尊重地域的差异性。多年来,学校教育在知识立场上用统一的目标体系认识和掌握知识,地方性知识被贴上"进步"或"落后"的标签,忽视了其存在的确定意义。因此,不自觉地运用知识的强权审视地方性知识有违乡村社会发展初衷。不同情境有着不同知识生成及其应用的标准,当运用去情境化的方式验证地方性知识的有效性时,它会沦落为一种无法体悟和理解的知识。丧失合法性存在境况的地方性知识自然成为一种边缘化知识。

教育是立足于当下和未来人之境况的目的性统一。对于学校教育而言,合理坚持教育的地方性,就是要树立正确的乡土文化观念,不能以知识分离使学生成为乡土社会的不适应者。认识乡村学校教育的文化性,就是要把主流文化与地方文化统合起来增强学生的文化适应性,融通主流知识与地方性知识的边界,既要避免一部分接受主流知识教育的青少年逃离故土、不愿回归乡土建设乡土社会的现实,又要使回归乡土社会的青少年不会遗忘地方性知识而重新适应并创造乡土文化。在此,地方性知识肩负着知识分享与交流的重要媒介,各族青少年不仅要强调中华民族文化传统,还要理解地方性知识,通过校本课程、课外活动、学校社团组织、社区文化活动等培育学生之间互帮互学、共同进步的良好氛围。

乡村学校教育忽视地方性知识,容易引起乡村青少年接受学校教育的两难境遇,拉大教育分层现象。搭建主流知识与地方性知识共生的学校教育生态,就是要让青少年依靠主流知识认识和改造世界,提高科学实践能力。同时,不忘地方性知识所提供的实践智慧。地方性知识的学校教育融入旨在通过教育发掘、筛选地方资源，充分认识各民族的生存智慧和技能。乡村学校教育应具有多元的知识底蕴，"各族青年学子在开放、丰富、多元的校园中，通过互相了解、互相理解、互相尊重、互相学习、互相欣赏，不仅文化知识眼界得到了有效的扩展，而且在人际交往、做事处世方面积累了丰富的经验，为更好地融入社会奠定了扎实的基础"[1]。不同地区的学校教育依据当地生存背景而有目的地挖掘民族智慧，获得教育学价值层面的解释后，进一步探讨适用范围。这就需要在国家课程意识形态主导下，协调学科专家、当地人、教师、学生共同的合作力，重视课程开发力度，突破因地方性特征而存在的信息隔膜。通过这种方式整合学校教育知识存在的形态，塑造适合学生共同学习的知识底蕴，使学生找到学习的乐趣，达到多元知识成就自我、解放自我的目的。只有将知识与人的真实经验联系起来，才能提升他们的学习兴趣，完善学生的生命成长。

2. 创新乡村学校三级课程管理体系

第一，正确认识创新三级课程管理体系重要的育人功能。课程作为育人的有效载体，是培养学生核心素养的重要纽带。一直以来，乡村学校将国家课程放在课程教学的首要地位，而地方性课程和校本课程流于形式，或者说课程教学不关注地方性实践。在此，创新课程体系意味着地方性知识以"本土化"的知识进入乡村学校。早在1927年3月，毛泽东同志对地方性知识就有深刻的洞见，曾多次提到教材要有地方性，他在《湖南农民运动考察报告》中提到，"乡村小学校的教材，完全说些城里的东西，不合农村的需要"[2]。乡村学校课程创新应当反映地方性知识，寻找地方性知识延承的载体。国家实施三级课程管理体系以来，学校和地方课程实施并不乐观，地方课程知识处于有名无实的境地。因此，将地方课程的实施纳入学校课程管理与操作的框架之中，需要有效整合地方性课程资源。学生学习的内容诸如概念、定义和规律等知识表征，与他们亲身经历的日常经验生活中熟悉的材料同等重要，而真正的教育要把普适性知识和地方性知识融通起来，祛除学生生命成长过程中经验贫瘠的现象。换言之，地方课程开发要以本土的知识载体为课程资源，将国家课程、地方课程和校本

---

[1] 闫建敏：《关于民族高等院校定位问题的研究》，《民族教育研究》2015年第5期。
[2] 毛泽东：《毛泽东选集》第1卷，人民出版社1991年版，第40页。

课程有效贯通起来达到育人的根本任务。

第二,创新乡村学校三级课程体系是以地方性知识为视角的课程整合。课程创新诉诸地方性知识的价值彰显,不仅需要科学的决策意识,更需要合理的实践形式。国家实行三级课程管理机制,学校有了地方性课程实施的权利,但是课程实施的针对性、适应性和主导创新力还不足,国家课程与学生经验为主的课程之间存在一定的间隔。乡村在广阔的时空发展中形成了独特的地方性知识,具有历久弥新的文化韵味,其蕴含的育人内容,以及诸多修身养性、促进人之发展的资源,对于青少年的成长有着重要的意义。"地方课程建构必须把地方性知识作为重要的课程资源,因为地方性知识是千百年来在当地经历了历史检验的成果,对当地的自然生态和文化生态是最具适切性的"①,这就需要优化和整合课程资源,使地方性知识融入学校教育生活。当学生产生课程不适应或遇到学习障碍时,教师应注重将课程内容与学生的现实生活结合起来,形成知识对生活的积极引导。"当优秀教师把他们和学生与学科结合在一起编织生活时,那么他们的心灵就是织布机,针线在这里牵引,力在这里绷紧,线梭子在这里转动,从而生活的方方面面被精密地编织伸展"②,地方性知识与课堂教学的结合,不仅增长了学生的知识容量,还为课堂注入了新的活力。课堂是一种特殊的教与学对话的场域,作为空间,学生基于经验的不断重组和建构来完成知识的扩充和内在心灵的充盈。在此,师生共同营造的教学情境,学生作为行动者参与知识的建构,将知识带入学生有意义的社会认知与知识建构,需有个体经验的参与,学生经历的日常生活包括生活场景、生活记忆、生活历史都是学生建构社会认知的基础。概言之,学生拥有自身的意义之网,而这种意义之网的编织离不开学生自身具有个体生活史特征的知识体系的融入。

第三,创新乡村学校三级课程体系是以地方性知识为媒介的教育生活重构。在学校教育中,知识主要通过课程传递,学科知识的再情境化也是明显的事实。一方面,为了完成特定的教学目的,普适性的专业知识需要

---

① 滕星:《教育人类学通论》,商务印书馆2017年版,第320页。
② [美]帕克·帕尔默:《教学勇气:漫步教师心灵》,吴国珍等译,华东师范大学出版社2014年版,第12页。

教学过程的再情境化，以便帮助学生掌握知识，实现个体的德智体美劳全面发展；另一方面，为了未来就业岗位的适配性目的，学科知识还需要实现职业的再情境化，这种情境化显然是具体可见的，它直接关联着学生走出学校之后所从事的工作。由于考试的压力，学校教育重视正式意义的课程知识，这与地方化的学生经历及日常生活中呈现的地方性知识之间存在断裂。学校教育以知识和课程架构育人的任务，正如著名教育社会学家迈克尔·扬（Michael F. D. Young）指出的那样，教育实践中的知识或文化存在断裂问题，应当成为教师教学的难题。在看似狭窄而又广阔的乡土社会里，源自地方性的直接进行自我保存所需要的知识、间接的自我保存知识，以及乡村普遍践行的道义，都具有文化含量。地方性知识培育了乡村青少年在特殊生境中生存和发展所应具备的素养。当课程设置远离学生的文化生活时，在学校习得的普遍性知识与日常生活无法建立有机联系，无法满足学生的学习需求，他们对课程往往产生陌生感和焦虑感，失去足够的学习动力。基于此，乡村学校教育三级课程体系创新，是以地方性知识为媒介的教育生活重构，兼顾了乡村地方性知识的充分利用，使地方性资源与国家课程文化得到整合，重构了学生多彩的教育生活世界。知识整合和互动产生的聚合力，使学校教育知识的意义系统进一步丰富了学生的意义世界。

3. 加强乡村学校教师乡土情怀的培育

乡村学校教育的实施与本地社会情境密不可分，"教育总是与人类的知识、技术及其生存问题紧密联系在一起，不同的教育方式和内容都是各民族对一定文化生态的适应与调适中发展起来的，是一定文化在动态平衡过程中的产物，不同的文化生态系统会产生出不同的教育，反过来不同的教育也会对一定的文化生态系统发生不同的影响"[1]。每个村庄的地方性知识，表征一种村庄的生计方式，是村庄赖以发展和实现再生产的资源。乡土时空、乡土环境条件决定了地方性知识实现乡村生产的功用。随着乡村振兴的深入推进，村庄的时空环境正在发生一定的改变，但地方性知识已然融入巩固脱贫攻坚成果实践中，助力村民走上脱贫致富的道路。由此可以看出，乡村教育孕育在乡土文化生态系统之中，并对乡土生活世界产生

---

[1] 冯增俊：《教育人类学教程》，人民教育出版社2005年版，第198页。

根本性的影响，其目的是通过乡村少年儿童的全面发展，助力现代化的乡村建设。乡土生活系统的独特性也决定了乡村学校教育不仅是国民教育的重要组成部分，还要与乡土世界融为一体。因此，乡村教师应具有复合型的素养，传授普适性知识的同时，还应培育学生对地方性知识的感知与架构，塑造学校教育乡土情怀。

教师拥有适切的乡土情怀是乡村学校普适性知识和地方性知识融通的关键。乡村学校教育质量提升是乡村学校教育发展的基点，教育质量提升的核心在于乡村教师。这就意味着，乡村学校教师的乡土情怀是乡村教育质量提升的关键和前提，是教师教育质量保障的核心内容和一项标准。"教师教育质量标准是教师本身、学生以及学校教育教学质量提升的必要条件。"① 乡村教师要把培育乡土情怀自觉纳入教师本身发展的重要范畴，以地方性知识的媒介重构学生的教育生活世界，使乡土情怀成为提升乡村学校教育质量独特而关键的因素。教师教育的知识内容、教育教学能力、情感、态度和价值观等多方面的内容对乡村学校教育质量提升有着直接的影响。因此，提升教师多元知识能力显得尤为重要。第一，多注重乡村本土情境，教师从教学理念和教学设计、教学实施方面，加强地方性知识相关的本土经验的教学整合，提升学生的学习能力。第二，充分考虑教师在特定情境中积累的地方性知识。应注重教师多元知识的掌握，多开展地方性知识的考察活动，通过实地考察、深入民族社区、参观文化博物馆等体验地方性知识，提高乡村教师多元教学素养。多元文化知识及其技能的掌握能够有效帮助教师创设学生熟知的问题情境，通过开发地方性知识教育资源，激发学生的学业兴趣。第三，乡村学校教育还应合理地开展教师培训，"通过培训、校本教研和课题研究等途径不断改进农村教师的教学行为，提升农村教师的教育教学能力，进而提高农村教师的专业化水平"②。除了积累具有普遍意义的教学经验之外，还应针对乡村生存的具体环境，开展一系列的教研式培训，并讲求培训计划的实用性。

总之，地方性知识的构建为乡村学校发展提供了知识论的前提，知识

---

① 王安全：《教师教育质量标准的限度与方法》，《江苏高教》2017年第1期。
② 周福盛、咸富莲：《可持续发展视域下农村学校撤并问题的思考》，《教育发展研究》2013年第15—16期。

立场的重新澄清将激发学生学习的内在积极性。乡村学校教育扎根于地方社会生活、面向国家发展，以及地方性知识与普适性知识之间的可通约性，将有效整合知识形态，培育乡村学校教育的乡土情怀。

第二节 地方性知识贡献取向：开放的乡村学校教育体系

教育人类学研究发现，乡村学校教育与学生的生活世界相脱离，容易出现现代性知识与传统地方性知识之间的断裂，学生的学习兴趣不浓、学业成绩不高。乡村学校教育要把地方性知识视域下的乡土文化自觉与文化情怀放在首位，考虑到地方性知识的价值选择与融通，这不是以地方的特色排斥普适性知识传授，更不是以地方文化霸权的方式阻止乡村教育发展。辩证地认识和看待地方性知识，就是要引导地方性知识贡献乡村教育与社会发展。与此同时，乡村学校教育体系将由封闭逐步迈向开放。

一　地方性知识改变一元化知识观

第一，现代教育视普适性知识为圭臬，但乡村学校教育深受乡土独特文化的影响而具有教育特质之外的规定性，这种规定性受到地方性知识的潜在影响。教育在本质内涵上具有文化性，意味着学校教育传递普适性知识和主流文化的同时，还需要关注乡村青少年的生活环境以及与之形成的个性特征、价值取向和生活方式等。

乡村少年完全受到他所处生存环境及其文化情境的塑造和影响。"我们是从纯主观的角度界定文化的含义，指一个社会中的价值观、态度、信念、取向以及人们普遍持有的见解。"[①] 文化的概念经常与人性转变联系在一起，文化与人的行为心照不宣地统合在生活的过程之中。一种文化，能够引导学生形成特定的价值观，而这种价值观反映了他们的生存实践。因此，乡村教育自然脱离不了乡村的精神气质。地方性知识与乡村学校教育之间千丝万缕的关系是乡村社会整体发展的必然结果，因为乡村青少年一

---

① ［美］塞缪尔·亨廷顿、劳伦斯·哈里森主编：《文化的重要作用——价值观如何影响人类进步》，程克雄译，新华出版社2010年版，第9页。

出生就受到当地知识地方性的浸润,他们身处地方文化的滋养,并力图超越自我而找寻人之意义的现实路径,决定了乡村青少年的生命整全必须要基于普适性知识和地方性知识互动的场域而得以完成。

乡村学校教育是一个多元知识的载体。"教育是一个发生于学生、教师、家庭和社群之间的关系性过程,因此我们应该寻求关联性的,而不是等级性的知识。"① 首先,乡村学校教育地处村庄,村庄的文化意义借助于学校教育的映照而实现乡村青少年的文化浸润。乡村学校不仅要内含地方性知识,折射出村民的生存方式和村庄存在的意义系统,还要借助于普适性知识逐渐成就他们未来漫长的自我完善的道路。正如拉斯特(Luke Lassiter)所言,"在人类学意义上,文化是一个共享并相互协调的意义系统,这一系统是由人们通过阐释经验和产生行为而习得并付诸实践的知识所获知的"②。付诸当地实践的地方性知识,由村民的外在世界进入生命世界,并以文化惯习的内容被人们所熟稔。其次,地方性知识寄托着乡村青少年的乡土情感,将其作为地方性知识资源,从现实角度上看,调动了学生的学习兴趣,为乡村学校教育发展创造一种与村庄互动的氛围。地方性知识的嵌入,是对主流知识互补的选择,塑就的是乡村学校教育的开放特质。乡村学校教育多元知识的聚合,将打破知识的优劣差别,凸显出文化育人的包容性。

第二,地方性知识以内隐的方式存在于学生的生活实践之中,是地方文化精神的展现。地方性知识生发于时空向量中村庄历史与现实交汇的各种复合体,是文化概念上的乡土图景。我们所说的地方性知识不仅包括乡村视域中的精英文化,还包括民族文化中的民间文化。地方性知识的阐释发现,地方现象的概念对于当地人来说具有持久的文化精神力量。地方性知识显然是乡土社会生活方式,通过文化图式得以呈现,也只有在生活实践中才能扫描和理解地方性的知识意蕴。作为"主体参与的、特定人文情境和范围内生成、确认并得到辩护的知识"③,地方性知识与特定历史、自

---

① 联合国教科文组织编:《一起重新构想我们的未来:为教育打造新的社会契约》,教育科学出版社2022年版,第127页。
② [美]卢克·拉斯特:《人类学的邀请》,王媛、徐默译,北京大学出版社2008年版,第55页。
③ 王鉴、安富海:《知识的普适性与境域性——课程的视角》,《教育研究》2007年第8期。

然与文化传统密不可分。它以情境和实践经验为依据，因而不能以狭隘的眼光测量和裁夺。"教育对人类具有价值或作用的根本原因就在于它所传播、传递的社会文化和知识对人有价值和作用。"[1] 为此，地方性知识与普适性知识共同建构起承认不同知识相对价值的知识体系，打破了一元知识观，这是乡村学校教育现代化转型的知识论视角。

二 地方性知识平衡教育知识形态

乡村学校帮助学生迈向可能生活世界的时候，学生的教育生活与日常生活往往是相遇的状态。然而，"学校教育中主流文化与民族亚文化冲突造成的不连续性"[2]，最终导致一元化知识传授的模式，这是普适性知识与地方性知识对抗的结果。以民族亚文化为属性的地方性知识，保持着当地日常生活井然有序、维持着当地人与自然社会的和谐，即"一种具有地域文化特质的知识形态及构成方式"[3]，承载着一定地域人们物质文化与精神文化的全部成果。乡村学校是青少年以家庭为主导的生活世界与迈向更广阔的社会生活之间的一个机构，它建立了家庭与社会的基础性关联，目的在于完成个体的社会化。在此，地方性知识的本土知识价值、审美情趣以及本真的地方生活世界，都将成为学生成长的经验基模，平衡乡村学校的知识形态。

第一，乡村学校教育应打破"知识教育"的狭隘框架。每个学生都有自己存在的生活实在，是学习知识的参照点，并且以他自己的生活世界作为自身成长的一种视域。学生新知的获得，离不开自身的生活经验。已有的生活世界是一种前逻辑的存在领域。生活世界是地域文化、乡土社会和个体成人组成的结构。乡村青少年经由自身生活背景所积累下来的知识储存，终究要面向乡土社会的秩序，沟通各成员的行动，形成团结的秩序，进而在沟通行动、相互理解中确立自己的身份。各族学生经由沟通行动共同建构的公共学习领域，旨在达成知识的增长，完成文化更新，形成集体品格，培养具有社会责任的个体。学生生活世界的扩展和经验的再生产，已有的生活世界仍然是教育生活世界更新不可缺少的部分。因此，以地方

---

[1] 胡德海：《教育学原理》，甘肃教育出版社1998年版，第300—301页。
[2] 钱民辉：《多元文化与现代教育之关系研究——教育人类学的视野与田野工作》，民族出版社2008年版，第318页。
[3] 安富海：《论地方性知识的价值》，《当代教育与文化》2010年第2期。

性知识为平衡的学校教育实则兼具必要的文化养成。知识文化素养是促进学生获得知识增长的潜在核心，深隐的文化因素影响着他们的知识获得和价值观的养成。地方性知识属于文化范畴，但对学生的思维方式、价值观念和行为习惯的影响更为直接，这些知识形态是地方社会实践必不可少的内容。学生的成长离不开地方性知识基础上的文化自觉，因为他们有深刻的知识地方性的情境体悟。

第二，地方性知识的平衡有利于接续学生的前有世界。学生接受新知识是根据学习内容而获得原初知识的扩展，以此形成恒久的知识财富。对新知识的感知和理解离不开一个原初印象，原本印象的映射是与其现在知识境遇"手拉手"一并进行的。原本印象与现有知识接受产生联系，才会构造出个体成长的意义世界。教育是以学生生活世界作为背景的，须将学生已有生活世界作为学校教育新的生活世界的一部分或者一个结构。学生的文化背景、风俗习惯、生活经验以及特定生存境遇等都是他们的"前有"，成为不断影响后续教育生活的一种力量。进而言之，教育生活可化约为每个学生朝向共同世界所展开的具有集体行动特质的一个缩影。学生的共同世界在日常教育生活实践中被建构出来，通过他们对已有知识经验的累积达到对教育生活的调整与认知。学生彼此的理解通过共同的教育生活世界而不断增加地方性知识经验的扩充，构建起具有虚构性生命流传中"我们"的关系脉络。因而，教育生活世界与地方性知识的经验活动的关联在于学生对自己过往及周遭世界的体验。在此意义上，教育生活是不同学生朝向生命成长的多元建构的活动，并透过他们前有世界的地方体验逐步建构，从而使前有世界自然过渡到教育生活世界乃至更广阔的社会生活。

第三，一元化知识传授离不开地方性知识的合理平衡。唯有教育现代性与地方性相结合起来，学生才能形成多元的知识底蕴。首先，乡村教师是生活在地方化、情境中的人，应关注学生的日常生活。教育是特定时空条件下的活动，教育活动要达到预期的目的，教育者要保持与社会一致的价值观念、信念，"使教育者适应他们必须在其中从事活动的社会文化情景"[①]。其次，课程创新的具体内容应突破知识的局限性，关注

---

① Brezinka, W., *Philosophy of Education Knowledge: An Introduction to the Foundation of Science of Education*, Kluwer Academic Publishers, 1992, p. 225.

不同知识的贯通与融合。学生生活世界的回归要以课程与学生经验相契合为出发点,"把各门学科的教材或知识各部分恢复到它被抽象出来的原来的经验。按照儿童经验的生长和实际情况,还原为直接的和个人的经验"①。为此,开放的教育是儿童的日常生活世界不再被割裂的教育,乡村青少年个体拥有的地方性知识成为教育生活世界不可或缺的知识体系,以此探寻他们共同的生活方式。各族学生在共有的教育活动中展开沟通行动,这种品质的养成将为民族事业的发展产生积极意义。

基于以上分析,乡村学校教育应转变知识观。通过追寻主流知识与地方性知识最佳的结合点促使民族优秀文化传承与发展。通过关注民族教育的境遇性,审视和理解地方性知识所承载的文化符码、生存场域,即依据民族学校文化背景,达到地方性知识的教育学范式考量。地方性知识的平衡意味着学校教育注重普遍性与地方性知识之间的可通约性,其共生的知识形态是学校教育发展的一种新的知识形态,是有效化解学校教育中知识形态冲突、平衡知识权力的内在方式。

三 地方性知识育人的学校教育行动

当下,地方性知识的乡村学校贡献取向尚未得到充分认识。由于地方性知识立场的偏见,仍存在许多实践操作难题,而地方性知识育人的学校教育行动,需要坚持"温和相对主义"的立场。

第一,普适性知识与地方性知识的互动可理解为"温和相对主义"的立场,实现的是知识传授机制的创新。地方性知识的立场,既尊重了地方性知识的多元与特殊,又保证了学校空间本土知识经验的交流与融合。各族学生共同参与、共同分享不同知识所形成的教育情境本身,是对文化相对主义的超越。"温和相对主义"平衡了地方性知识的教育位置,反对将知识生成的特定情境以及时空特性绝对化。"知识体系总是'地方性的',呼应并承载着利益和关切的印记;这种利益和关切,有可能可以、也有可能无法为其他文化中的人们所分享。幸运的是,足够多的部分通常是能够共享的,并且能促进不同文化体系之间富有成效的对

---

① John Dewey, *The Child and the Curriculum*, Chicago: The University of Chicago Press, 1956, p. 22.

第六章 地方性知识观照的乡村学校教育发展理路

话和有用信息的交流。"① 地方性知识是一种知识观念，通过几个具有地方性特征的案例构建起地方性知识观。从获得地方性知识的方法上看，不存在绝对的地方性知识。知识的地方性可理解为地方性知识的沟通，沟通旨在显示某一地方性知识的改造和生成另一种地方性知识的过程，而不是普适性知识特定的例证。任何单一性的拒绝地方性知识或普适性知识的观念都存在认识论的偏差，将地方性知识与普适性知识对立起来或将地方性知识特殊化的做法是不可取的。在此，不论是地方性案例的集结，还是知识之间的沟通与共享，都说明温和相对主义知识立场的必要性。按照此种逻辑推演，普适性知识和地方性知识的对话立场，是创新乡村学校教育知识传授机制的起点。

第二，乡村学校教育应把地方性智慧知识化，以包容的知识体系实现育人。教育本身具有知识性，文化的传承离不开知识媒介。"教育是应生活的需要而产生和发展的，教育的内容是生活经验的积累与人生智慧的结晶，因此可以说教育源于生活。教育要真正体现对人之为人的生命意义的关注和引导，就必须从人的生活开始，引导人追寻积极的生命意义。"② 教育发展必须兼顾民族历史与乡村社会发展。离开民族性的教育是没有活力的教育，因为民族是历史的存在。乡村学校教育为乡村青少年个体的教育生活建立了通道，留下了不同文化、不同知识相互映照的烙印。换言之，地方性知识与民族地区的乡村社会发展有着必然的关联，它与学校教育主流知识的融汇，是其合乎时代发展的教育举措。只有立足于本土地方性知识，方可有效连接国民教育的任务和乡村社会特殊的教育需求。因此，乡土社会地方性智慧的知识化，需要持有科学合理融入地方性知识的学校教育立场。乡村学校教育包容的知识体系，乡土与国家双重教育需求的融会贯通，是基于国家教育发展与民族地区乡村振兴双向结合意义上教育现代化的新形式。

第三，乡村学校教育地方性知识的贡献，实现的是乡村学生个体成长的主体性依归。乡村学校教育变革是非线性的，是基于乡村文化的实践性

---

① ［美］桑德拉·哈丁：《科学的文化多元性：后殖民主义、女性主义和认识论》，夏侯炳等译，江西教育出版社2002年版，第1—2页。
② 王建平、杨秀平：《教育的原点：生活——一种基于陶行知生活教育理论的解读》，《宁夏社会科学》2010年第9期。

地方性知识贡献取向

行动,学生个体身心发展的主体性是关键因素。乡村学校教育具有得天独厚的育人资源,文化的道德涵养、情感的感化与乡土情怀的滋养都是实现乡村学生教育主体性回归不可或缺的内容。借助于本土文化的教育活动及其人文精神的绽放,有利于实现乡村青少年学生主体的自觉成长。这是唤醒乡村学校教育自觉与人文情怀的一种努力,贴近学生的人文资源是塑造个体成人自觉的知识基底。现代化的乡村学校教育面临着社会功利化倾向的影响,并在相当程度上加剧了个体成长的片面发展和精神文化的危机。"没有教育的时代性,教育的时代精神就无从体现;没有教育的民族性,教育的民族精神就无从反映。"[1] 乡村学校教育的时代性体现在成就乡村学生的生命成长方面。他们所经历的教育活动受到与之相应的地方性知识的熏陶。在此,地方性知识的贡献不仅体现在乡村学校教育文化精神的拥有与拓展,还体现在学校教育对学生经历的生活世界的主体性关怀。如此,"个体不仅获得生存的必要条件,而且将人类过去的生命、现在的生命、未来的生命都紧紧相连并汇成一股鲜活跃动的生命之流,同时在个体自我与异己他者之间建立起生命同感互通的纽带,将由于过度的个人主义所造就的一个个独立而分散的陌生的原子式的个体组合成一种熟悉的、亲切的、和谐的整体,使个体拥有生命存在的充分条件和保障,赋予被孤独和空虚所充斥的生命以充盈的意义"[2]。乡村学校教育与地方性知识共处于乡村生活所构成的文化场域中,因而不能人为地割裂二者之间天然的联系。乡村学校教育不仅要重视教学情境与文化依赖的双重境域,还要重视地方性知识的生产与传承;既要倡导国家意识形态下知识的普遍必然性,还要把握当代教育运行的多元化。"实践的含义永远有两层:其一是有意愿地,在活动和行动中创造的可能性;其二是实践在扭转人类遭遇困境时对'必要性'的回应"[3],将教育的地方性和普遍性统筹起来是一种教育的实践,它以培育学生的多元化知识素养为旨归,主张学校教育与地方性知识的互动,转向学生的主体性发展,促使乡村学校教育由精英主义、工具理性向

---

[1] 郑金洲、瞿葆奎:《中国教育学百年》,教育科学出版社2002年版,第266页。
[2] 丁钢主编:《历史与现实之间:中国教育传统的理论探索》,教育科学出版社2002年版,第48页。
[3] [德]底特利希·本纳:《普通教育学——教育思想和行动基本结构的系统和问题史引论》,彭正梅等译,华东师范大学出版社2006年版,第14页。

多元主义、人本主义转变。地方性知识是村庄发展的文化根基,它与学校教育共同推动着整个村庄走向现代化。乡村学校教育不能在无根中奔向现代化,学校教育、地方性知识、村庄融为一体,将对乡村青少年的主体性回归产生深远的意义。

第三节 开放的乡村学校教育助推民族团结教育

普适性知识与地方性知识的分立引发的学校教育困境,仍然是一个实践难题,普适性知识的绝对化地位很难培育乡村少年既能顺利融入主流社会、又能回归乡土为家乡振兴发展贡献才智的需求。在此,"地方性知识的平等眼光和内部眼光使它有别于现代化发展的其他学说,成为今天反思现代化的有效途径和方法"[①],这种方法也是疗愈乡村教育困境的一剂良药。地方性知识的教育实践以和谐的教育生活为旨趣,塑就乡村学校教育多元知识的文化情怀。平等的内部眼光是一种视野,更是一种文化自觉,起到有效化解知识冲突的功能,而地方性知识贡献的乡村学校教育改革具有一定的反推力,更加开放的学校教育体系能够夯实民族团结教育。

一 乡村学校教育现代化主题探究

乡村学校教育远离乡土的精英型的知识教育,一方面助推了社会流动,为国家现代化建设培养了大批人才;另一方面,忽视乡村教育的乡土情怀而强调教育现代化,造成学校教育的人才培养一时难以与当地生产生活需要相结合。当学校教育脱离当地生存情境时,乡村青少年出现身处乡村的身份认同问题,继而影响后续教育价值观的养成。乡村教育现代化要寻求地方性知识的媒介而平衡知识冲突,要从一种新型的知识观念反思现代化带来教育发展的结果,将乡村学校教育现代化置于乡土情境以及知识地方性的视角。

知识的地方性是认识知识本性的前提和基础,具有地方特征的地方性

---

① 连连:《文化现代化的困境与地方性知识的实践》,《学海》2004年第3期。

知识阐释了一种思维。知识是为人类进步与发展服务的，作为主体的人的生活实践，离不开本土意义的情境。农耕文明传统中，地方性知识涉及生计、生态、社会关系、道德伦理等诸多方面，这些方面相互关联、相互整合成一套具有情境化的行动符号，其地方特征比较明显。乡村社会中，口传故事、家训门风、艺术表演、社交礼仪、伦理道德等都是乡村振兴的文化基础。乡村积蓄乡土情怀，乡村拥有与城市不同的文化禀赋，彰显了乡土文化特质。乡村振兴背景下，地方性知识仍然释放着乡土文化的精神力量，成为创新乡村建设的行动支撑。

长期以来，乡村社会建立的一套乡规民约，事实上发挥着乡村文明秩序的治理，为村落社区安定有序奠定了文化基础。这就意味着，地方性知识维系着村落共同体中日常生活自然、和谐、有序运转，特别是村民一直坚持的制度与惯习，高效维续着村庄共同体的生活秩序。作为村民日常生活空间的村落，是一个开放、流动的空间，人与人之间关系的建构，完整的岁时生活以及日常的劳作休憩，构成了村民此地的生活世界，但这种此地化的生活世界不是封闭的空间，而是同更广阔的村庄与村庄、村庄与社会的交往建构了联系，因此拓展了属地性质的生活世界的意涵，增进了乡风文明的程度，也增强了村庄参与乡村振兴的内生活力。地方性知识效力的发挥，说明多元知识是村庄及其教育现代化的一种贡献取向。

基于以上前提，说明乡村教育现代化不是抛弃学生以地方性知识为经验本原的教育。学生成长于特定的地方意义世界中。一方面，他们与地方意义世界有着更为深刻的关联；另一方面，他们自身受到此地文化和地方模式的浸染和模塑。他们的生活离不开地方意义的文化与价值。从这一角度讲，学校教育知识的传授需要诉诸一种贴近地方意义世界而又行之有效的方法，形成两种知识形态融汇的行动观念。乡村学校教育本身是多元的实践场域，它不仅仅是知识形态的相遇与理解，更是一种现代科学精神与传统人文精神汇聚交流的平台，保持、延承和发展地方性资源的教育实践可以使各民族学生从中受益。知识融合应当成为现代教育事业发展的新理念。乡村学校教育现代化是乡村青少年迈向现代社会的基石，而地方性知识与普适性知识的共向融通，构建的是一个开放的乡村学校教育体系。

二　建立开放的乡村学校教育体系

（一）乡村学校教育发展理应培育文化品性

教育综合改革以来，基础教育的发展面临诸多挑战。教育的高质量发展不能一味地批评应试教育带给学生的负担，而应考量教育如何使学生自由地成长。自由并不是放弃负担，而是个体内心对教育的依恋。乡村教育的核心点是对乡土生活实践的关怀，以此通过学校教育途径增长学生的知识、发展技能、打造个体成长的精神家园，使教育的文化性格与乡土生活品性交相呼应。

乡村学校教育有其内在的价值导向，它是基于乡村生活实践基础上的教育形态。从乡土文化与乡土生活相关联的整体境遇出发，乡村学校教育呈现出丰富的文化品性。"教育作为一种特殊的人类精神活动，并不是孤立的，它与人类的其他文化现象，如政治、经济、科学、宗教等都有着内在的整体的联系"[1]，乡村学校教育也是作为文化存在的人的教育，只有培育乡土文化品性，才能实现文化保存、传承与创造，实现乡村学生贯通生命意义的个体成长。

（二）乡村学校教育发展理应聚焦地方性知识

近年来，关于地方性知识的研究在内涵和外延上都有所突破，"地方性知识的确认对于传统一元化知识观与科学观具有潜在的解构和颠覆作用"[2]。这是因为，地方性知识把具有当地情境及其风格特征的符号表象纳入特定背景，反映出当地人与情境之间本质的存在意义。特定情境生成的地方性并未给知识的构造与辩护框定界限，相反它为知识的流通、运用和交叉开启了广阔的空间。知识的地方性同时意味着知识的开放性。地方性意义上，知识的构造与辩护有一个重要的特征，即它始终是未完成的，是有待于完成的事情，或者是正在完成中的工作。当地人与其情境之间的叙事结构具有相对的稳定性和确定性，知识有效性与其说是某种事实，还不如说它是包含特定情境之中潜在的知识"要求"，赋予当地人特定的生活情结。

---

[1] 石中英：《教育学的文化性格》，山西教育出版社2005年版，第46—47页。
[2] 叶舒宪：《地方性知识》，《读书》2001年第5期。

地方性知识对于理解乡村学校教育实践所遭遇的一元化知识困境提供了视角。乡村学校教育没有触及当地人的文化逻辑、生态价值及其所形成的特定情境，造成现代性知识的输入对地方性知识教育空间的挤压，弱化了地方性知识的教育意蕴，割裂了学校场域主流知识与地方性知识本然的联系。地方性知识并非完全被动地呈现事实，在国家宏观教育政策的引领下，乡村学校教育应不断关注地方性知识的多样化和差异性，自觉调适地方性知识与学校教育之间的分立，更快更好地推动民族地区乡村教育事业健康发展。因此，提高民族地区教育水平的一个重要途径是关注地方性知识，聚焦人们赖以生存和凝聚乡土文化认同的本土知识。地方性知识无疑具有多元知识特征的内聚力。

（三）乡村学校教育理应打破"逃离"与"扎根"的对立

构建新型的学校教育体系需要重审地方性知识的价值。地方性知识凝结着一定地域人们的生活行为系统与集体符号抽象。在此基础上，普适性知识和地方性知识的共存联结着传统知识与现代知识、草根文化与精英文化，使现代教育气息中夹杂着原生态的知识形态，展现的是一幅文化多元、知识丰富的教育生活场景。这样的教育场景下，学生作为地方性知识的持有者，保持开放的学习态度，不断学习、吸收和利用现代主流知识，又不忘身处的地方性知识资源。学校教育地方性知识的回归在创新本土知识的同时，为知识融通、交流与创新奠定了教育基础，使学生理解学校教育、体察本土地方知识、认识人文与社会，最终提升了他们的多元文化知识与技能，而不是在单一文化锁定状态中的"边缘人"。师生之间、学生之间通过地方性知识的理解而塑造和谐融洽的多元文化氛围，所构建的是一种开放的乡村教育发展体系，最终培育和引领学生共同建立相互依存的民族意识，并将这种意识稳定地渗透到具体的学习和生活中。

乡村学生一旦成为不同知识形态的持有者，教师也就拥有了多元的文化自觉。这种开放的学校教育既坚持主流知识文化教育，又扎根于乡土社会生活的现实情境。学校教育的地方性知识贡献不是反对教育现代化，它的目标在于培养全面、持续成长的乡村青少年学生，不论扎根本土还是走出乡土，都使他们拥有积极开放的生活态度，既能主动地接纳现代文明，又能延承地方性知识中富有价值的内容。知识多元性塑就的是人们身处不同环境，能够游刃有余地借助特定的知识生产能力处理实践问题，这就意味着知识多元应对不同生境和环境、不同地方个体生产的更广泛的可能性，以便适切应对特定环境独特的社会现实和人文情境。在此，学校教育不再使学生在"逃离"与"扎根"二元对立范式下以"边缘人"的身份出现，而是通过多元知识的掌握提升他们生活的幸福指数和宽广的成长空间。

三 乡村学校教育体系助推民族团结教育

和谐融洽的民族关系始终是社会发展的着力点，而学校是培植民族关系的关键场域。学校不仅是一个社会的浓缩，还是富有知识逻辑、精心规划的"小社会"。作为各民族学生共同学习和成长的微观社区，乡村学校本身是夯实民族团结教育的重要场域。附加地方性知识的学校教育，帮助学生彼此通过地方性知识的了解而体验他者的文化，转变自己文化视野中想当然的文化事项。他们基于不同文化的交互和互惠，建立教育生活新的起点，这种具有文化生机的教育生活，容易构建有助于各民族学生共同发展的生活方式，扎牢民族团结教育的根基。

（一）互嵌型学校文化场域的形成

开放的教育体系为各民族学生团结合作奠定了必要的支撑，而地方性知识是各民族学生交往交流交融不可缺少的因素。教育发展有一条内在的逻辑，人的成长是出发点，社会秩序的维持和公共利益的维护是教育的终点。封闭的学校教育是脱离社会的"真空"教育。人的教育是基于人的现实生活和未来生活为基础的实践活动，是为了更好地、富有德性地生活，教育要使人过上具有德性向善的生活。当前，民族团结是各民族的共同利益追求，国家长治久安的基础在于民族团结，伟大中国梦的实现离不开各民族的团结奋进。夯实民族团结的基础在于学校教育，而乡村学校教育具备夯实民族团结教育的良好条件。

各民族学生彼此理解不同的地方性知识，形成文化相美、民族精神相通的互嵌型学校文化场域，使民族团结教育以学校为场域扩展开来，逐渐转化为中华民族共同体的认同。开放的学校教育基于地方性知识的融通而来，倡导各民族学生之间互相理解、共同学习，创建互通互学的学习共同体，进而把个人的自我实现与社会和谐安定的目标统一起来，形成互动、共处的社会生活。在此，乡村学校教育给学生带来的变化，不仅仅局限在多元知识的增长方面，还有助于学生形成团结互助的态度，通过恰当地欣赏不同的地方性知识，成为负责的、合作的、参与的社会公民。

教育交往过程中人文情怀的对话极其重要。民族团结就是要培养学生学会宽容、善待他人、用平等的眼光看待问题，时刻保持不同文化、不同知识思考的姿态，学会容忍他者和差异，培育认识社会和事物的通达心态。各族学生相聚在一个学习生活的空间里，知识形态会得到更好的交融，其互动自然会达到知识、经验、智慧的分享与交流，从而创造更为广阔的教育环境。不同的民族学生持有各自的知识文化，并在学习过程中相互接触，普适性知识与地方性知识也得到动态平衡，不仅维持了学习共同体，还建立起共通的学习生活情感。

（二）互嵌型文化打造学生共有精神家园

乡村学校教育应充分考虑到地方性知识生成的背景以及演化的具体历史，构筑面向学生主体的适切性教育。我国是一个统一的多民族国家，不同民族的历史文化形成了与民族自身特点相吻合的地方性知识体系。民族地区学校教育本身受到所处特定的社会文化和主流价值观念的双重支配。中华民族多元一体格局的核心是各民族之间沟通、理解，开展文化对话。学校教育需要认识地方性知识对学校教育的潜在影响，从学校教育与地方性知识双重的视角汲取积极因素，适时转化为可行的地方性教育实践。学生之间平等的交流，以民族团结教育为出发点，构建的是普适性知识与地方性知识融通的纽带。换言之，民族地区乡村学校教育有目的、有计划、系统性地培养社会化的人，经由学生主体之间的交往交流交融而打造的互嵌型文化场域，不是评判抑或排斥地方性知识，而是尊重来自不同文化地区的学生的生活方式，寻求和谐共处的知识学习，呵护各民族学生共有的精神家园。

打造各民族学生共有的精神家园，要以理解地方性知识为起点，既要站在主流文化立场上，又要立足于地方性知识观。注重乡村学校教育供给、配置平衡的同时，找准适合各民族学生学习的课程、教学模式、学习资源和校本课程等。现代文明、现代性知识强势嵌入村落时，不得不思考本土地方性知识存在的处境及其平衡力的发挥。学校教育现代化不能遗忘地方性知识的生产力，不得不考虑唤醒学校教育的主体性、激发各民族学生接受教育的自觉性、自信心和能动性。因而，"在我国少数民族地区，既要考虑到国家教育的整合功能，进行普适性知识的传播；又要考虑到当地特殊的社会和人文生态环境，注重地方性知识的传递，使教育能够满足不同地区、不同文化背景、不同阶层、不同族群人们的需要，实现教育领域内国家'大传统'和地方'小传统'的良性互动，这才是中国教育今后发展的一条正确之道"[1]。在此意义上，学校教育自然成为各民族学生共有的精神家园。

（三）和而不同的文化构建和谐的教育生活世界

各民族学生共有的精神家园可使他们理解彼此的文化样态，实现心理、生活的文化认知，这是民族团结教育的起点；另外，各民族学生相聚在一起共同学习，有利于形成和谐的教育文化生态。学校是学生参与社会生活的起点，他们之间的友好交往创造出互嵌型的文化结构，营造出良好的学校文化环境，为民族团结教育打下坚实的现实条件。各民族学生共同生活是社会整体结构一体化的必然要求。学校教育可使不同的文化在经历接触、磨合、互动的过程中实现地方性知识的接纳与理解，文化的嵌入容易形成各民族之间心理层面的亲近，实现良好交往互动的积累。由此而来，以地方性知识为媒介的文化，使各民族学生在共同的社会实践中产生命运共同体意识，这是民族和谐关系构筑的文化结构，也是文化互动的行动结构。民族成员共同生活的场域衍生出的文化信息能够减少文化差异，增强不同学生交往的频率和程度。因此，民族地区乡村学校教育是创设和架构民族交往的现实路径。学校不仅仅是地方性知识达成理解的空间，更是民族精神、情感、心理培育的场域。

进而言之，以地方性知识为表征的文化样态，通过学生的理解，再构建一种教育生活世界。任何人都不能脱离生活世界而独立存在，乡村学生个体都有自身生活经验的表现方式以及整全的生活经验系统。学生个体都必须共同生活，参与彼此的生活而为整个教育生活而行动，以行动者的姿态共同参与可能教育生活的构建，其构建方式离不开地方性知识。他们基于对前有生活世界之知识经验储存的意识流程中感受着教育生活世界。教育生活就是一个众多个体直接或间接相互影响、合作的世界，是存在于学生之间共有的世界，为了共同的教育生活旨趣而建构出来。在社会生活

---

[1] 滕星、关凯：《教育领域中的国家整合与地方性知识》，《中南民族大学学报》（人文社会科学版）2007年第5期。

中，人们将"和而不同"视为一种积极的处事方法和行事品质，而"学校自身须是一个社会的生活，须有社会生活所应有的全部含义"[①]，不同学生共处于学校生活，就是要养成文化兼容并包的意识，遵循学生的认知特点和身心发展规律，使学校教育与乡村社会发展特点相结合。这就要求学校教育体现开放、包容、公平、创新的知识观，平衡教育实践场域中普适性知识与地方性知识的容量，使教育生活贴近学生实际、贴近学生真实的生活情感，和而不同的文化最终将构建和谐的教育生活世界。

（四）筑牢民族团结教育的良好氛围

党的十九大指出，要深化民族团结进步教育，铸牢中华民族共同体意识。新的历史条件下，各民族团结教育实践的根本路径在于通过各种媒介，加强民族之间深度的交往交流与交融，而学校是筑牢民族团结教育的基础场域。各民族学生共处、共学、共乐、共进步，地方性知识就是一个纽带，它联结起学生良好互动的实践空间。不同地方性知识之间的互通与流动容易形成多元文化融合的局面。

一要把地方性知识渗透到课程之中。课程承载着文化的信息，是民族团结教育实施的重要资源。只有在理解文化、尊重文化的基础上才能铸牢中华民族共同体意识。乡村学校可以研发一系列富有地方特色的校本课程，构建民族团结教育课程体系。可以开展社团活动，融入优秀的文化内容，活跃学校校园文化，促进学生之间的文化欣赏与交流。各民族学生接受主流知识，同时分享地方性知识，共同学习并形成学习共同体。他们在学习上共同进步，在情感上相互包容，形成以深度交往为基础的学习关系。可以说，以地方性知识为补充的学校教育能够营造一个和谐的教育生活场景，使各民族学生相互尊重、相互学习、共同进步。

二要把地方性知识融入教育生活世界中。教育生活世界是学生生命成长的意义世界。在知识传授过程中，学生知识的认知结构不断得到拓展和强化。具有乡土特色的音乐、舞蹈、刺绣、体育等可以进入教育生活，不仅可以培养学生的文化情感、态度与价值观，使教育与学生生活相联结，还可以形成各族学生亲如一家的教育生活场面。乡村学校除了地方课程开发以外，还应帮助学生了解当地风土人情、习俗传统等，将地方歌曲、乐

---

① ［美］杜威：《民主主义与教育》，王承绪译，人民教育出版社1990年版，第375页。

器、舞蹈、民间剪纸等艺术品制作作为学校文化提升的素材,使学生亲身体悟到地方性知识对个体成人的意义,并以此提升学校办学活力。学校知识环境的塑造应养成教师、师生、学生之间进行文化知识交流的习惯,培养学生基于地方性知识与普适性知识融通基础之上的国家意识和爱国精神。当学生成才走上社会时,他们就会运用不同的知识内容处理所面临的共同问题,巩固民族和谐共处的关系。

三要把地方性知识渗透到学生的社会实践中。社会是一个大舞台,学校教育与社会教育是统一的教育。学校可以专门安排时间参观当地文化馆、乡村文化旅游专线等,定期聘请传统文化行家进校开展讲座,开阔学生的文化视野。当学生长大成人后,历经地方性知识交流所构成的公共空间,将会使个人的实践行动与公共精神融于一体,积极的公民意识也由此形成。因此,地方性知识的学校场域融入,是学生个体团结奋进、开创未来生活的知识资源,最终将唤醒学生个体作为公民参与公共事务的精神资源,激励他们承担更多的公共责任,这种公共责任必将形成对民族、国家的强烈认同,由此拓展出民族和国家的自然情感,筑牢民族团结教育的良好氛围。

长期以来,乡村学校教育场域中,地方性知识的缺失造成对乡村学校教育认识的偏差。现代化的教育发展不仅要给学生带来富有成就的生活机会,还要帮助他们顺利融入主流社会。但是,迈向现代性的学校教育也有实践难题。乡村学校教育疏离于地方性知识的本土价值,需要引起进一步反思。乡村学校教育具有普惠性,同时作为国家公共产品,更加强调教育质量的平等和教育机会的公平,对公平的追求理应要充分关注乡土地方性知识的育人的价值,以此把握乡村学校教育的多元性和城乡教育一体化发展的理路。

第七章 地方性知识的镜鉴：知识论再思考

> 导语阐释性的解释不仅是一种升格了的训诂学而已，它确实是一种解释的形式，它训练我们的注意力，使之聚焦于制度、行动、意象、表达、事件、习俗等社会科学兴趣所及的一切常见对象，对于拥有这些制度、行动、习俗等东西的人们所且有的意义。[①]
>
> ——［美］克利福德·格尔茨：《地方知识——阐释人类学论文集》

广阔的乡土社会实践有赖于乡村教育，尤其有赖于包含乡土地方性知识为内容的乡村教育，以打破以标准化知识为制式工具的对人之成长和未来从事社会化实践的定价，而这种定价往往建立在城市化的产业资本形式基础之上，试图将乡村教育培养出的人力资源转换成向大城市流动的人力资本。我们清晰地看到，乡土实践乃至现代化中的乡土实践需要在一种渐进的状态中达到认识乡土、改造乡土社会的目的，那种完全由标准化的普适性知识培养的人力资本，往往以乡村学生"走出去"的形式出现，因而难以守住乡土的实践根脉，全面覆盖的非在地化取向的、挤向大城市的、流动性的教育输出，破坏了乡土文明社会中文化育人、情境育人的教育生态。地方性知识在空间和时间维度上是明确的，属于典型的地方规模的智慧结晶。不管是显性积累还是隐性传承，地方性知识体系建立在情境之中世代之间经验知识开发创造与协同传递的基础上，因而生发出乡村自然的教育意蕴。当走进与地方性知识共存的学校场域时，地方性知识的缺位一

[①] ［美］克利福德·格尔茨：《地方知识——阐释人类学论文集》，杨德睿译，商务印书馆2014年版，第27页。

度再现了乡村学校教育的实践难题,学校教育割裂了乡村青少年以地方性知识为经验的日常生活世界,不利于学生身心发展,更不利于民族团结。为此,现代化的乡村学校教育离不开地方性知识的平衡,这是地方性知识观的教育实践。

第一节 研究过程的回顾与再阐释

一 乡村地方性知识承载了什么?

四个村庄的民族志应用,深深地被烙刻上了文化边界渗透所塑就的那份文化自觉,也正是因为这份自觉意识,地方情境及其由此衍生的地方性知识不再是现代化发展路上文化单一状态所覆掩的文化遗产或流风遗韵。地方性知识的生机与活力基于人们交往互动的多元情调所达成的理解和共享之上,而不是在封闭的生活圈里树起文化优越性的旗帜。在此意义上,地方性知识的田野实践属于乡土文化与乡村教育互动的研究范式,核心在于借助人类学的关怀将时空轴线上的地方性知识事实呈现,窥见村庄里日常生活的意义而不是抓取宏大话语叙事的那些抽象性的文化结构,感受到的是地方性文化的一种知识体系与村民经历的日常生活所互构而成的相融情境。

(一)村庄中地方性知识的获取

首先,本书主要运用民族志等方法获取西吉县四个村庄的实地资料。为了提高地方性知识信息的信度和效度,在深度参与、体验和感悟的基础上关注村民鲜活的日常生活。同时,注重深度访谈及其个体话语的真实性和客观性,运用深描、叙事、阐释分析的建构性范式,搜集丰富的田野资料,还原村庄文化的真相。对于地方性知识本身而言,乡村教育人类学研究是由开放向焦点聚焦的过程。作为研究者,积极介入村民主体行动者的日常生活,达成与访谈主体之间的互动和隐性的契约,因而研究问题也是逐步被探究和转换的,特别是由地方性知识转向乡村学校教育,探寻的焦点是界定过的,因而这种转换也是自然的。

其次,探索特定情境中乡土社会生活现象并对地方性知识的意义进行发掘、阐释和整体分析,属于"以研究者本人作为研究工具,在自然情境下采用多种资料收集方法,对社会现象进行整体性探究,主要使用归纳法分析资料和形成理论,通过与研究对象互动对其行为和意义建构获得解释性理解的一种活动"[1]。在此,民族志观察者往往从正在观察的乡村的文化脉络入手,寻求村民生活世界的共同理解。而整个研究注重对地方性知识和学校教育的实证考察,强调自然状态下研究结果的真实性。对四个村庄地方性知识的解释性理解,遵循阐释主义传统。透过研究者与被研究者之间建立的主体间性的视域融合,揭示特定社会—历史—文化背景下村民建构的"真实"所在,阐释村庄中的地方性知识对于村民而言到底意味着什么?

最后,阐释地方性知识的文化意义和知识底蕴,达到情境中地方性知识的理解,并宣称一种地方性知识观。地方性知识是一系列与特定情境互动而生成的关于此地自然、人文和社会的实践智慧,被纳入乡土生活情境之中,这些实践主题既有可描述性又具有规范性的意义。除此之外,地方性知识不是独立于个人的系统,它与个体自我认知与生命体验最深沉的部分紧密相连,是个体在特定情境中安身立命的方式。在这个意义上,地方性知识研究已然从个体与集体、地方与文化、现在与过去之间粘连的时空中生发出具有乡土情怀的知识底蕴,是乡村青少年个体成长必不可少的世界。理所当然,个体的社会生活总是在一定的社会情境、社会关系、制度结构和历史背景中生成。因此,本书更多的是考察乡村情境中地方性知识的独特性,并将当地以实践智慧为表征的知识地方性装箱,而不是将地方性知识的细枝末节全部罗列。在访谈中引出、阐释、挖掘和架构地方意义,基于观察而接近村庄中的背景和行为,以一种适切的角色参与其中,对村民们所讲述的故事做出归整和解释的基础上,阐释与生俱有的知识贡献取向,而这种取向的教育人类学考察,使普适性知识和地方性知识共存的知识状态得以确立。

(二)地方性知识的地方智慧与文化映像

词语、句子表达了文化的密码,文化的深描又渗透着知识的意蕴。格尔茨强调深描就是将民族文化生活从倏然而过的历程中解救出来,隐含着深厚的日常生活世界的知识论基础。不论是主位还是客位的视角,笔者体验到的是特定情境中真实而又如此自然的叙事,这些熟悉而又陌生的符号

---

[1] 陈向明:《质的研究方法与社会科学研究》,教育科学出版社2000年版,第12页。

与意义，足以编织关于村民的日常生活实践。无论是何种方式的阐释，地方性知识凝聚着村庄的实践智慧，当这些实践智慧形成由词语组成的句子时，那种知识的底蕴凸显得更加明晰。

地方性知识展现了原生态的地方实践智慧，对当地村民生存和发展具有不可替代的作用。人所生活的世界是一个文化的世界，文化是人的精神生命的寄居地。人们在日常生活中创造和习得自己的物质和精神生产方式，建立起与之相应的社会关系，它们是特定情境中历史的产物。由物质、制度、精神联结而成当地人日常生活世界的诗意栖居的图景，从其意义生成中衍射出人之生存的符号意义。符号本是意义世界的一部分，凝结着知识与文化的基础，但它作为本然的范畴如其所是地存在于日常生活，反过来又积极建构符号的本然意蕴，由此也创生了地方性知识的文本。

地方性知识作为乡土社会生活的符号体系而存在，不可否认，它所内隐着村民基于时空演进所积淀和创造的"理想世界"。所谓"理想世界"，指的是乡土日常生活与中华民族大文化传统相得益彰的文化旨趣，是农耕文明传承与创新的印记和拓展。空间和时间作为一切实在与之相互关联的构架，为特定情境中乡土地方性知识开辟了一个进路。随着进路的展开，也就有了获致乡土日常生活经验的知识基模，其基本主旨是乡土社会生活的投影，是村民日常行动所存有符号世界的一种文化映像，自然反映了当地社会生活的地方性事实。

（三）地方性知识教育贡献的场域延伸

地方性知识是当地情境中村民的实践智慧，真实地呈现了乡土社会发展的文化轨迹，透视出一种生发于此地的民族精神，成为中华民族文化不可分割的一部分，也是村民生产生活奔向现代化的智力源泉和知识基础。村庄中人与人的凝聚力往往通过诸如诞生、成年、婚庆、丧葬等仪式得以加强。换言之，这些生命历程的仪式，加强了人与人之间的互帮互助以及人情往来，村民在互动实践中完成村庄一系列事件的演进，这种互动本身是一种地方性知识的践行，充满了朴素的教育意义，进而不同程度地增强了村庄的凝聚力。可以说，具有乡土文化特征的地方性知识，是乡村振兴背景下村庄可持续发展的文化资源。部分乡村每年农闲时节，出演大众喜闻乐见的《赵氏孤儿》《下河东》等秦腔剧目，表演乡土节目，构成村民日常生活的一个部分。秦腔戏曲表演的内容彰显扬善弃恶的精神，其本身是自我教育的形式，为村落人际交往提供了道德教育和人生观教育的纽带，提升乡土文化传播力的同时，带动了乡村文化旅游业的发展。村庄中传承的手工技艺，是一种活态的乡土文化遗产，通常作为文化艺术得以传承，文化创意与乡村文化旅游相结合，又为村庄的现代化发展产生了经济效益。

然而，以个案研究为形式的事实阐释还需将研究目光聚焦到经验概括与教育层面，那些常规的地方性知识的内容，因乡村青少年个体成长的观照，使地方性知识的语境转换得到进一步的扩展，学校教育便是被扩展的场域。在此，乡村青少年是当下乡村和国家建设的重要参与者和创造者，他们的生活世界建立在地方性知识基础之上。为了顺畅地适应主流社会，乡村学生必须积极参与普惠性教育的时代潮流之中，走进学校、体验受教育的乐趣。更为重要的是，乡村学校教育应从乡土社会以及地方性知识的各种复杂关系中理解和建构丰富的教育。事实上，地方性知识事无巨细的事实描述不会打破教育的内在规律。地方性知识的认识往往忽略了知识之间的继承性，即仅仅通过观察与深描来引发理论的形成，这显然是极其轻率的，这就需要将地方性知识置于宏观教育视野中加以再阐释。因此，要从乡村青少年的经验世界出发，采用教育人类的视野，重申乡村学校教育地方性知识的贡献取向。

二　乡村学校教育为何重申地方性知识？

乡村学校教育对于乡村青少年的生命历程而言意味着什么？是一种摆脱乡土身份束缚的实践，还是一种逃离乡土而追寻完全不同于乡土日常的生活方式？无论怎样，地方性知识是他们难以忘却的内在经验世界的文化留存。因而，地方性知识的贡献取向不仅关系着乡村学校教育发展，还关系着乡村青少年未来的成长。

（一）地方性知识发挥着不可替代的地方性行动智慧

第一，教育人类视野中的地方性知识旨在立足田野并讲出村民的地方性事实，建构学校教育和地方性知识联通的实践诉求。准确地说，西吉县四个村庄就是田野。教育人类学的焦点是将人类学的视野集中在教育领域，所隐含着的村落同样具有田野的意义，这是探讨乡村学校教育的空间前提。当深入乡村生活的社会情境，展开观察、聆听、描述与阐释、呈现特定结构条件下地方性知识的意义体系时,发现田野之于研究者而言,同样具有开放性、建构性。不同的田野点诸如乡村学校、村庄等都是相互交织而建构的"大田野"。

第二,地方性知识的田野研究不是仅限于搜集、挖掘乡村地方性知识的碎片,而是从那些看似个别、琐碎化的现象中理解地方性知识的深层意义及其对于乡村社会发展的功能。这不仅需要把握特定情境的时间、空间和文化等要素,还要深入情境找寻地方性知识运行的内部脉络,同时还得兼顾国家、民族与社会各因素之间的互动。个体与文化情境互动产生的一种整体性的生活方式,往往浸入当地人的内心深处,只有带有情景化的深描才能将其文化意义得以揭示。作为研究者,揭示此在客观文化景观的意义,并非借助于客观描述就能完成,还要进入特定情境中的人和事,建构共同理解的互动过程。这就意味着,只有将当地人的文化境况与研究者内心最为真挚的文化情怀紧密相连时,民族志研究才能超越小样本的经验和事件的文化局限,达到更广泛意义上的文化情态、行为模式的探究。田野是经由乡土情境内、外部作用而呈现给研究者的一个看似熟悉而又陌生的场域。乡村学校就是这样一个场域,其中普适性知识和地方性知识关系的建立关乎学生的健康成长。学校教育中不同文化之间的互动也是当地教育面临的重要挑战。知识多样性已成为乡村教育不可回避的时代要求。

第三,地方性知识涉及村民在特定情境中创造的价值、认知和生活等惯习,只有立足于地方性知识得以存续的具体情境才能理解它。地方性知识往往是零散的,但它具有处理和解决日常生存实践所遇到的不可预见偶发事件的潜质,发挥着不可替代的行动智慧。因为,它源于实践智慧,源于当地人长期的劳动实践,经过反复验证确定的最高效地解决生存实践的可靠经验。这也就意味着,地方性知识彰显了村民的生活世界,是人们相对地活在此在文化标准的生活世界,"生活世界是始终在不断相对运用中为我的存在之物的总体,生活世界随自我主观视域的运动而发生变化"[1],但它与周遭世界保持关联,村民熟悉、亲密地生存于其间。因而,村庄成为一种对村民进行预先经验生成、教化的场所,而乡村青少年携带这种地方经验,经历学校教育的社会化筛选,为社会角色分配打下基础。

---

[1] 刘云杉:《学校生活社会学》,南京师范大学出版社2001年版,第6页。

（二）地方性知识贡献取向有利于乡村青少年个体成长

地方性知识以它特定的背景和方式开启作为存在者的存在，这种存在发生在那些特定的情境之中，自行植入学生的生活世界，由他的社区代代相传下来的社会模式和标准，从他出生之时起，就在塑造着他的经验和行为。人的生活是由周遭世界所带入的时空交互流，人一旦进入此在世界，与之形成不可分割的关系，进而由此在世界为出发点，激发个体成长的潜能，个人的生活史也因此得以构建，生活史是有机体与环境平和互动的产物。换言之，生活史是一种人在此在世界之中被结构化的能动的结构，它的开放姿态吐故纳新，汲取新的经验生活，为再创生存的新境界塑造文化基底。"学生也是关于他们自身的教育经验、抱负、成就与反思的知识和理解的重要来源。"[1] 当学生走进学校，地方性知识的存在围绕学校教育的敞开而被学生主体带到教育现场，因而学生成长与地方性知识"共聚一堂"。

然而，乡村教育并未完全关注地方性知识，也未真正关注学生已有的知识经验。不同的文化模式和差异的表现容易使学生学业出现不理想的现实结果，主要原因是学生持有的地方性知识与主流文化的沟通模式、语言符号、认知方式等存在的差异，这种差异使他们无法顺利地适应并融入普适性知识的教学，因此学校教育理应设计适当的知识相融的途径来包容差异性。如果学校教育传授的主流知识不以学生的知识背景为基础，对于学生而言，学校教育自上而下传递的主流知识就是一种纯粹的外部世界的知识体系，主流知识与地方性知识无形地构成疏离状态，弥补两种知识之间的空隙关乎教育公平及其教育事业的和谐发展。

从教育人类学视角看，学校作为最重要的教育场所之一，承担着传播人类文化的重担。"文化总是一定民族的文化，在一个国家中总是存在许多种民族文化，基于文化伦理和文化公平的立场，学校不应该只传承主体民族的文化，否则，将形成新的文化霸权。"[2] 在此基础上，普适性知识与地方性知识二者密不可分并互为前提，构成辩证统一的学校教育知识体系，将产生以地方性知识为贡献取向的多元知识形态。

---

[1] 联合国教科文组织编：《一起重新构想我们的未来：为教育打造新的社会契约》，教育科学出版社2022年版，第126页。

[2] 冯增俊：《教育人类学教程》，人民教育出版社2005年版，第305页。

（三）地方性知识兼顾教育现代化和乡土地方语境

地方性知识的"财富"会增加每个乡村学生教育的适切性和幸福感。城乡二元体制依然存在的情况下，应认清乡村教育的特殊性。脱离民族地区乡村实际的情况不利于教育的有效发展。乡村教育现代化不应抛弃地方性知识。如何定位地方性知识？如何协调好学校教育与地方性知识的关系？这些实践问题的解决具有一定的实践价值。发挥地方性知识的功能，通过学校教育积极构建多元知识体系，不仅为教育发展提供一种可行的视角，而且能够促进乡村社会建设。

其一，地方性知识不等同于一种简单的文化。地方性知识具有与普适性知识同等重要的位置，知识之间的交流与吸纳是知识发展不可避免的方式。乡村学校教育借助地方性知识，不仅是为青少年的自我完善着想，更是为学校教育发展作筹划。作为特定情境中当地人适应自然和社会环境的实践结果，必须在与之相适应的社会结构及其互动关系中考察。乡村学校是特定情境中不可缺少的知识传递机构，它与地方性知识共处相同的场域，其互动关系的建立有利于学生自觉建构幸福的教育生活世界。

其二，地方性知识具有一定的教育功能。地方性知识是人们基于长期社会生活而共同创造、确认和应用的传统知识体系，维护了地方情调、培育了乡土情怀，是乡村社会组织、制度、秩序运行的基础，具有民族和地方的双重特质。正因为如此，地方性知识刻在乡村学生的内心里。事实上，它本身蕴含着巨大的智慧和教育力量。在教育的作用下，地方性知识的积淀、保存就有了支持点；弘扬民族精神、传递地方性知识就有了手段，同时还能强化教育的文化传递、选择和创造功能。从认识论角度看，普适性知识因其广阔的实践情境而被认为是一项没有穷尽的事业。普适性知识也有知识存在和适用的范围，因而以一种截然相反的态度将地方性知识和普适性知识划定界限的做法还有待商榷。一般而言，地方性知识和普适性知识的差距仅在于适用范围的大小上。另外，地方性知识负载着当地人的实践智慧，但纯粹将地方性知识当作普遍适用的思维显然是错误的。审视知识在多大范围内的有效性，将是我们理解乡村学校教育的一种话语和模式，而不是根据某种早已存在的观念和原则固化乡村教育的发展前景。

其三，地方性知识为民族团结力量的凝聚提供一种方法论。不同族群认同和接受主流知识的同时,还应理解地方性知识。只有这样,才能不断促进各民族和谐发展。知识适用一定的时空范围,绝对普遍有效的知识内容是不存在的,这为地方性知识存在找到了认识论上的理由。从文化模式看,不同文化所展现的意义之网是一个符号学概念,不同民族立足于自身发展,历史地创造了关于日常生活印记的意义系统。可以说,不同地方性知识具有纷繁多样的特质,它所具有的特殊意义系统构成了不同的地方性知识,因而它是一种具有特定地域文化特质的知识形态,其构成是以中华民族传统文化为总基调的。理解地方性知识就是通过各民族间的交往交流交融凝聚团结奋进的力量。学生的教育生活世界离不开地方性知识构筑的生活世界;缺乏文化的普适性知识教育会割裂学生的日常生活世界,使他们与失去"根基"的教育捆绑在一起,不利于他们未来的生命整全。教育生活世界中,各民族学生"你""我"概念是以共同生活为基础的整合性主体。地方性知识的回归为各民族学生个人成长提供一种精神养分,成为社会实践中"有根"的人。在此意义上,审视地方性知识存在的境遇与价值是匡正现代乡村学校教育的一个基点,需要摒弃知识中心主义观念,关注学生主体在个体成长过程中普适性知识与地方性知识互动的适应性。

概言之,地方性知识的学校教育贡献绝不是反现代或者破坏现代教育体系的自我中心主义的情感表达,是着眼于地方性情境中乡村教育的现代化主题,是出自一种对现代乡村学校教育知识传授方式的体察。地方性知识的回归使学校教育既立足于教育现代化,又着眼于乡土地方语境。

三 乡村学校教育现代化何以破解一元化知识观?

学校教育肩负着学生的自我完善与社会化改造所作出的理性努力,即帮助他们既能立足乡村社会现实,又能自觉融入主流社会。乡村学校教育有着激发所处村庄内在活力的功能,而这种功能通过学生的培养实现,使乡村学生很快融入主流社会。但是,地方性知识的缺乏、疏离反映了地方性知识认知的偏颇。因而,多元知识观是乡村学校教育予以考虑的新型知识观。

(一)乡村学校教育现代化的文化旨趣

第一,乡村学校教育现代化的文化旨趣在于将一种复合的知识形态纳入学校场域。现代化是一种思潮,它是以工业化、民主化、科学化与人文化等为特征进行社会结构的建构，通过教育促进民族经济、政治、文化、人口素质在内的全方位现代化。教育现代化不是一个固定不变的目标，而是一个动态过程。教育的现代化伴随着乡土文化走向现代化，通过不断吸收教育的新特质、新因素，在流动过程中呈现学生教育生活的可能世界。在各民族共同实现伟大中国梦的历史进程中，民族文化交流是形成民族互嵌格局的主要因素。在此意义上，乡村学校教育不仅要使学生融入主流社会参与国家建设，还需要发扬民族精神、继承优秀的地方性知识撑起乡村振兴的前程。这种文化旨趣，涉及地方性知识作为乡土文化资源进入主流教育的实践过程，借乡村学校教育将村庄中承载生命记忆的内容得以再建构，唤醒学生对自身生存精神、生存智慧的再认识，一个更具经验整合的文化自觉在学校教育场域中得以培育。

第二，从教育事业发展的根本上说，地方性知识的教育实践活动更能发挥教育活力。各民族基于共同的理想逐渐形成民族间的相互交融，将激发族群的文化创造力和民族精神的凝聚。地方性知识不是外在于学生生活世界的知识形态，而是彰显学生内在真实、强化个体对生活世界认知与个体生活道路选择的个体性知识。其知识体系对学生个体的身心发展和个性形成产生了一定的物质文化和精神文化环境的影响。地方性知识是交往的现实基础，能够为民族社区互嵌打下坚实的文化基础。学校教育对地方性知识的观照，使学校教育转向育人的主体，基于学生个体的生活世界开展知识学习，教育发展机理也就有了贴近学生已有生活的文化基础，实现充分激活教育发展内在活力的目的。

第三，对于民族地区而言，乡村学校代表着现代社会的文明，是联结民族文化和现代文明的桥梁。同时，我们看到，乡村学校教育高质量发展的同时，地方性知识及其社会功能日渐式微。乡村学校教育开发和利用地方知识资源，也是促进教育公平、增强民族认同的知识资源。以地方性知识为纽带优化知识整合，强化了教育资源整合过程中学生共同体的知识塑造。概言之，地方性知识作为一种协调各民族学生知识差异的方法和途径，实现的是教育尊重差异、包容多样的格局，最终建立起一种开放的逻辑理路，如图7—1所示。

（二）地方性知识塑造多元一体的现代学校教育

第一，理想的教育应以丰富的地方性知识为基础，注重学生日常生活

地方性知识贡献取向

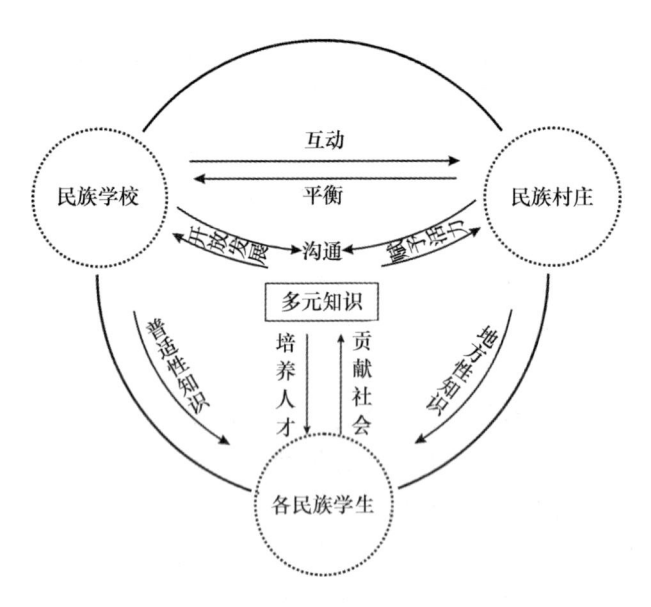

图7—1 地方性知识贡献的开放性结构图

体验与知识空间扩展的双向共进,其本质是多元文化教育,是对地方性知识价值的珍视,也是普适性知识和地方性知识兼容确认形成的一种知识多元性教学和学习取向。学校教育的有效性需要考虑学生已有的文化传统,兼顾教育中客观存在的多元知识因素,要以更加公平的学习机会关注来自不同社会阶层、民族、文化的学生,通过日常生活体验和知识空间的扩展,帮助所有学生构建未来在乡村和城市社会中所需的知识、技能和态度。如果学校教育脱离地方性知识,就会剥夺学生前有日常生活体验的权利,导致学生对学校教育的兴趣下降,学习的动力严重内耗。狭窄的知识空间,不会为学生未来发展奠定坚实的知识和技能基础。因而,知识多元性是有效教学的一个前提条件。培育学生对教育生活世界的兴趣,还需重新审视教育实践中知识的组合与扩充,甄别适合民族地区学生生活体验和知识增长的地方性知识内容,并以科学的方式渗透到学校教育中,培养符合乡村和国家建设需求的人才。

第二,普适性知识与地方性知识的学校场所互动,本身是一种创造性的教育实践活动。这不是知识之间彼此的取代与对抗,更不是知识传授的单向过程,而是多层次知识的互动与吸纳。知识之间的频繁互动创生了教育空间，它能够有效调适教育内在的张力，强调文化多样性的同时增强文化认同，体现教育实践的宽容性。学生个体知识的获得需要与已有知识经验发生必然联系，为新知识的学习提供生长点，而地方性知识具有这样的特征。"地方性知识是由地方生产经验、行为方式、价值观念等构成的一个符号系统，是地方居民为适应当地环境创制的一套行之有效的意义系统和生存智慧"[①]，是当地人赖以生存与发展的生存智慧、思维方式和生活方式的体系。地方性知识的学校教育，超越不同知识对立形成的二元论范式，它以一种宽容的可通约性知识形态的糅合，贯通乡村学生日常生活和学校教育生活的联结，实现教育知识观的实践创新。

第三，学校教育共生知识的建立，彰显包容、开放的理念，形塑"千灯互照、光光交彻"的教育场景。不同的乡土生活都是通过情境之中文化符号的创造形成的一种意义系统。乡村学校教育将这种意义结构通过学生个体的代入得以沟通、修正、共享和再创造。这是一种文化包容的场域，它将文化自觉和现代教育勾连起来，融汇和吸纳不同优秀的知识成果。教育就是要把传统地方性知识与现代知识兼顾统合起来，将学校内、外联系起来打造具有丰富知识文化形态的世界。在此，地方性知识有利于学生彼此认识文化品质，避免把国家知识与地方知识对立起来，形成教育生活的重叠共识。学校场域中存在的多元知识结构，因包容差异、协商与对话而形成教育共同体，多元一体的学校教育得以自觉塑就，内在于学生自身的心理与行动构筑起一个新的精神世界，给予个体成长多元知识的养分。

第二节　关于研究结果的几点讨论

一　地方性知识深描旨在迈向普遍图景的努力

（一）村庄中地方性事实的互动与通俗性

地方性知识是地方意义世界中知识地方性的规范体系，"地方意义世界中的常识浸染着浓郁的地方风格，它们就存在于地方意义世界的象征符号中，人们往往用该社会通行的象征符号系统对它们进行建构，并且在日

[①] 潘洪建：《地方性知识及其对课程开发的诉求》，《教育发展研究》2012年第12期。

地方性知识贡献取向

常生活中驾轻就熟地用它们进行表达和交流，而且代代相传"[1]。随着乡村社会生活交往的扩大，地方性知识必然与周围社会文化产生互动，由此实现知识能量的交换，在知识层面达到一定的互渗。地方性知识熔炼积极入世的精神旨趣，同时又有适应新环境新时代的知识动能。田野调查中，笔者体验到传统文化的独特性。乡土文化共存于特定情境，在互动中孕育了地方性知识的文化之根。人们崇尚知识，注重道德、伦理、公正、中和、平等和忠孝。中国传统文化体现了儒家思想的精髓，最核心的层次是"仁"，遵行"爱人、孝悌克己复礼"，倡导一切善行来源于"仁"，"仁爱"是和谐的社会关系的根本。其次便是中庸之道，中庸为"至德"。《论语·雍也》中提到"中庸之为德也，其至矣乎"，乡土生活讲究中和之美。访谈过程中，村民讲到内在的修养与知行的统一。修养不仅仅是一种信念，并蕴含在人们的内心深处，透过思发现内在的善性。《中庸》提到，"自诚明，谓之性，自明诚，谓之教"，德性之知透过道德之德性践履善的知识。见闻之知重学，德性之知靠思，思在学，以此达到道德理性的豁然贯通。这与中国传统文化是相互融通的。在此，地方性知识精确地传达了社会生活和实践智慧，是历史性和现实性的建构，同样受制于整个村庄的情境。它与村庄共同形塑成一种独具风格的力量，以此成就文化的意义。文化的含英咀华、弘扬教化，以及文化的兼收并蓄，使得本土知识在肥沃的文化土壤中求得地方性知识运行的深度和广度，反过来又塑造了地方特性。村庄中蕴含的地方性知识的意蕴，在时空向度上体现出地方的事实性，赋予地方普遍存在的世俗定性，成为当地村落践行通俗观念的行动选择。

（二）从村落的生活教育迈向理解乡村学校教育

本书基于直接接触到的包括被调查者提供的地方性知识的小部分内容。如格尔茨所言，那是微观的，但没有必要为了理解地方性知识而了解所有当地的人和事，只是将存在于地方性知识发生的那个特定情境和时刻的事实叙述出来，继而转变为可供思考地方性知识与乡村学校教育之间必然联系的一个记载，正如以下阐明：

---

[1] 李清华：《地方性知识与民族志文本——格尔茨的艺术人类学思想研究》，上海三联书店2017年版，第37页。

不是说话这个事件，而是说话时"所说过的"，在其中，我们借助于说话时所说过的，得以理解构成对话目的与意向的具象化过程；通过这个过程 sagen——说——想要成为 Aussage——表述和被述。简言之，我们所写的是说话的 noema（"思想""内容""要旨"），是说话这个事件的意义，而不是事件本身。①

这是一个解释性的景观，所有人类活动及其经验方式，在某种意义上都可以被视作"事件"，是用语言描述经验的努力。但是，这确实反映了一个地方的意义和问题。众所周知，人类学研究者自身就是重要的研究工具，同时具有双重身份，需要在"局内人"和"局外人"之间进行灵活转换，而这一转换不仅仅是"主位"与"客位"视点的转换，也是传统模式下研究主客体二元对立的自然消融与自觉统一。② 正是因为微观的解释，将其分析的含义扩展到更大的情境中奠定地方性知识论的视角，反思普遍性视域看待问题的方法、跳出微观并在此基础上获得更多的事实建构。基于此，从局部事实的论证迈向普遍图景的努力，也是本书的一个核心。村落有村落的生活和教育，就地方性知识的特殊性看，也正是我们考察乡村学校教育复杂境况重要的视角。因此，这种微观的考察和解释真实而又重要。

（三）尝试建构乡村学校教育发展的普适性

普适性知识和地方性知识之于乡村青少年发展而言，是两段相互融会交错的经验历程，这为他们将来达到适切的生活高度以及游刃有余地创造属于自身的人生坦途打下了多元知识的基础，这种基础显然为他们再建构社会化主体的自我提供了沉入心灵的文化"出身"。理所当然，任何学术探究活动都力图揭开覆盖于现象本身的理论与实践的迷雾，所谓的"探究"也是运用解释与批判等方法试探性地将研究结果扩展到如此相近或相似的实验情境，以便使同样的实践难题柳暗花明般地得以显现。研究结果的情境转移，迎合了普适性知识都是地方性知识情境转移的必然结果。但是，参与其中的规范性论证的效力丝毫未减，因而保证了情境转移的可

---

① ［美］克利福德·格尔茨：《文化的解释》，韩莉译，译林出版社1999年版，第25页。
② 薛国凤：《教育人类学与教育研究》，《民族高等教育研究》2016年第4期。

能性。

本书对于民族地方性知识的丰富和理解具有一定的启迪意义。首先,以村落为场域阐释地方性知识的意义系统,展现了情境内部地方性知识的运作及其与学校教育之间产生的关联、张力甚至是一定的逻辑,这是理解地方性知识的一种路径。其次,地方性知识与乡村学校教育之间的关系梳理是乡村教育发展的必要条件,这是一个代表性的案例,其理论与实践的建构不再仅仅作为一个特殊的例子了,而是从中发现教育发展的新思路。正是这样的个案研究,从中可以获得学校教育发展的一般通则式的结果,这是以小见大、窥视"大社会"的一条捷径。

本书以构建乡村学校教育和谐发展的知识论为指向,探讨西吉县乡村地方性知识与学校教育发展的关联,为进一步探索教育开放的时代特质找寻方法。四个村庄是有界限的系统,但个案有其自我独特性和结构上的整体性,因此地方性知识的深描和阐释依据的是特定情境中知识生成的系统。教育人类学就其最广泛的意义上来讲,旨在阐明教育发展的此地性规律,这些规律既有文化与地方性知识、教育与个体成长的历史和空间印象,也有规律内在所规定的乡村教育发展的逻辑线索。在此,地方性知识贡献的教育人类学研究提供了一种知识论的结果,作为对乡土社会境遇中乡村青少年个体成长的研究,个案研究具有微观性和普遍性的特征。为了超越个案的概括,在研究取向上力图从局部逐步走向整体,展现和描述地方性知识的整体画面,让村庄的一件事、一种风俗、一个片段凸显知识意蕴,并尝试跳出个案本身来反观乡村学校教育发展的知识论。

二 地方性知识观平衡乡村学校教育知识论危机

地方性知识指涉地方性特征的文化实体。基于特定自然、人文和生态环境而衍生出的地方性知识,时刻趋向自身的本土意识和本土思维。乡村学生的成长离不开息息相关的情境。当学生走进学校时,那种指涉本土性知识的文化因素仍然存有并产生影响,构成生命成长中不可或缺的部分。不可否认,地方性知识是乡土文化的外在表征,它统合着村民日常生活方式与日常行为实践。英国社会学家巴兹尔·伯恩斯坦(Basil Bernstein)提出官方教育模式,即官方的符号控制完成制度层次的语境、实践、评价,获得宏观或微观的制约,而地方教育模式具有家庭、同辈和社区的符号制约。纵向话语和横向话语一样，有其内在的分配原则和建构方式，强调再语境化，而横向话语强调片段化的知识架构。制度化的纵向话语以分数等级的方式评价学生的获知，有其严格的成体系化的原则和结构，有特定的知识文本的设问、创作和流通原则。横向话语多注重学生生活能力的获得，它依赖特定情境，即与学习者的生活语境相关，因而这种知识带有片段性，它没有看似系统组织的知识规范和原则。横向话语的学习可以说是地方文化接续的方式，具有植入特殊实践的强烈情感，直达即时性的目标。"一种横向话语指的是一套策略，这种策略是地方性的、由片段组成的，具有特定的、依赖的语境，是为了最大化个人之间和居住环境之间相匹配的可能性。"[1] 乡村学校教育不能抛弃可能性的生活策略，也不能忽视乡土情怀。重视地方性知识的学校教育，就是让学生深刻认知、体验地方性知识的独特意义与价值，消解学校教育单一的普适性知识传授所引起的割裂学生已有经验世界的窘况。

乡村学校教育地方性知识的呈现可以理解为学校场域中师生共同体分享经验世界的过程，包括生活经验和理解经验。村庄有属于当地的知识储藏库，其美妙之处就在于恰如其分地解决了地方问题，维持乡土文明的连续性，再现农耕文明的传承与创新。地方性知识具有明显的特色，并不见得都适合于其他地方。但正是这样，经验的交流拉近了各民族学生彼此交流文化的机会。当然，教育中地方性知识的引入需经分类、过滤和必要的选择，这也是教育文化选择功能的体现。本书中，地方性知识作为一种知识观念和认知模式，它并不是借以批判学校教育的话语工具，教育的实践性和建构性是地方性知识价值彰显的根本所在。在此需要厘清三个基本前提：一是地方性知识的教育实践应作为乡村教育发展的一种思路；二是地方性知识强调情境性，并不是对教育实践普适性规则和方式的颠覆；三是地方性知识所负载着知识和意义的深度。学校教育中不同地方性知识的接触，普适性知识与地方性知识的互动，不可能否定现代教育的存在模式，而是协同创建和消解学校教育知识取向的冲突，这将成为乡村振兴与乡村教育发展的新思路。地方性知识与普适性知识的长期分离，会导致现代乡

---

[1] ［英］巴兹尔·伯恩斯：《教育、符号控制与认同》，王小凤、王聪聪等译，中国人民大学出版社2016年版，第167页。

村学校教育内部的知识论冲突,如果这种冲突得不到及时平衡,就会压制教育发展的内力。为此,乡村学校地方性知识的兼容是现代教育的一种知识动力,无疑对乡村教育现代化产生平衡功能。

三 警惕地方性知识引起极端的文化相对主义

文化相对主义居于人类学研究传统所操持的田野实践的核心,但是要与地方主义区分开来。"每种文化都无法对另一种文化做出真实的评价,因为文化无法摆脱自身的限制,而且它的判断还会受到一种相对论的束缚。"[①] 新的历史时期,夯实民族团结教育、铸牢中华民族共同体意识是构建社会主义和谐社会、实现伟大中国梦的重要课题。地方性知识有利于增进各民族之间的交往交流,因而,教育人类学视野下的地方性知识以构建新时期和谐社会发展为中心目的。乡村学校教育需要温和的相对主义立场嵌入地方性知识,要在国家认同、中华民族认同基础上通过地方性知识来丰富学生的教育生活世界,关注地方性知识就是弥补乡村学校教育发展的特殊性需求。

当然,乡村学校教育不能过分强调地方性知识的差异性维度。地方性知识之间的绝对差异和信息隔阂,会引起极端的文化相对主义,使"地方性知识"陷入相互隔离的困境。知识还是产生权力的源泉,知识权力是一种外在的力量,容易演变为知识权力实现的媒介。从前面的论述可知,地方性知识与地方生活水乳交融,是村民世代积淀下来的生存智慧。当然,地方性知识运行的背后仍然是一套反映村民日常生活的文化体系,这种文化受到中华民族传统文化的滋养,并以此为基底将地方绵延的日常生活方式、生命记忆留声留痕,形成具有乡土气息的共同经验,它负载着文化的密码,自然建构着乡村青少年现在的生活,从过去伊始并贯通未来青少年的生活线索。因此,地方性知识不是外在于学生生活世界的知识形态,而是彰显学生内在真实、强化个体对生活世界认知与个体生活道路选择的个体性知识。当然,在充分肯定地方性知识价值的同时,还必须认识到地方性知识价值的有限性,过分强调地方性知识的价值和地方特色,必然会排

---

① [法]克洛德·列维-斯特劳斯:《面对现代世界问题的人类学》,栾曦译,中国人民大学出版社2017年版,第123页。

斥普适性知识传授的通道，进而形成新的地方文化霸权。需要说明的是，地方性知识不是原封不动地搬挪到学校教育，而要经过教育的筛选，做到去粗取精、推陈出新，使地方性知识在学校教育中实现创造性的知识转化，真正发挥它本身应赋有的教育功能。

第三节 结语：地方性知识的教育人类学观照

地方性知识的实践智慧依附于当地人的日常生活，是以经验和符号的形式表达人和事的实践。基于乡村学校的田野实践，发现学生日常生活的"情境"被剥离于普适性知识传授之外。当以文化持有者的内部眼界描述地方性知识与学校教育的潜在关联时，通过文化"镜片"式的观察，地方性知识并没有存储的空间。不同知识形态的和谐共生，将会实现知识中心主义的超越，超越的基点是教育生活，从而达成地方性知识的教育人类学观照。

一 教育人类学视野呈现的关键线索

教育人类学有其对当地人与教育关联境况做出"解释的再解释"的倾向，这种境况既有当地人的日常经验的呈现与描写，也有他们对教育生活形式和意义的理解，由田野作业、民族志书写、理论建构组合而成的学术体系游走于地方性知识的框架与意义之间，它不可能事无巨细地呈现所有的社会事实，但"事实"具有实事求是的实践情怀。从人类学角度看，地方性知识并不是纷繁杂乱的诸多文化事实的单纯集结，它是一个知识地方性的表征体系，可以理解为一个开放性和封闭性共存的体系，因而它是一个有机的乡土生活的整体。

当扎进乡土社会寻找社会事实时，那种地方情调的精神气象跃然纸上。关于地方性知识的民族志素材呈现、素材框架性的排列以及该情境中村民的惯习画面拼组过程中思辨与批判性的讨论，旨在揭示乡村学校教育的实践问题，最终又回到了教育人类学视野。教育人类学的核心在于关乎文化视野中个体的心灵整全，探讨文化与教育相互牵连的命题，并在教育科学范围内加以解释教育的现象和教育行为的建立，探求更为适切的教育方式，其研究意义在于"通过时空的转换审视人类社会不断承袭着的文化，乃至通过对未确定与神秘主义的多维眼光对人的诉求进行多维诠释，从而利用人的本质作用与教育的条件，促进人的改变与人性的形成"[1]。

社会境况在变化中发展，人之全面发展的诉求也在变化。人类生活的广度决定了教育开放的品性，教育发展不能忽视地方性知识的存在。如果说"教育人类学是一门把人类学的概念、理论和方法应用到教育领域，从宏观和微观、现实和观念等几个方面来描述和解释教育现象、教育事实和教育问题，以揭示教育与人、教育与文化、文化与人之间相互影响和相互作用的应用性边缘学科"[2]的话，那么"我在现场的目睹"以及"我对事实的叙事"不仅是基于乡土文化的整体阐释，还是对乡村学校教育发展的一种人类学省思。因此，呈现乡村教育事实的目的在于以学校教育为场域，寻找理解教育生活世界的知识论视角，这一视角能够为乡村学校教育发展提供可解释的方式。

二 乡村教育生活世界的地方性知识反观

本书从地方性知识的理论精髓出发，以地方性知识的深描和阐释为实践依归，笔者进入被研究者的生活现场，立足于乡村社会发展的角度，通过"移情"尽可能接近当地人的生活世界与他们的"经验接近"（experience-near），采用"主位方法"，用他们自己的方式和观点对现场中地方性知识的内在运行机制进行了"深描"。在此基础上，通过"客位方法"，在经验远离（experience-distant）的基础上用学术性的语言阐释地方性知识的资料。当地方性知识的各种细节事实与特定情境相联系时，其合理性建立在乡土社会生活的基本条件之上，发挥着村落文化整合的功能。第一，地方性知识提供了一个真切的文化景观，驻扎在村庄中老、中、青年三代人的内心并构成生活经验的认知图式，尽管有些地方性事实的存在湮没在时代潮流中，但其教育影响依然驻存。第二，乡村学校教育一元化的知识观成为地方性知识与普适性知识依存的实践"病灶"。融通式的学校知识形态有助于乡村青少年的健康成长，也有利于乡村振兴背景下和谐社会的

---

[1] 冯跃：《教育的期待与实践——一个中国北方县城的人类学研究》，民族出版社2009年版，第24页。
[2] 李复新：《西方教育人类学研究的历史透视》，《华东师范大学学报》（教育科学版）1990年第4期。

构建与推进。四个村庄乡村生活的意义是情境的建构,而意义只有在地方性知识话语及其村民主体间共同构造的情境内部才可以被解释。村民日常互动的生活世界的框架里,地方性知识自然地浮现了出来,是历史与现实参照系统下村民在具体行为事件中不断锤炼而成的惯习和事实。

当地的地方性知识不仅蕴藏着村民的智慧、技能与情感的追求,还包含着他们源自日常生活世界的文化情趣。每个村庄都有村庄的人和事,存在村庄的起源、形成和发展,深耕于村庄的历史和特定的情境,自然生成了具有文化底蕴的地方性知识。"除了把握普遍性规律、准则的知识体系之外,还存在着与它拥有同等地位与意义的地方知识。在漫长的人类历史中,它们同样对人类文明的发展做出了重要的贡献。这些'地方知识'都是在它们独特的历史过程中生成的,都是在长期的生产和生活实践中创造出来的理想的生存状态和生活形式"[①],在此意义上,地方性知识代表着宝贵的本土化的知识财富,反映了当地生产生活的精神风格与文化特色,它时刻以静态和动态相依的经验递承模式进一步被聚焦,是村庄可持续发展的文化资本。村民身处当地的实践,并塑就了当地人延续生活的空间,这种地方情境使地方经验现象自然地被建构。乡村学校教育处于地方情境,面对学校教育遇到的实践问题,从乡村教育人类学的视角看,学校教育地方性知识的融入有其必要性。地方性知识的价值观,不会给学校教育知识传授体系框定界限,反而促使了地方特色与现代乡村教育生活的合理结合,丰富了乡村学生的教育生活世界。

三 多元知识形态涵育日常教育生活世界

地方性知识的研究可以得到一条结论:村民创造了与之情境相依且统一规整的地方实践智慧的结晶。世世代代累积起来的这些知识智慧以自我教育的力量与形式递承,逐渐成为一种日常生活的惯习,也自然地存在知识经验延传的非连续性等断裂与重组的特征。乡村学校教育塑造开放的姿态,就是要突破知识存在的局限性,将地方性知识资源转变为学校教育共有的知识资源,使学校教育与乡村相契合。只有这样,学校教育才能触及

---

① 刘卓雯:《乡土意识变迁与乡土书写——黑龙江乡土教材的教育人类学研究》,博士学位论文,中央民族大学,2013年。

地方性知识贡献取向

学生个体成人的心灵世界,构建各民族学生共有的教育生活。教育的本真是为了寻求理想的生活,为了生活的前景而创造可能的生活,"生存的存在前景是必然的前景:特定的刺激引起特定的反应,生命由成熟到衰老以至于死亡;而生活的存在前景则是可能的前景;生活是作品,生活前景是'可能生活',生活的意义是在创造中产生的。如果生活像生存一样也是被决定的,那么根本就无所谓什么样的生活是值得的"[1]。地方性知识蕴含着的历史、人文、生活生产知识,为乡村学生提供了可被他们理解的知识经验的基础。"凡是增加人们的知识和技能、影响人们的思想观念的活动,都具有教育作用"[2],当学生有了学习动力时,他们就有了紧跟主流社会步伐的内源力。因此,汲取不同的知识形态,是创造可能生活的前提。

当然,附加地方性知识的教育并非唯地方性知识为佳。知识的多元化兼顾了不同民族、不同背景学生的教育生活,依靠地方性知识丰富了学校教育生活本身,也照亮了各民族学生凭借多元知识追求未来生活的可能道路。正所谓"即使我们成年之后所处的生活环境相较童年时的环境发生了变化,即使我们极力排斥过去,童年的生活轨迹以及社会化的方式依然会持续地发挥作用,因此,回到过去的生活环境(也就是我们曾离开的环境,此处应进行广义上的理解),总是一种指向内心的回归,一种重新找回自我的过程,包括我们主动保留的那部分自我以及我们否定的那部分自我"[3]。个体无法摆脱乡土的人和事,这些人和事组成的知识地方性的画图,造就了个体原初性的惯习,而学校教育试图帮助个体走出乡土来摆脱乡土之于个体成长留存的个性层次的文化印记,虽然完成了个体社会身份的蜕变,但自然形成了乡土与城市的差距,因而乡村青少年往往徘徊于乡土与城市何处得以安身立命的忧郁以及两种身份之中难以确认的不安。从知识观的视角看,普适性知识和地方性知识看似无法相融的境况,正在加剧青少年这一身份分裂的事实,奋力抽身于乡土与经意或不经意地扎根于内心深处的乡土情结之间的两难境地,使他们陷入社会生活中无法自我定义和主体化的尴尬。在此意义上,地方性知识的融入要求乡村学校教育关

---

[1] 赵汀阳:《论可能生活》,生活·读书·新知三联书店1994年版,第68页。
[2] 袁振国主编:《当代教育学》,教育科学出版社2004年版,第4页。
[3] [法]迪迪埃·埃里蓬:《回归故里》,王献译,上海文化出版社2020年版,第3页。

注学生的学习情趣和生活经验,并以此架构学校主流知识和地方性知识融通的知识传授路向。

四 地方性知识与乡村学校教育变革方向

其一,乡村教育必须回归国民性教育和教育本土化共存的状态。乡村学校教育不仅仅是乡村学生通向主流社会的道路。"通过人类学'他者眼光'的文化叙事,一种代表地方性文化的知识体系得以揭示。这种具有地方意义的原初性知识不但是知识体系中不可或缺的组成部分,还逐渐演化为具有深邃内涵和广阔领域的新知识体系,最终形成地方性知识观。"[1] 普适性知识与地方性知识的融通应成为乡村学校教育的自觉实践。人的一切行为与思想可以毫不犹豫地归结于教育问题,寄希望于教育成为解救一切实践困惑的灵丹妙药。然而,教育是建立在文化之上人的实践活动,任何避开文化而论教育的观念是片面的。教育是文化传承与发展的生命机制,"把外在的知识、价值观念和规范等文化转化为个人的内在精神,是教育活动中最本质的转化"[2]。近现代以来,科学主义和人文主义的对立加剧了对普适性知识的崇尚。地方性知识在学校的缺失,客观上要求现代教育应培育地方情怀,融合普遍性知识和地方性知识,重视教育的科学与人文性。不同知识的流动、共享和运用反映了知识融通的广阔性。为此,乡村学校教育应构建开放包容的话语体系,践行地方性知识观,消除普适性知识与地方性知识之间的对立,打通学校教育与村庄发展的界线。

其二,现代乡村学校教育要在追求中华大文化传统的"共性"中寻找与村庄发展"个性"的契合点,耦合知识多元的特性,推进教育现代化发展。教育最终的落脚点在于促进社会和谐、成就民族发展事业。在此,村庄的教育人类学研究只是一个点,但存在着点的衍射效应。作为文化场域的村庄,各种地方性的事实被简化为行动思想和文化形式,文化思想如同从表面散开的各种各样的文化符号的射线被聚集在一起,并引向关于乡土文化生活的共同焦点。这些形式和内容本身具有内在的统一性,它是地方

---

[1] 田养邑、周福盛:《地方性知识的创制与日常生活世界——一项家乡人类学考察》,《广西民族研究》2018年第3期。

[2] 叶澜:《教育研究方法论初探》,上海教育出版社1999年版,第330页。

性知识形态的存在。因为，它有一定价值，奠定了文化与教育互动的机制。

乡村学校教育场域中多元知识的互动与统一，是理想教育世界的一种文化力量。教育人类学者最先要弄清楚的是学校教育领域到底发生了和发生着什么？这就需要用参与观察的田野工作去完成，然后用深描的方式加以解释和阐释。① 乡村学校教育既不能放弃对理想教育生活世界的统一性探索，也不能忽视地方性知识的存在对教育本身产生的张力。因此，要用辩证统一的思维认识乡村学校教育，如同赫拉克利特在《残篇》中说的那样，"他们不了解如何相反者相成：对立造成和谐，如弓与六弦琴"。反观乡村学校教育品性，它与"对立和谐"有类似之处。教育何尝不是把来自不同文化背景的学生，用知识、文化塑造成具有公民意识和行动的人，使他们具有社会担当但又不会忘却地方性知识的原初性教育。现代乡村学校教育体系要逐步破解普适性知识与地方性知识的对立与分离，构建知识的圆融共生，这就意味着乡村教育既要有中华优秀传统文化的渗透力，又要根植于乡村振兴的现实发展机遇，助推教育现代化发展。

其三，乡村学校教育应与乡村社会发展相契合，采取符合乡村学生教育需求和国家建设需要共向接洽的方式培养人才。教育改革纵深化过程中，教育理论与实践往往是相互交织协同推进教育创新。理论与实践共同驱动，往往是教育改革的基本前提。教育理论领域的深度认识一定是理论概括与实例研究印证的结果，这是避免教育研究碎片化的方式。基于这种研究范式，地方性知识的合理性为学校教育找寻了一条由内在封闭性通往知识融通的超越性道路。无论是解释的、理解的、抑或深描式的乡村学校教育探究，其叙事方式的根本性在于构建中国特色的教育理论。需要说明的是，以地方性知识为附加的乡村学校教育不是否定普遍性知识，而是普适性知识为根本、地方性知识为平衡的学校教育体系的创新，推动学校教育在借鉴与超越、多元与统一共存的境况中迈向纵深化发展。地方性知识为当地村民提供了生存的文化意义，逐步生成村庄持久的记忆。可以说，地方性知识使日常生活与学校教育的链接成为可能，学校教育为地方性知识的教育转化提供了广阔的人文空间。学校教育提供地方性知识空间的同

---

① 薛国凤：《教育人类学与教育研究》，《民族高等教育研究》2016 年第 4 期。

时,也培育了学生融入社会生活的多元知识素养。从地方性知识衍生而来的蕴含着乡土性原初生活的意义结构之于教育生活的功能也是显而易见的,"蕴含在生命世界之中的民间性的神话、故事、游戏,甚至包括不乏迷信色彩的祭祀活动,对扩展个体生命与周遭世界的开放性联系,有着不可替代的、根基性的意义,它们之于设计性教育形式的补充作用就充分地显现出来"[①]。我们憧憬地方性知识真正成为学校设计性教育形式和内容的有效补充,期待学校教育将地方性知识的意义拓展到知识与文化对接的适切位置。基于此,乡村学校教育应与乡村振兴相契合,融入乡村社会发展潮流中,培养既能够满足乡村社会发展,又能够符合国家建设需求的复合型人才。

其四,本书围绕村庄文化和当地学校而展开的乡村教育人类学探究,避免了陷入狭隘的地方性知识观的泥潭。学校教育的目的是培养社会主义建设的接班人,还应考虑地方性知识促进和制约学校教育发展的内在机理。地方性知识以知识地方性为开源,是村民与乡村自然、社会环境互动并构建的知识体系,具有鲜明的地方性和归属性。毫无疑问,学校教育的共性和特殊性决定了开放教育体系的必然性。开放是有边界的,地方性知识影响着学校教育的发展,但它服务于学校教育的功能是明显的。学校教育传承和引导地方性知识,使地方文化知识促进学生学业提升成为可能。换言之,普适性知识和地方性知识的互动使乡村文化传统与现代文明相得益彰。学生的生活、价值观、行为取向、文化心理等会受到地方性知识的形塑与影响。学校教育地方性知识的贡献取向要通过教师、校园文化以及学生自身而透显出知识的多样性,这种多样性须臾没有离开"教育培养什么人"的实践。

其五,每一个地方都存在着不同的意义,包含着彰显意义的实践,在特定地方产生的意义及其地方文化的实践里,本书将村庄中人与人的互动、村庄与教育的互动放在乡村社会加以考察,聚焦乡村教育的情境、教育过程和各种关系。研究者深入乡村,目的是将村民日常生活和情境性建构的事实与意义阐释清楚。村民和乡村青少年有他们理解日常生活的方

[①] 刘铁芳:《返回生活世界教育学:教育何以面对个体成长的复杂性》,《教育研究》2012年第1期。

式，这些本土的、建构出来的独特的经验，支撑起乡村生活的镜像。乡村显然是基于不同的地方产生了"乡土""生命"与"教育"之间不同的关系线索，田野系统等景观中也留下了村民行动的可视或内隐的文化痕迹。伴随着时空的演进，这些文化元素与乡土情境构成互动的文化景观。简言之，乡村的人和事整合成为一套秩序化了的系统，萌发出具有乡村文化所生产和被生产的编码了的意义。因此，乡村呈现的外观是被赋予地方意义的，乡土作为空间和地点的表征，成为村民的文化世界。在此意义上，乡村是历史和意义的实体，它使村民的日常经验和抱负在一种具象化的空间里得到确证。作为研究者，从乡村所赋予人的生活意义的角度来加以理解和阐释教育与乡村青少年的成长。与之相适应的，地方性知识的附加要坚持以社会主义先进文化为引领的指导思想，要牢牢坚持传承各民族共享的中华文化，继承和弘扬地方优秀传统文化，建设各民族共有的精神家园。民族艺术、民族体育等作为选修课程资源进入学校教育时，要发挥教育的引导作用。本书中提到的温和的文化相对主义，是在开足开齐国家课程的同时，开设地方课程和学校课程。

总之，我国多民族共创美好未来的新时代背景下，地方性知识作为知识地方性的表达，与学生个体生命成长不可分离。"人们长期积累的关于可持续农耕过程、社会互惠和与自然世界共处的方式的传统知识，都是知识积累的重要来源，人类比以往任何时候都更需要它们。然而，此类知识的各个方面都完全未能得到承认、认可，并且在正规教育中被忽略了"[1]。任何个体的发展都无法摆脱自身赖以生存的家庭、故土以及身处的文化，只有将自己的过去与个体成长的时空脉络相联系，才能由此创造自我的新生——新的自己。如果乡村教育只是培养努力逃离乡土的知识分子或者说是仅仅追求社会阶层流动的上位者，乡村教育就会成为一种"负面"的空间形象。一元化知识统摄下的乡村学校教育使乡村青少年面对本己文化缺失、学习困难加大、教育效力减弱等困境。其根本原因在于现代化的教育过分崇尚普适性知识。学校教育摆脱单调沉闷的教育境况，存续知识多元统一的教育生活世界，源于地方性知识观对他者文化的品鉴。学校教育可

---

[1] 联合国教科文组织编：《一起重新构想我们的未来：为教育打造新的社会契约》，教育科学出版社 2022 年版，第 129 页。

提供多元的文化经验，教导学生文化知识与生活策略，以发展他们的兴趣与特长。通过课程安排和渗透学生个体的生活方式与生命体验，重构课程的育人功能。乡村学校教育发展过程中地方性知识的科学平衡，就是要在科学知识与地方性知识之间构筑必要的联通桥梁。作为一种知识观，地方性知识的学校教育以丰富的教育生活创生为旨趣，以学生健康成长和民族团结奋进为旨归，使学校教育回归于学生生活的现场。村庄是乡村青少年难以疏离的空间，即便是通过学校教育升学就业，但村庄及其村庄中知识的生产是他们成长过程中的精神空间，是唤醒个体追求美好生活的精神内核。所以，地方性知识的学校教育与其说是地方性知识为教育发展提供一种方案，不如说它以独到的视角唤醒教育对多元知识观的欣然悦纳，既要重视国民教育的统合功能，又要考虑到当地乡土社会发展的知识地方性。理所当然，我们不能将地方性知识的价值理性推上高高在上的知识优越性地位，但也不能泯没对乡村教育的启思价值。

附　录

一　村民"地方性知识"口述史提纲

访谈时间：　　所在村庄：　　被访人：　　性别：

1. 目的：深刻了解地方性知识；考察乡村学校教育中地方性知识的存在情况。

2. 方式：面对面的倾听、电话交流等。

3. 对象：根据研究情况的变化，随机选定访谈对象，包括老者、中、青年人和乡村学校青少年学生。

4. 叙事开场语：您好！我对本土的经验、文化非常感兴趣，正在搜集一些乡土资料，需要向您请教，请谈一下关于当地生产生活特色等地方性的话题，希望您不吝赐教。我们的交流可能会耽误您20—30分钟的时间。谈话内容我会保密！为了便于详细记录，我想在笔录的情况下辅助录音，不知您还有什么疑问？如果没有疑问的话，我们就开始愉快地交谈！

5. 口述史纲要：

（1）简要谈一下您所居住村落中的一些人文社会情况；

（2）村落的发展历史；

（3）在您的生活当中，您认为影响最大的地方性知识（当地文化）有哪些？比如历史（历史名人、英雄人物等）、生产生活（生产方式、传统美德、婚丧嫁娶等）、传统科学（天文、历算、医学、建筑等）、艺术（剪纸、歌曲、刺绣、格言、文学等）；

（4）请您谈谈对于当地文化知识的一些看法，比如说，您认为文化知识包括哪些具体的内容；

（5）谈谈您对传统知识的认识？年轻一代是否重视我们自己创造的本土知识？

（6）当地乡村学校教育中除了国家规定的文化课程的学习之外，有没有专门涉及传统文化知识的学习？可否具体谈谈？

（7）孩子们在学校的学习成绩怎样？具体谈一下您对学生学习状况的认识？您认为当地学生了解生产生活知识、伦理道德知识、民间艺术、社会交往知识吗？

（8）您对学校教育还有哪些实在的期望？

（9）我们的学校教育如果附加一些本土地方性的经验，您认为对孩子的学习与成长有没有好处？可否谈一下具体的原因。

（10）我们会为自己的本土知识和优良传统而感到自豪，具体说说有哪些方面的地方经验值得世代传承下去？如何继承和发扬优秀的本地知识、技术、技能？

6. 结束语：

谢谢您的配合，感谢您给我提供了一个很好的学习机会，祝您生活愉快！

二 乡村学校教师"地方性知识"访谈提纲

各位老师：

您好！乡村教育关乎民族振兴。乡村学校教育是提高国民文化素质和繁荣民族文化的必由之路。最近，我正在研究本土地方性知识，它与地方课程开发和实施有一定的联系，真诚希望得到您的帮助。我们的访谈采用不记名方式，访谈内容将严格保密，其结果只用于研究，对您不会有任何影响，请您放心交谈。谢谢配合！

一 基本信息

1. 您的性别是（ ）　　A. 男　　B. 女
2. 您的年龄为
3. 您的民族是
4. 您任教的年级是
5. 您任教的学校是

二 访谈提纲

1. 您了解学校所在村庄的历史、文化、风俗吗？（可围绕非常了解、了解得不多、不了解和无所谓四方面交谈）
2. 您认为有必要开设具有乡土地方特色的地方课程吗？（可围绕非常有必要、适当可开设、没必要和无所谓四方面交谈）
3. 您会将学生生活的社区、民族、地区文化资源纳入到课堂教学中吗？（可围绕经常做、偶尔做、正打算做和不想做四方面交谈）
4. 您认为学校教育是否应该重视本土的地方性知识？（可围绕非常应

该、应该、不应该和无所谓四方面交谈）

5. 您所在的学校是否开展了围绕当地文化知识为内容和题材的校本课程？（可围绕已经开展和还未开展等具体情况交谈）

6. 您在课堂教学中是否渗透一些当地优秀的文化知识内容？（可围绕经常渗透、偶尔渗透和从不渗透三方面交谈）

7. 您是否在学校教育中与学生一起谈论乡土文化知识？（可围绕课上课下都会做、课上经常做而课下很少去做、课上很少做而课下经常会做、课上课下都不会去做等方面交谈）

8. 您认为学生的文化背景、地方性生产生活背景是否会影响学生的学业成绩？（可围绕影响很大、有一点影响、影响不大和没有影响四方面交谈）

9. 不同民族和文化背景的学生是否应该彼此学习和理解不同民族的文化？（可围绕非常应该、应该、不应该和无所谓四方面交谈）

10. 当地学生对村庄中的生态、生产生活、伦理道德、民间艺术、社会交往等方面的内容熟悉吗？（可围绕非常了解、不了解、了解得不多和说不清楚四方面交谈）

11. 您认为学校教育应当如何体现当地的地方性知识的价值？

12. 您认为本土地方文化知识有哪些适切的教育价值？

13. 学校教育是如何开发和实施地方性课程的？

14. 您在课堂或者课余的时间是否特意讲述关于乡土的文化知识、技术与技能？学生是否对此感兴趣？

15. 乡村学校教育如何体现和夯实民族团结进步教育？请您谈谈具体的措施。

三　当地学生"地方性知识"访谈提纲

亲爱的同学：

你好！乡村教育是我们每个人走向未来的起点，我们熟知的乡村生活，给予我们无可替代的情感和前进的力量。我很期待知道你内心深处关于学校教育的认识，以及你生长的这片水土非常独特的故事，真诚希望得到你的帮助。我们的访谈采用不记名方式，访谈内容将严格保密，其结果只用于研究，对你不会有任何影响，请放心交谈。谢谢你的热情与配合！

一　基本信息

访谈时间：　　所在村庄：　　被访学生：　　所在学校：　　性别：

二　访谈提纲

1. 你对学校开设的课程有没有实际的学习困难？请对自己的学习兴趣做一个反思性评价，你愿意学习吗？可否谈谈具体的原因？

2. 你了解乡村的生产生活知识、伦理道德、民间艺术、社会交往等方面的知识吗？

3. 你喜欢唱当地流行的花儿、喜欢表演当地的民间舞蹈吗？

4. 你认为和同学们一起交流学习当地广泛流传的优秀文化知识，与学校课程学习是否相冲突？

5. 课余时间，你和同学们经常在一起讨论学习，还是干其他的一些事情？你和同学经常谈论关于村庄中的人和事吗？

6. 上课时，老师会不会将一些当地实际发生的英雄故事、文学艺术、生产生活等内容搬挪到课堂，作为辅助学习新知识的鲜活素材？你是否感兴趣？

7. 你愿意在学校学习更多的有关村庄本土的知识经验吗？为什么？

8. 现在学校学习的专门用于考试的知识与你自己的日常生活关系紧密吗？你是如何认识这种关系的？

9. 你认为学习当地传统的手工技艺、民间歌曲等对自己将来的生活是否有用？可否谈谈你未来的志向，是期望通过学习走出我们熟悉的乡村生活吗？还是有其他个人选择？

10. 你通过哪些途径了解乡村本土的地方性知识经验的？比如说家长的讲述、老师的讲解、课外书籍，或者是自己亲身的经历等。

四 田野日志节选

日志一

2016年3月15日　星期二　天气晴

　　今天一大早，笔者乘坐一辆私家车去 P 学校调研。司机是一位青年，健谈豪爽。在他眼里，"我们谈得来"。他说："我以前念书时要从县城走回家。家里穷，不像现在扶贫力度这么大，每一位学生补助 500 元。那时，我父亲不让我念了，说念书和放羊一样。我成了羊倌，让我弟念书，他三年前工作了。后来我搞运输。"他提到，以前他们村子及附近村庄近亲结婚的较多，现在这种情况有所改变。他认为，前十几年各民族接触得较少，因为文化、信仰不同，现在开始接触了，相互增进了解，各民族生活和谐融洽。这位司机是 P 村村民。快到 P 村时，笔者看到山上的植被保护效果很好。这位青年人解释说，这是封山禁牧政策实施的结果，再加上村民的保护，使这里成了"天然牧场"。我们一路攀谈，大约 40 分钟就到了 P 村。

　　P 学校教导主任 Z 老师接待了笔者。他提到："教育成了多功能的了。政府、社会、学校、家长都极为关注学生的成绩。学生的学习兴趣不浓，考试成绩排名不高。"正好是早自习时间，部分教师上课。学校办公室里，校长主持召开传达教育局的会议精神，围绕两个问题进行。一是教学质量如何提升；二是教育均衡发展的对策。校长谈了自己的看法，他认为教育就是一个生态链，各学段是一体的。其中，教师也缺乏动力，学校领导没有引导学校形成一种自觉的文化，自然会出现许多问题。另一个问题是师资均衡配置问题。校长提到有些学校某一科的老师很多，在另一所学校却只有一位，反而县城师资很充裕。几位教师也表达了自己的观点，老师们的观点则是现在学生不好管教，不敢批评体罚，一旦体罚，家长就会找老师的麻烦。学生不学习，教师不敢批评，他们的教学热情有所减弱。

  一位老教师谈了他们那时候的教学生活，当时学生都用5号电池的碳芯（墨石棒）在地上写汉字，哪位学生要是写错就用竹板体罚一下，老师要盯着所有学生都会写为止。另一位老师谈到了初中毕业后升学的抉择问题。学生们不愿上中职，有些家长的意思是无论如何要上高中，但现实的问题是学生的考试成绩远远不够上高中的分数线。老师们的谈话说明，县域内的教育是一盘棋，教育决策、制度推动、教师行动、教育联动等很重要，良好的教育文化和教育生态是不可忽视的因素。民族地区乡村基础教育薄弱，薄弱点在哪里？怎样消除薄弱点？恐怕不是轻率的理论与政策一蹴而就能够改变的。下午，笔者翻阅了学校的各种档案，与几位老师做了访谈。经过一天的观察，发现学生按照铃声指示从早到晚扑在课程学习上，做作业、写练习册，部分学生并没有学习的自觉性，甚至是把学习当作家长和教师的任务，抱有得过且过的心态。随后，Z老师安排笔者近期在学校调研等事宜。

  学校教育与个体生命成长的融合点到底在哪里？学校教育对于乡村青少年的个体成人意味着什么？正如Z老师说的那样，"有所作为是生活中的最高境界"，教育生活应当是教师与学生充满心灵共鸣和互动产生的有所作为的教化实践，民族地区学校教育更应重视学生的文化养成以及他们世代所生活的地方情境。

日志二

2016年8月13日 星期六 天气阴

  今天气候朗润，万里晴空点缀着片片洁白的云彩。8点钟笔者从西吉县城乘班车去S村。班车司机是一位45岁左右的中年人，厚道老实。在开车的间隙里，他与县广播电视局的一位播音员谈论孩子读书的事。司机的儿子已在清华大学读书两年了。司机说："我从来没有照看过娃娃。小学学习也一般，到了初中学习成绩一直很好。娃娃念书我从来没有操过心，没想着孩子将来能够念成书。在家里，娃娃懂事，衣服都是自己洗。

考上大学后他也没管，老师全部包揽了所有的事情。大学一共要念 8 年，我说交不起学费，老师说这不用你操心。"司机师傅讲述着自家孩子学习成长的基本过程，提到学习习惯的养成很重要。学习和做人是一体的，不能只讲学习而在行动上忘记传统美德，司机谈话的意思大概是这样。

过了 40 分钟左右就到了。S 村整个村庄修建得非常整齐，集市上各种用品应有尽有。街道东边有一个名叫"幸福村"的小村庄，村民养殖牛、羊等。时不时传出"哞哞"的牛叫声。村庄建设及其文化气息是融合性的，是政府扶贫政策推行与地方发展特色双重交织的结果，也是乡村振兴的一个现实缩影。

在 S 村遇到两个孩子在玩耍。SQ 今年 14 岁，SC 11 岁。他俩是因为不喜欢干农活才跑出来的。"在家里要干农活，比如打扫牛圈，给牛喂草，反正很忙"，SC 说。两个孩子的姐姐早已辍学结婚，结婚时大概 20 多岁。SC 告诉笔者，他姐姐说只要他考到县里的学校，吃用等各种花销他姐姐一人承担。两个孩子喜欢谈论学校和家里的事情，他们最大的困惑是不愿意学习。他俩说学校的课外活动大概有 40 分钟，但大多时候都是和其他同学一起在打打闹闹中度过。从孩子的谈话中得知，随着学校校长的调换，学校营养餐也有变化，他们对营养餐还是不满意，主要是饭菜的质量问题。

日志三

2016 年 8 月 13 日　星期六　天气晴

在 X 村，笔者拜访了该村村民 SZX。他家的大门被爬山虎之类的植物掩映着，站在路边很难看见大门。走进大门口，他的老伴正在院子里剪裁席笈，席笈可以捆扎成打扫院子的清洁工具。裁剪好的席笈用铁圈将其根部捆起来，然后再镶上一根长短合适的木棍，就是一把扫帚。这位老者把我领进他们家的客厅。笔者落座之后，发现客厅摆放的书架上陈放着各种书籍，各种县志、州志等。老人从书架上拿出《固原州志》影印本。州志里面专门有一部分写硝河城的内容，是清朝末年记载的。据老人讲述，古城已有 600 多年的历史，他希望将这段历史记录下来作为历史印记传给子孙后代。曾经的硝河城，商贾云集、风情浓郁，这都是一份珍贵的民族记忆，对于生居于此的人们来说，自然是一种难以忘却的知识地方性的表征。

老人很健谈，他围绕儒家思想和村庄现代化建设谈论了很多重要的信息，笔者获益颇多。仁爱、本善、纯善是万德万物万福的根源所在，而人们生存生活的实际地理环境、生活方式不同，文化教育等切实之需也有所差异。事物虽变化万千，但进行施教的根本目的是相同的，那就是要践行平等、和睦、互助，引导人们觉悟善，践行善。老人希望学校教育课程多元化，他说没有这些交流，理解就很困难。对于现代青少年来说，他认为文化知识还是很重要的。只有培养全面发展的民族人才，才能为国为民做出更大贡献。

一个多小时的访谈很快结束了。走出院落，他的老伴仍然忙着裁剪席笈。与老人话别后，笔者走访了村户30余户，访谈人数40多次，包括中老年人、青年、小孩等，他们生活在乡土的生活世界里，他们有自己的美好憧憬，也有创造美好生活的行动。

日志四
2016年8月15日　星期一　天晴

一个清爽凉快的早晨，笔者今天打算去T村。一大早乘坐去T村的面包车，车子沿山路前行，因为道路崎岖狭窄，一路颠簸。大部分路段视野不是很开阔，道路弯度较大，两旁繁茂的柳树枝叶遮挡住半边路面。

离T村不远的农地里，村民比较忙碌，不远处能够看见村民收割胡麻、莜麦等粮食作物的场景。这里不缺水，地下水资源丰富。但是一个多月没有降雨了，粮食作物旱得比较厉害。村民说，洋芋等作物因缺水严重，产量大幅度减产。站在村庄的小路上向山顶望去，尽管小草长势不好，但山坡上还是郁郁葱葱，绿意十足。

笔者遇到两位40岁的中年人正在碾场，两个上小学的孩子帮忙摊场，将莜麦摊在场中。他们碾的是莜麦，用莜麦草用来喂牛。"家里养了三头牛，现在种地少了。退耕还林政策收走了五六亩地。国家有补助，当时政策说是8年以后就没有补助了，现在已经满8年了，我们每亩地补助一百元。这个地方气候较冷，种的杏树还没结果就掉花了，种不成"，中年男子边起场边说。起场是当地村民将粮食作物扎碾出麦粒后,用铁叉、木杈从场的中心或场外部任何一端开始,用杈尖插进被碌碡(liùzhou)碾压过的麦秆里,用力挑起麦秆并使劲抖落已经脱壳麦子的过程。还带有麦粒的麦秆留在最上层,等待下一轮碾压。碾场是当地村民最为普遍的粮食入仓方式,分为摊场、碾场、起场、扬场、收场等步骤。村民家门外都有一块接近圆形的场地,称之为场,是堆积麦垛和碾场的地方。摊场,是将收割好被捆成一捆捆的麦秆围绕场的中心一波波向外摊开,这就是所谓的麦场。接下来就是碾场了,用牛、驴等牲畜拖拉碌碡(又叫石碾子)围绕麦场的中心来回碾轧,一圈圈、一圈圈来回不断碾轧使麦粒脱离麦衣、麦秆而沉在麦秆的下面,不断碾压过的麦秆变得顺滑柔细。经过三、四轮的起场、碾轧,麦粒才能完全脱离出来。然后,村民将没有麦粒的麦秆堆放在一边。剩下的麦粒和麦衣借助于顺向风相分离,这就是扬场。待麦粒和麦衣完全分离后就到收场的环节了,即用塑料口袋、尼龙袋子一袋袋装好麦粒入仓。

两位朴实厚道的中年村民边说话边干活,谈到了他们的生活以及未来的打算。是呀,"耕种者耕地、播种,使土地长出繁茂的作物。人越辛勤,就越能收获精神的美德"。

参考文献

一　中文文献

（一）著作

（汉）许慎：《说文解字：插图足本》，九州出版社 2001 年版。

安富海：《地方性知识与民族地区地方课程开发研究——以甘南藏族为例》，中国社会科学出版社 2016 年版。

陈向明：《质的研究方法与社会科学研究》，教育科学出版社 2000 年版。

丁钢主编：《历史与现实之间：中国教育传统的理论探索》，教育科学出版社 2002 年版。

费孝通：《江村经济——中国农民的生活》，商务印书馆 2001 年版。

费孝通：《社会调查自白：怎样做社会研究》，上海人民出版社 2009 年版。

费孝通：《乡土中国》，生活·读书·新知三联书店 1985 年版。

费孝通：《乡土中国·生育制度》，北京大学出版社 1998 年版。

冯友兰：《中国哲学简史》，北京大学出版社 1996 年版。

冯跃：《教育的期待与实践——一个中国北方县城的人类学研究》，民族出版社 2009 年版。

冯增俊：《教育人类学》，江苏教育出版社 1991 年版。

冯增俊：《教育人类学教程》，人民教育出版社 2005 年版。

何九盈、王宁、董琨主编：《辞源》，商务印书馆 2019 年版。

胡德海：《教育学原理》，甘肃教育出版社 1998 年版。

黄光国：《社会科学的理路》，中国人民大学出版社 2006 年版。

李定仁、蔡国英主编：《中国西北少数民族教育》，宁夏人民出版社 1996 年版。

李清华：《地方性知识与民族志文本——格尔茨的艺术人类学思想研究》，上海三联书店2017年版。

李书磊：《村落中的"国家"——文化变迁中的乡村学校》，浙江人民出版社1999年版。

李政涛：《教育人类学引论》，上海教育出版社2009年版。

联合国教科文组织编：《一起重新构想我们的未来：为教育打造新的社会契约》，教育科学出版社2022年版。

刘铁芳：《乡土的逃离与回归——乡村教育的人文重建》，福建教育出版社2008年版。

刘云杉：《学校生活社会学》，南京师范大学出版社2001年版。

蒙本曼：《知识地方性与地方性知识》，中国社会科学出版社2016年版。

倪梁康：《胡塞尔现象学概念通释》，生活·读书·新知三联书店1999年版。

钱民辉：《多元文化与现代教育之关系研究——教育人类学的视野与田野工作》，民族出版社2008年版。

桑国元：《文化人类学与课程研究——方法论的启示》，中国书籍出版社2013年版。

石中英：《教育学的文化性格》，山西教育出版社2005年版。

滕星：《教育人类学通论》，商务印书馆2017年版。

王鉴主编：《中国少数民族教育政策体系研究》，民族出版社2011年版。

吴晓蓉：《教育，在仪式中进行——摩梭人成年礼的教育人类学分析》，西南师范大学出版社2003年版。

杨庭硕、田红：《本土生态知识引论》，民族出版社2010年版。

叶澜：《教育研究方法论初探》，上海教育出版社1999年版。

袁振国主编：《当代教育学》，教育科学出版社2004年版。

张济洲：《文化视野下的村落、学校与国家：一个地方社区基础教育变迁的历史人类学考察》，教育科学出版社2011年版。

赵汀阳：《论可能生活》，生活·读书·新知三联书店1994年版。

赵祥麟、王承绪编译：《杜威教育论著选》，华东师范大学出版社1981年版。

郑金洲、瞿葆奎：《中国教育学百年》，教育科学出版社2002年版。

参考文献

中国社会科学院语言研究所词典编辑室编：《现代汉语词典（第 7 版）》，商务印书馆 2019 年版。

钟敬文主编：《民间文化讲演集：中国首届民间文化高级研讨班》，广西民族出版社 1998 年版。

周浩波：《教育哲学》，人民教育出版社 2000 年版。

庄孔韶主编：《人类学通论》，山西教育出版社 2004 年版。

庄锡昌、孙志民编著：《文化人类学的理论构架》，浙江人民出版社 1988 年版。

［德］阿克塞尔·霍耐特：《权力的批判——批判社会理论反思的几个阶段》，童建挺译，上海世纪出版集团 2012 年版。

［德］埃德蒙德·胡塞尔：《生活世界现象学》，倪梁康、张廷国译，上海译文出版社 2002 年版。

［德］底特利希·本纳：《普通教育学——教育思想和行动基本结构的系统和问题史引论》，彭正梅等译，华东师范大学出版社 2006 年版。

［德］恩斯特·卡西尔：《人论》，甘阳译，上海译文出版社 1985 年版。

［德］恩斯特·卡西尔：《人文科学的逻辑》，沉晖等译，中国人民大学出版社 2004 年版。

［德］斐迪南·滕尼斯：《共同体与社会》，林荣远译，商务印书馆 1999 年版。

［德］黑格尔：《美学》（第三卷），朱光潜译，商务印书馆 2020 年版。

［德］胡塞尔：《纯粹现象学通论》，李幼蒸译，商务印书馆 1996 年版。

［德］胡塞尔：《欧洲科学的危机与超越论的现象学》，王炳文译，商务印书馆 2001 年版。

［德］马克斯·韦伯：《经济与社会》上卷，林荣远译，商务印书馆 1997 年版。

［德］尤尔根·哈贝马斯：《后民族结构》，曹卫东译，上海人民出版社 2002 年版。

［德］尤尔根·哈贝马斯：《交往行动理论（第一卷）——行动的合理性和社会合理化》，洪佩郁、蔺青译，重庆出版社 1994 年版。

［法］布鲁诺·拉图尔、［英］史蒂夫·伍尔加：《实验室生活：科学事实的建构过程》，张伯霖、刁小英译，东方出版社 2004 年版。

［法］迪迪埃·埃里蓬：《回归故里》，王献译，上海文化出版社 2020 年版。

［法］克洛德·列维－斯特劳斯：《面对现代世界问题的人类学》，栾曦译，中国人民大学出版社 2017 年版。

［法］米歇尔·福柯：《规训与惩罚：监狱的诞生》，刘北成、杨远婴译，生活·读书·新知三联书店 1999 年版。

［法］皮埃尔·布迪厄、［美］华康德：《实践与反思——反思社会学导引》，李猛、李康译，中央编译出版社 1998 年版。

［法］皮埃尔·布迪厄：《实践感》，蒋梓骅译，译林出版社 2003 年版。

［法］皮埃尔·布尔迪厄：《国家精英：名牌大学与群体精神》，杨亚平译，商务印书馆 2020 年版。

［法］让·雅克·卢梭：《爱弥儿》，彭正梅译，上海人民出版社 2007 年版。

［荷］斯宾诺莎：《知性改进论：并论最足以指导人达到对事物的真知识的途径》，贺麟译，商务印书馆 2002 年版。

［加］马克思·范梅南：《生活体验研究——人文科学视野中的教育学》，宋广文等译，教育科学出版社 2003 年版。

［加］马克斯·范梅南，李树英：《教育的情调》，李树英译，教育科学出版社 2019 年版。

［美］E. 希尔斯：《论传统》，傅铿、吕乐译，上海人民出版社 2009 年版。

［美］弗兰克·梯利：《西方哲学史·增补修订版》，葛力译，商务印书馆 1995 年版。

［美］汉娜·阿伦特：《人的条件》，竺乾威等译，上海人民出版社 1999 年版。

［美］克利福德·格尔茨：《地方知识——阐释人类学论文集》，杨德睿译，商务印书馆 2014 年版。

［美］克利福德·格尔茨：《文化的解释》，韩莉译，译林出版社 1999 年版。

［美］克利福德·格尔茨：《烛幽之光——哲学问题的人类学省思》，甘会斌译，上海人民出版社 2013 年版。

［美］卢克·拉斯特：《人类学的邀请》，王媛、徐默译，北京大学出版社

2008年版。

［美］鲁思·本尼迪克特：《文化模式》，张燕、傅铿译，浙江人民出版社1987年版。

［美］迈克尔·W. 阿普尔：《意识形态与课程》，黄忠敬译，华东师范大学出版社2001年版。

［美］欧文·戈夫曼：《日常生活中的自我呈现》，冯钢译，北京大学出版社2008年版。

［美］帕克·帕尔默：《教学勇气：漫步教师心灵》，吴国珍等译，华东师范大学出版社2014年版。

［美］乔治·E. 马尔库斯、M. J. 费彻尔：《作为文化批评的人类学——一个作为人文学科的实验时代》，王铭铭、蓝达居译，生活·读书·新知三联书店1998年版。

［美］乔治·赫伯特·米德：《心灵、自我与社会》，霍桂桓译，华夏出版社1999年版。

［美］塞缪尔·亨廷顿、劳伦斯·哈里森主编：《文化的重要作用——价值观如何影响人类进步》，程克雄译，新华出版社2010年版。

［美］桑德拉·哈丁：《科学的文化多元性：后殖民主义、女性主义和认识论》，夏侯炳等译，江西教育出版社2002年版。

［美］史蒂芬·科尔：《科学的制造——在自然界与社会之间》，林建成、王毅译，上海人民出版社2001年版。

［美］塔尔科特·帕森斯：《社会行动的结构》，张明德、夏遇南、彭刚译，译林出版社2012年版。

［美］威廉·A. 哈维兰：《文化人类学》，瞿铁鹏、张钰译，上海社会科学院出版社2006年版。

［美］约翰·杜威：《民主主义与教育》，王承绪译，人民教育出版社1990年版。

［美］约瑟夫·劳斯：《知识与权力——走向科学的政治哲学》，盛晓明、邱慧、孟强译，北京大学出版社2004年版。

［美］詹姆斯·克利福德、乔治·E. 马库斯编：《写文化——民族志的诗学与政治学》，高丙中等译，商务印书馆2006年版。

［美］詹姆斯·皮科克：《人类学透镜》，汪丽华译，北京大学出版社2009

年版。

［匈］阿格妮丝·赫勒：《日常生活》，衣俊卿译，重庆出版社1990年版。

［英］A. 麦金太尔：《德性之后》，龚群等译，中国社会科学出版社1995年版。

［英］阿雷·恩鲍尔德温等：《文化研究导论》，陶东风等译，高等教育出版社2004年版。

［英］安东尼·吉登斯：《社会的构成》，李康、李猛译，生活·读书·新知三联书店1998年版。

［英］安东尼·吉登斯：《现代性的后果》，田禾译，译林出版社2022年版。

［英］巴兹尔·伯恩斯坦：《教育、符号控制与认同》，王小凤、王聪聪、李京、孙宇译，中国人民大学出版社2016年版。

［英］波珀：《科学发现的逻辑》，查汝强、邱仁宗译，沈阳出版社1999年版。

［英］弗里德里希·冯·哈耶克：《个人主义与经济秩序》，邓正来译，生活·读书·新知三联书店2003年版。

［英］格雷戈里·贝特森：《纳文——围绕一个新几内亚部落的一项仪式所展开的民族志实验》，李霞译，商务印书馆2008年版。

［英］迈克尔·扬：《把知识带回来：教育社会学从社会建构主义到社会实在论的转向》，朱旭东、文雯、许甜等译，教育科学出版社2019年版。

（二）论文

安富海：《地方性知识的教育意蕴》，《社会科学战线》2014年第2期。

安富海：《论地方性知识的价值》，《当代教育与文化》2010年第2期。

蔡仲：《地方性知识之困境——"范式"的规训与惩罚》，《哲学动态》2013年第1期。

陈来：《儒学的普遍性与地域性》，《天津社会科学》2005年第3期。

成尚荣：《地方性知识视域中的地方课程开发》，《课程·教材·教法》2007年第9期。

次仁多吉、翟源静：《论地方性知识的生成、运行及其权力关联》，《思想战线》2011年第6期。

冯建军：《基于积极公民培养的参与式公民教育》，《中国教育学刊》2016

年第 2 期。

葛孝亿：《农村教师专业发展范式转换——"地方性知识"的视角》，《中国教育学刊》2012 年第 2 期。

郝文武：《西方哲学知识伦理发展轨迹和基本特征》，《陕西师范大学学报》（哲学社会科学版）2016 年第 2 期。

郝文武：《知核力：知识的两大本性及其相互影响的复杂层面和关系》，《北京师范大学学报》（社会科学版）2015 年第 5 期。

蒋培：《国内外地方性知识研究的比较与启示》，《青海民族研究》2015 年第 4 期。

李复新：《西方教育人类学研究的历史透视》，《华东师范大学学报》（教育科学版）1990 年第 4 期。

连连：《文化现代化的困境与地方性知识的实践》，《学海》2004 年第 3 期。

梁淑美、司洪昌：《对陶行知乡村教育思想的评述与反思》，《国家教育行政学院学报》2009 年第 11 期。

刘铁芳：《返回生活世界教育学：教育何以面对个体成长的复杂性》，《教育研究》2012 年第 1 期。

刘铁芳：《文化破碎中的乡村教育》，《天涯》2007 年第 3 期。

刘铁芳：《乡村的终结与乡村教育的文化缺失》，《书屋》2006 年第 10 期。

刘旭东、吴永胜：《教育的学术品格与教育实践》，《教育研究》2015 年第 9 期。

刘云杉：《拔尖的陷阱》，《高等教育研究》2021 年第 11 期。

刘云杉：《童子操刀：建构主义知识观下的批判性思维》，《北京大学教育评论》2021 年第 4 期。

龙先琼、杜成材：《存在与表达——论地方性知识的历史叙述》，《吉首大学学报》（社会科学版）2008 年第 3 期。

罗丹：《红河哈尼梯田"稻作—灌溉"系统的地方性知识生产与区域性生态担当研究》，《学术探索》2021 年第 6 期。

潘洪建：《地方性知识及其对课程开发的诉求》，《教育发展研究》2012 年第 12 期。

盛晓明：《地方性知识的构造》，《哲学研究》2000 年第 12 期。

孙杰远、乔晓华：《地方性知识的内涵、特征及其教育意蕴——读吉尔兹〈地方性知识——阐释人类学论文集〉》，《教育理论与实践》2021年第13期。

檀传宝：《合乎道德的教育与真正幸福的追寻——当代中国教育的伦理思考》，《课程·教材·教法》2015年第8期。

滕星、关凯：《教育领域中的国家整合与地方性知识》，《中南民族大学学报》（人文社会科学版）2007年第5期。

田养邑、周福盛：《地方性知识的创制与日常生活世界——一项家乡人类学考察》，《广西民族研究》2018年第3期。

万明钢：《文化和生活经验才是学习的起点》，《中国民族教育》2016年第1期。

王安全：《教师教育质量标准的限度与方法》，《江苏高教》2017年第1期。

王建平、杨秀平：《教育的原点：生活——一种基于陶行知生活教育理论的解读》，《宁夏社会科学》2010年第9期。

王鉴：《地方性知识与多元文化教育之价值》，《当代教育与文化》2009年第4期。

王鉴、安富海：《知识的普适性与境域性——课程的视角》，《教育研究》2007年第8期。

王娜：《语境主义知识观：以一种新的可能》，《哲学研究》2010年第5期。

王茨、杜何琪：《情感寄托、地方性知识与传统农具的延续——以云南德宏少数民族传统稻作农具为例》，《自然辩证法研究》2022年第3期。

温铁军、邱建生：《"三农问题重中之重"与我国教育体制的适应性调整》，《民族教育研究》2010年第1期。

吴明海：《新丝路与民族教育发展战略的思考》，《民族高等教育研究》2015年第1期。

吴彤：《再论两种地方性知识——现代科学与本土自然知识地方性本性的差异》，《自然辩证法研究》2014年第8期。

吴元发：《教育哲学研究中"古典"失落的现实、原因与出路》，《教育发展研究》2015年第18期。

徐清秀：《农村家长参与学校教育低迷的原因及疏解——地方性知识的视

角》，《中国教育学刊》2021年第9期。

薛国凤：《教育人类学与教育研究》，《民族高等教育研究》2016年第4期。

闫建敏：《关于民族高等院校定位问题的研究》，《民族教育研究》2015年第5期。

杨庭硕：《论地方性知识的生态价值》，《吉首大学学报》（社会科学版）2004年第3期。

叶舒宪：《地方性知识》，《读书》2001年第5期。

于影丽、毛菊：《乡村教育与乡村文化研究：回顾与反思》，《教育理论与实践》2011年第8期。

郑新蓉：《试论语言与文化适宜的基础教育》，《民族教育研究》2010年第3期。

周福盛、咸富莲：《可持续发展视域下农村学校撤并问题的思考》，《教育发展研究》2013年第15—16期。

周俊华、秦继仙：《全球化语境下民族地方性知识的价值与民族的现代发展——以纳西族为例》，《云南民族大学学报》（哲学社会科学版）2008年第5期。

（三）学位论文

李红婷：《无根的社区 悬置的学校——大金村教育人类学考察》，博士学位论文，中央民族大学，2010年。

刘卓雯：《乡土意识变迁与乡土书写——黑龙江乡土教材的教育人类学研究》，博士学位论文，中央民族大学，2013年。

蒙本曼：《壮族地方性知识的建构》，硕士学位论文，广西大学，2005年。

司洪昌：《嵌入村庄的学校——仁村教育的历史人类学探究》，博士学位论文，华东师范大学，2006年。

于影丽：《社会转型期乡村文化传承与发展研究——B村教育人类学考察》，博士学位论文，西北师范大学，2009年。

（四）报纸

蔡国英：《"种子"的力量——关于宁夏回汉各族人民团结发展、亲如一家的调查与思考》，《光明日报》2014年1月28日第11版。

二 外文文献

(一) 著作

Brezinka, W., *Philosophy of Education Knowledge: An Introduction to the Foundation of Science of Education*, Kluwer Academic Publishers, 1992.

Fleras A., Elliot L. J., *Multiculturalism in Canada: The Challenge of Diversity*, Scarborough: Nelson Canada, 1992.

Glifford Geertz, *The Interpretation of Cultures*, New York: Basic Books, 1973.

John Dewey, *The Child and the Curriculum*, Chicago: The University of Chicago Press, 1956.

Rouse J., *Knowledge and Power: Toward a Political Philosophy of Science*, Ithaca: Cornell University Press, 1987.

(二) 论文

C. H. Close, G. Brent Hall, "A GIS-based Protocol for the Collection and Use of Local Knowledge in Fisheries Management Planning", *Journal of Environment Management*, Vol. 78, No. 4, (Mar., 2006).

David M. Smith, "Anthropology of Education and Educational Research: CAE Presidential Address", *Anthropology & Education Quarterly*, Vol. 23, No. 3, (Sep., 1992).

Elok Mulyoutami, Ratna Rismawan, Laxman Joshi, "Local Knowledge and Management of Simpukng (forest gardens) among the Dayak People in East Kalimantan, Indonesia", *Forest Ecology and Management*, Vol. 257, No. 10, (Apr., 2009).

Jack Kloppenburg, "Social Theory and the De/Reconstruction of Agricultural Science: Local Knowledge for an Alternative Agriculture", *Rural Sociology*, Vol. 56, No. 4, (Dec., 1991).

Kreitzman M., Chapman M., Keeley K. O., et al., "Local Knowledge and Relational Values of Midwestern Woody Perennial Polyculture Farmers can Inform Tree-crop Policies", *People and Nature*, Vol. 4, No. 1, (Feb., 2022).

Ogunyiola Ayorinde, Gardezi Maaz, Vij Sumit, "Smallholder Farmers Engagement with Climate Smart Agriculture in Africa: Role of Local Knowledge and Upscaling", *Climate Policy*, Vol. 22, No. 4, (Jan., 2022).

Per Olsson, Carl Folke, "Local Ecological Knowledge and Institutional Dynamics for Ecosystem Management: A Study of Lake Racken Watershed, Sweden", *Ecosystems*, Vol. 4, No. 2, (Mar., 2001).

Walter F., "Liberalism and Aims of Multicultural Education", *Journal of Philosophy of Education*, Vol. 29, No. 2, (Jul., 1995).

后　　记

　　一方水土养一方人，个体离不开"水土"的原初性"浸染"，这也是许多乡村儿童、青少年、成人远离故土以后仍有乡愁的根本原因。30多年前，同班一位同学要跟随父母移民到其他地方，他失声大哭，尽管我们班同学竭力安慰他，但他仍然痛哭不止。作为一个小学四年级的学生，他是如此依恋故土，故土给予他难以割舍的教育滋养。之后，乡土也便成了我心灵深处安置的一块普通而又特殊的地方，许多人既想逃离又想回归的地方。

　　一项研究不仅是思想历程的写就，还是心灵接受洗礼的最佳时刻。文字终归是字符的组合，但将这些跳跃的字符组合起来时，抛弃自我及其由自我带来的文化陶醉，真实的乡土便得以显现，我似乎理解了乡村教育的欢欣与困惑，从乡土与教育关联的阐释中又依稀浮现乡村教育的"苦楚"，乡村教育实现优质教育标准的艰难以及乡村儿童在"逃离"与"回归"之间奔波的内耗。这是知识论的问题，德国存在主义哲学的杰出代表卡尔·雅斯贝斯曾将知识分为现行知识和原初知识，从知识的可教性的不同层次分类，现行知识是关于如何拥有和使用某物的知识，原初知识则赋予现行知识以生活的本义。因此，探究地方社会生活，就是要解读文化表征中所内含的知识地方性的深层衍射。但无论知识如何分类，乡村教育必须与生产劳动和社会实践相结合，培养德智体美劳全面发展的社会主义建设者和接班人。新时代的乡村教育崇尚教育最为朴素的育人价值，但应将乡村学生成长的基本秩序放置在"逃离"与"回归"对立统一的基础上作出知识论的思考。

　　深入观察和触摸乡村日常生活场景，需要回归知识地方性。格尔茨

后　记

有关知识地方性的思想脉络，以及美轮美奂的民族志书写的范式，打开了乡村与乡村教育关联的路径。若要具身性地将村民生产和应用所创造的带有鲜明地域风格的本土知识及其文化意义书写清楚，既要有文化深描的支撑，还要将田野调查和民族志实践的结果转换为一种知识生产的过程。显然，地方性知识提供了一个破解乡村教育知识论困境的视角。所谓地方性，是与知识生产赖以关联的情境相关的概念，它看似不具有类似普适性知识那样经过验证得以发挥客观性和规律性的特征，也不具备典型的寻求规律的经验实践，但它基于本土意义的知识生产过程，代表着一种真切的地方意义世界，彰显出当地人日常生活世界的意义乃至行为结构。村民在日常生活的互动中自觉建构起一个主体间的文化世界。在他们看来，负载各种文化意蕴的客体，诸如工具、行为、符号、语言，甚至是风俗习惯都作为生活意义必不可少的内容。时空演进中，村民创造的文化客体具有明显的历史性，可以通过他们日常生活的意义世界来检验它在情境中的可靠性以及在长期实践中文化建构的必然性，通过深描的方式予以书写，而不是一概地越过事实的界限进行抽象规则的概括或编码。地方性不是即时性的关于当地人想象的结果，而是经过一定时间的过滤和积淀生成的智慧，是当地人生存的情境，起着文化模塑的功能，生存于此的个体能体验到当地鲜活的实践，并成为个体居于此间的带有明显无意识倾向的事实。

在异彩纷呈的乡村生活意义世界中，人与人的互动使各种复杂的文化系统之间处于一种知识生产和交互的关系网络之中，因而流动的乡土文化并不是封闭的存在。这是笔者重点关注的主题，特别是对于地方性知识的考查，并非刻意造成与普适性知识疏离的对立，而是见微知著地回到当地人原初生存的地方文化情境中，考察地方性知识结构的内外关联。理所当然，地方性知识在广阔语境中有其不可通约的局限性，但在此地此景，在当地人日常生活的各种实践集合里，足以显现出地方性知识的独特性。

人的发展受之于地方性知识的文化养成。换言之，人的日常生活浸染着基于时空维度的文化实践的情调，培育成一种与当地风土人情相匹配的文化风格。因而，地方性知识的深描，应从人创造的符号体系入手，面对文化行为的"原初明见性"。所以,乡村教育人类学研究要在赖以生存的情境性条件中考察知识地方性的产生及其内在机制,解释地方意义世界的那些情感依存、机制运作,以及人与人通过文化理解互渗而共创的地方景观。这就要求研究者摒弃文化相对主义,把握独特的文化象征符号系统,勾勒具体文化事件的地方意义,以及文化行为背后所运行的文化观念系统。在复杂的研究过程中,笔者尝试解释教育生活世界,目的在于通过阐释改造教育世界。在乡村教育时空中,乡村学生的身心与空间相连,教育也就是欢欣与憧憬。在此意义上,乡村教育人类学研究自然是关于教育的行动沉思和精神导引。每一阶段的教育行动都有自身的形态、空间,抑或目的和意义,以及适切的教育实践建构,是特定时空能动性的教育修正,同时将乡村学生美好生活的逻辑通过个体心灵的造就和再造展现出来。当然,教育研究所追寻的主体行动容易受到研究范式的影响,而努力消除对立,把这些对立置于教育时空分析的情境中来理解,这是重建教育生活秩序的起点,而这不仅仅是一个概念工具。如果将教育仅仅视为满足物欲横流的工具,就会遮蔽教育的理性,搁置物欲而过上纯粹精神化的生活也不是教育的初衷,教育需要冲破以物质富有为导向的名利场的喧嚣和浮华,避免物质和精神分裂的生活意义的损伤,回归追求卓越精神生活的探究性实践活动的层面,方可培养知识丰富、灵魂觉醒、具有心灵转向意识,并积极投身乡村振兴和新时代社会主义现代化建设的人才,这是本书的一个心路历程。

儿童丰盈的日常生活,不会因学校教育的出现而被搁置,学校中所学的知识、技能和价值观,要以教育生活世界的内涵延续到日常生活,并达到互动与整合。显然,笔者虽竭尽全力力图求真求实,但无法完美地还原全部的乡村叙事;虽遵循时间轴上所描绘的知识的现实,但仍留有改进与思索的空间。毫无疑问,教育改革意味着如何筛选人们共同创造和分享的知识和经验,以一种社会契约的形式实现教育体系的重振,以其超凡的育人高度实现个体和集体具有共同人性的集体行动的能力。

识别当下,构想未来。教育作为一项人类共同享有公共利益的承诺,需要彰显团结协作,并终将这种精神拓展到全民共享的可持续发展的未来,助推高阶教育公平的实现。必须保证每个人享有优质教育,从作为公

后　记

共事业和共同利益的教育框架中获得创造社会、经济、环境可持续发展的未来。我们依存的教育不能仅仅限于学校，应当延展到所有日常生活之中，打造消除危机及不确定的共同体的未来。

感谢所有我经历的事情，感谢与我关联的所有给予我帮助和精神滋养的人和事。

书中不足之处，恳请读者不吝赐教！

田养邑

2022 年 10 月 9 日于银川